JORGE MORA FORERO

RASGUÑOS
DEL
TIEMPO

Impreso en los Estados Unidos de América por CreateSpace, una compania de Amazon.com

ISBN: 978-1795532167

Diagramación: José Luis Altet

jaltet@aol.com

https://jaltet.wixsite.com/editor-y-escritor

Supervisora de Edición: Aura Maríacristina Mora Santander

Portada: Mabel Bonilla

A la Memoria del LÓGOS, primera y
principal víctima de la HISTORIA.

A mis hijos

ÍNDICE

AGRADECIMIENTOS

La Patria Chica es para un hombre (o mujer), su Patria Grande, porque allí vieron sus ojos la luz del día, y de sus labios oyó su nombre, por primera vez.

Por ello, agradezco con mis letras a:

- GARAGOA (Colombia), "*Doncella del Sol*", en lengua indígena; el hermoso pueblo en que nací y que, por intermedio de su Concejo Municipal, me ha otorgado una distinción que me enorgullece: *HIJO ILUSTRE.*

- La Casa de la Cultura JULIO ROBERTO GÓMEZ MORA, espacio para cultivar el conocimiento y el espíritu.

- La memoria del "Pincel Mágico" de Garagoa, el Maestro PABLO ÁVILA ÁVILA y a su *GALERÍA GARAGOA*, donde exhiben y promueven mis obras.

El Maestro Pablo atravesó con su arte las fronteras patrias, hasta llegar a colgar sus cuadros en el Museo Vaticano. Por su creación artística y por su proyección, podemos considerarlo como un orgullo de nuestra tierra.

A MANERA DE PREÁMBULO

AMBIENTE CULTURAL DE MI ESCRITURA

Ese ambiente está ubicado en el desgarre entre Modernidad y Posmodernidad que estamos viviendo y que se manifiesta, menos como una crisis que intentaría superar un desajuste en un *Ethos*, en una manera de sentir y de expresar la vida como normalidad, y más como un vacío, como un remolino que absorbe toda racionalidad junto con los valores universalistas que desde ella se habían proyectado (el respeto a la vida, entre ellos), dejando al hombre sin alternativa como bien lo expresa el título de uno de los libros del filósofo Leszek Kolakowsky.

Es el vacío dejado por la muerte de La Razón y, en buena medida, por lo que supuso ese subproducto que fue La Razón Revolucionaria, esa fantasmagoría que se presentó como la partera de La verdadera historia, pero que, por lo mismo, por verdadera, nos cerró la historia real, con los dogmatismos más absolutos que arrastraron nefastas consecuencias. Y ello es válido, tanto para la razón burguesa, como para la razón marxista.

Pero la cuestión es aún más grave: la Posmodernidad con el anuncio de la caída de las certezas y la defensa del relativismo a través de las diferencias, no pudo establecer parámetros válidos de valoración de los seres humanos ya que las diferencias han sido aplastadas, siguiendo la lógica de la ley del más fuerte. Esto ha dado paso a un escepticismo total que arrasa con toda muestra de identidad humana, para dar paso a la Poshumanidad donde, de acuerdo con la ley del "todo vale", se impone la robotización, interna y externa, de la vida, la inteligencia artificial, las "fake news", las "realidades alternativas" y, por lo mismo, se convierte a la ética en un cachivache sin importancia y, casi sin uso, se guarda en los museos del risible *sapiens*.

En medio de este sinsentido, sólo nos queda volver a soñar; reinventarnos la historia como una nueva quijotada. Y, esto que para cualquier mortal debe ser una necesidad cotidiana, para el maestro tiene que ser una condición de vida.

Así se convierta en el último de los mohicanos…

Jorge Mora Forero

PRESENTACIÓN DE RASGUÑOS DEL TIEMPO

RASGUÑOS DEL TIEMPO es una serie de escritos publicados en distintos tiempos y medios, que abordan diferentes temas pero que desembocan en la misma problemática: el desarrollo histórico, el conflicto social, la destrucción ecológica, la educación; en fin, **la pérdida de la identidad humana.** Veamos:

Modernidad, Revolución industrial y Subdesarrollo.
Trata del origen de las sociedades subdesarrolladas. Siguiendo las ideas de su maestro Franz Hinkelammert, el autor, ve en el subdesarrollo, no un simple atraso sino una frustración, resultado del encuentro entre las sociedades industrializadas y las sociedades tradicionales que, ahora, se convertirán en la periferia de las sociedades desarrolladas. En este contexto, salir del subdesarrollo es un imposible. Lo hicieron los llamados "Tigres asiáticos" pero como parte de la estrategia de Occidente para contener la expansión del socialismo sino-soviético.

La Iglesia frente a las reformas educativas de los años veinte en México y Colombia.
Resultado de dos investigaciones comparativas, el artículo muestra los enfrentamientos entre la Iglesia y los Estados, por las reformas educativas pero, con una curiosidad: mientras que en México, la Iglesia luchaba para que dejaran el laicismo en la Constitución, y no impusieran el socialismo, en Colombia, lo hacía para que dejaran el catolicismo y no impusieran el laicismo.

El asunto de enseñar Historia.
Tema difícil si los hay. Enseñar historia, es enseñar cómo se ha conformado el presente. No cualquier presente, sino un

presente conflictivo y polarizado al extremo. Si bien la historia se hace con base en documentos o, más ampliamente, con fuentes, es el historiador quien, con base en un marco teórico (conjunto de conceptos explicativos), va seleccionando las fuentes con las que **CONSTRUYE el hecho histórico, con base en el acontecimiento**. Al utilizar ese marco, el conocimiento resultante proporciona objetividad (aprehensión del objeto de estudio), pero no neutralidad (el objeto se aprehende DESDE una perspectiva). Por eso, tenemos diferentes hechos históricos con base en un mismo acontecimiento. Véanse, por ejemplo, los diversos estudios sobre las revoluciones francesa, o rusa.

En el caso de la enseñanza, el de la Historia de América es un problema por la polarización entre europeístas y anti-europeistas y, más concretamente, entre pro-españoles y anti-españoles. Y no nos damos cuenta de que la historia no es blanco o negro sino gris. Un gris formado por las mezclas de pueblos y culturas, sin importar por qué se han dado esas mezclas. No podemos quedarnos en "La invasión" o en "El descubrimiento", menos los mestizos que no somos indios puros, o europeos puros, sino el resultado de la llegada, no importa cómo se le llame. Entonces, ¿no condenamos las masacres? Teóricamente, toda masacre es condenable, como hoy las de Yemen o Siria, donde mueren miles y miles de civiles ya que las bombas que usan los "bombardeantes"(sin importar el color de los aviones), no son inteligentes, sino brutas. Pero, con relación al pasado, haríamos "presentismo"; es decir, juzgar el pasado con valores de hoy. En ese caso, habría que poner en la lista también a los aztecas en su dominación de pueblos, y a los incas cuando "incaizaban", que trasladaban poblaciones enteras a las que imponían la lengua y los dioses del imperio incaico… No todos los indígenas era ángeles, ni todos los europeos, demonios… Claro, si fuésemos a juzgar. Pero, juzgar no es papel del historiador, sino explicar. Y si se es capaz de explicar algo; por qué ese algo llegó a ser lo que es, un juicio es, por lo menos, una acción incoherente.

Eso sin hablar, todavía, de algo más grave: las condiciones que pone el poder para dar su *"nihil obstat"* a la elaboración el discurso histórico, de los libros de texto y a los límites del discurso del maestro (léase vocabulario e ideología). O se enseña el orden social vigente con su "racionalidad", porque fue el que crearon los héroes, o…

Historia y pensamiento histórico.

Estamos aquí frente a dos polos de una misma unidad: la historia como quehacer humano , genera pensamiento sobre ese quehacer que, se supone, va a retroalimentarlo. Historia, entonces, no es solamente el pasado humano, sino, también, la reflexión, conocimiento o idea que tenemos de ese pasado. Pero ese pasado, no es un fósil-recuerdo como pueden verlo muchos (por ello sostienen la inutilidad de estudiarlo), sino que es nuestra vida misma, construida a través del tiempo. Entonces lo estudiamos, no como pasado muerto sino como presente vivo. Este presente es la parte más delgada pero más importante en el hilo del tiempo. Nos reconocemos como fugacidad pensante con la capacidad divina de salir adelante o con la demoníaca de destruirlo todo. Claro, no olvidemos que *"daimon"*, quiere decir divinidad.

Somos el futuro del ayer, y el ayer del mañana, si es que somos capaces de engendrar un mañana.

La historia nace en Grecia con la idea de que el hombre es algo maravilloso y de que es la medida de todas la cosas.
El cristianismo le dará un sentido al quehacer de ese ser maravilloso. La existencia y vivencia de este ser maravilloso tiene sentido porque ha sido concebido por Dios mismo dentro de un plan. La historia ha tenido un principio y tendrá un fin. Va de atrás hacia adelante y tiene un sentido: la búsqueda de la salvación eterna ya que, el hombre, creado libre, desobedeció y Dios tuvo que mandar a su Hijo para salvarlo. Unos, aquellos a quienes Dios dé su gracia, se salvarán, y muchos a quienes no se la dé, se condenarán. ¿Por qué a unos les da y a otros no? No

podemos conocer el porqué de los designios de Dios, dirá San Agustín. Para él, **la historia es el drama de la salvación**.

El Renacimiento aireará todo ese pensamiento medieval y considerará que como el hombre es hijo de Dios, debe pensar más en disfrutar la vida en este mundo, que en pensar en el infierno. El mundo teocéntrico va quedando atrás y aparece un mundo antropocéntrico: ahora sí que el hombre (semidiós) es la medida de todas las cosas. Ha llegado la Modernidad como buena hija del capital comercial. Si antes no sabíamos que nos íbamos a salvar porque ignorábamos si Dios nos había dado su gracia, o no sabíamos si teníamos suficiente fe para hacerlo, como pedía Lutero, ahora podíamos verlo claramente: el calvinismo nos dirá que a quien le vaya bien en este mundo, ha sido escogido por Dios. No había mejor motivo para saquear continentes, despojar campesinos, explotar obreros, mujeres y niños, para construir la sociedad industrial y financiera moderna, dueña del capital, de las máquinas, de la tierra, del agua y, ya casi, del poco aire que respiramos.

Las revoluciones expusieron a los pueblos a ser carne de cañón para que los dueños del capital llegaran a ser más poderosos, o los dueños del Estado ("colectivo"), llegaran a ser capitalistas.

La posmodernidad globalizadora, traerá consigo la muerte de los sueños con la destrucción de los lazos sociales y la depredación del planeta.

Parece que el humano, se hunde aceleradamente en las arenas movedizas de su petulancia, en las que se afirmó para creerse la imagen de Dios…

Exclusión social y pedagogía.

El autor muestra aquí la gran dificultad para desarrollar un proceso pedagógico en las sociedades subdesarrolladas. Grandes mayorías quedan al margen del proceso educativo. Por lo menos, de un proceso educativo de calidad. Esto conlleva la exclusión social. Ahí es donde la universidad tiene que decir su palabra: "En este contexto, es donde, la universidad, en general, y el maestro, en particular, tienen una misión vital que cumplir. La universidad; la *universitas*, ese espacio abierto al pensamiento universal y al debate argumentado con la razón en uso de su ascesis dialéctica.

No tenemos que llamarla *pluriversidad* ya que la *universitas* encierra ʿlo universalʾ, no como pensamiento único, sino como el conjunto de todas las expresiones posibles de la razón o, en otras palabras, de las posibles racionalidades o maneras de sentir, aprehender el mundo y dar cuenta de él.

"Espacio por excelencia para crear cultura, la *universitas* no puede ser convertida en campo de batalla violento, para manifestar mezquinos intereses dogmáticos de ningún tipo. Cuando ello ocurre, estamos renunciando al uso de la razón a favor de la fuerza bruta que es la negación de toda racionalidad, es decir, del sentido mismo de lo humano".

Juegos de lenguaje.

Poema-artículo siguiendo el pensamiento de Ludwig Wittgestein, acerca de la realidad entendida como *"juegos de lenguaje"*.

El autor comienza con un epígrafe:

Dinos, señor Presidente:
¿cuántos muertos inocentes
valen los vivos honestos?
o, ¿será que, como siempre,
pagar deben por las ratas
que se lucran con la muerte?

Y, parte del poema dice:

Silencio…
silencio que ruge
la Guerra:
misiles que liberan
con olor a sangre,
cabezas que ruedan,

hogueras que matan,
venganzas salvajes:
¿juegos de lenguaje?

....

Silencio
por la muerte
del Lógos.

Para este famoso pensador, la realidad está en el lenguaje. Entonces lo que hay que investigar no es la realidad sino el lenguaje. Todo se reduce, como se ha dicho, a lo que él llama "juegos de lenguaje". Así se diga o se interprete que este último es sólo un instrumento mediador.

Lo anterior deja de lado:

1. Que aquel que investiga y el lenguaje o su lógica, forman parte de la misma realidad investigada.

2. Que el lenguaje es instrumento del poder, elemento del cual no quiere hablarse.

3. Que las palabras no son inocentes. El lenguaje no es, solamente, algo descriptivo (y ya, de hecho, toda descripción, implica unos parámetros prejuiciados), sino indicativo. Asigna nombres, funciones, maneras (correctas o incorrectas) de pensar y de actuar. Establece lo que es verdad y lo que no lo es. Lo que es racional y lo que es irracional.

4. De esta manera, los "juegos de lenguaje" ocultan, los juegos del poder que implican, siempre, explotación y exclusión.

Pero, a esta vivencia, se la llama ejercicio de la libertad; competencia y competencias; "sociedad abierta", sociedad de logros, realización de sueños, de los cuales, el "sueño americano" ha sido el prototipo.

"Competencias", "logros"; ¿no nos recuerda esto, la "formación" que dan los sistemas educativos actuales?
¡Vaya juegos de lenguaje!

Universalidad ética y ética práctica.
"Cuando oigo hablar de universalidad de algo, siempre pienso en esos deseos que ha tenido el ser humano, a través del tiempo, de encontrar la verdad; el verdadero sentido de las cosas. O, el Bien, para expresarlo en términos socráticos.
Y, cada cultura genera costumbres y normas que, con sus respectivos rituales de legitimación, expresan esa universalidad…

La necesidad de absolutos partió de la conciencia de la relatividad; de la fugacidad de la existencia humana. En su inseguridad, el ser humano ha querido aferrarse a Algo. Un Algo que esté ahí, que no se mueva; que no sea cuestionable. A pesar de todas las contradicciones que ello genera como es el hecho de que el absolutismo (y no me refiero aquí a ningún sistema político) se genera en el relativismo y éste, a su vez, para legitimarse, tiene que acudir a un absoluto: "todo es relativo".

Y, entonces, como ésta es una afirmación absoluta, la conclusión es que no todo es relativo. Este relativismo clásico, por llamarlo de alguna manera, implica que hay algo que es válido. Pero, a partir de aquí, también concluimos que no todo es absoluto.

¿A dónde conduce todo esto? A la vida histórica. Ni más, ni menos… Es decir, al espacio donde la ética se hace posible.

El (siendo) humano en su laberinto.
Es una reflexión acerca del ser humano como creador de la historia, considerado, por lo tanto, no como un "ser", sino como un "siendo". Es decir, algo (consciente), en permanente

construcción. Un "siendo" que construyó sus narrativas con teleologías trascendentales, o meta-históricas, como lo fueron el reino del amor cristiano, el pleno equilibrio social al llegar al uso óptimo del capital y del trabajo, en el pensamiento liberal y, la sociedad comunista de Marx y Engels. En ese proceso fueron creándose y destruyéndose referentes universales. La "muerte" de Dios, llegó con el reino de "La Razón", pero, ésta, al suprimir a Dios, se suicidó. Porque quedó en el vacío.

"La 'muerte' de Dios, certificada por Nietzsche, a partir del ambiente de descreimiento en que vivía, fue un desastre desde el punto de vista de la certeza, en medio de la incertidumbre de las cosas humanas. No sólo porque Dios, ese acompañante y protector-castigador, buscado y aceptado por el hombre, ya no estaba, sino porque, se habían arrojado por la borda, milenios de esfuerzos hechos por la humanidad, en busca de un referente universal. "La Razón", que intentó suplantarlo, se derrumbó, fácilmente, al haber una incoherencia absoluta, entre lo pensado y expresado, por un lado y, lo actuado, por el otro. Esto dio origen a la llamada Posmodernidad y que yo llamaría, mejor, Neomodernidad. Estableció ésta, que habían caído todas la certezas; que no había Verdad, sino verdades. Es decir, mostró la imposibilidad de acceder, desde "las razones", a un referente universal…"

Después de esto, llegaron las "Fake News", las "Realidades alternativas"; la mentira abierta, convertida en verdad y, como su corolario, el "todo vale" y lo que significa en la práctica: destrucción de los lazos sociales y arrasamiento del planeta.

Educación, pedagogía y enseñanza.

Generado como Carta de despedida a los estudiantes por retiro etario, el documento hace una síntesis de los principales conceptos que se manejan en el proceso educativo. Tomemos una parte del texto:

"… Porque cuando uno es maestro, no sabe lo que [de conocimiento] se llevan sus estudiantes. Pueden llevarse una respuesta, lo que no es muy satisfactorio. Pueden marcharse con las manos vacías, lo que es muy triste. O, pueden irse con una pregunta, lo que es muy halagador. **Pues no hay mayor halago para un maestro, que el que un estudiante le diga: 'me dejó pensando…'**

"Pensar, sí; es el comienzo del cuestionar; del preguntar-se. Es el comienzo del llegar a ser. Es la posibilidad de dotar a la existencia con un sentido. Y eso es comenzar a SER. Así que, si utilizamos los viejos términos de la filosofía, PENSAR, no solamente tiene un valor gnoseológico sino ontológico-existencial.

"El pensar es el comienzo del cuestionar y del cuestionar-*se*; es decir, es poner en duda el mundo, y la conciencia misma que lo capta. ¡Tamaño atrevimiento! Pero es, ha sido, el camino para llegar a SER. **El hombre comenzó a ser tal, cuando comenzó a preguntar**. Pero su ser no es algo inamovible; una estructura eterna. En algún lado escribí que **el hombre es el ser que es el no-ser, por excelencia**.

Y, al hablar de estas cosas, estamos hablando del trabajo del maestro: sujeto éste, creador, como ninguno del espacio para la pregunta.

Maestro. Del latín MAGIS-TER. Lo vimos en clase y no debemos olvidarlo: significa **tres-veces-más**. Tres veces más que el estudiante (que no del **alumno**, palabra "cosificadora").

Tres veces más: en el manejo del conocimiento; en su **traducción y puesta en cuestión**, lo que, específicamente, se denomina **enseñanza** y, finalmente, en la creación de RELACIONES HUMANAS, el aspecto propiamente pedagógico y, a mi juicio, fundamento de la **educación**, si entendemos por tal, el proceso que permite conducir a los individuos de una situación determinada, a otra mejor…"

Carta al Santo Padre Francisco.

Aprovechando la llegada del papa Francisco al solio pontificio, el autor le escribe este documento del cual se extraen los siguientes párrafos:

"… De acuerdo con lo anterior, ha sido muy grato para mí que Su Santidad escogiera como nombre papal el del _Poverello_ de Asís, ejemplo de renuncia a lo material, y de amor a los pobres y a la naturaleza. Esto es sumamente importante en un momento de la historia en que, como Su Santidad lo sabe, somos víctimas de un sistema fundamentado en un hedonismo mercantilista que, para lograr sus objetivos de ganancias al máximo, no repara en ningún límite ético ni moral, al convertir a los seres humanos y a la naturaleza, en burdas mercancías desechables con lo cual, en la medida en que lo hace, convoca su suicidio y la posible desaparición de esta especie que, curiosamente, hemos llamado _Homo sapiens_…

Es grande la alegría que se siente al ver al Padre Francisco, con un mensaje y unas acciones que nos recuerdan los primeros tiempos del cristianismo, cuando éste no se había torcido todavía, con las dádivas del imperio, y se oían los mensajes de un San Agustín , o de un San Juan Crisóstomo, contra la avaricia de los ricos que acababa con la fraternidad heredada del hecho de ser TODOS, hijos del mismo Padre Celestial…"

Reflexiones teórico-prácticas de un maestro universitario de Ciencias Sociales.

Al hablar de docencia universitaria, nos encontramos con un campo cuya amplitud nos lleva a hacer una reflexión holística sobre la temática que tiene que ver con los aspectos pedagógicos, didácticos, el trabajo práctico y, en nuestro caso concreto, con problemas de la enseñanza de las Ciencias Sociales.

Escribir hoy sobre pedagogía, se ha puesto tan de moda como las reinas de belleza. Montones de libros salen todos los días al mercado, publicitando la temática con nuevos nombres o temas. O, a veces, con los mismos. Podríamos decir que está fomentándose un *"consumismo pedagógico"* (más de papel que de prácticas) que explicita el hecho de que maestro que no haya adquirido y leído la última obra del mercado, se queda desfasado en el proceso educativo, e ignora los últimos descubrimientos sobre la materia, o las respuestas a la problemática vigente en ese campo.

Creemos que esto obedece, también, a un neo-idealismo rampante que , basado en la asunción incuestionable de que que los fundamentos del orden social vigente, a nivel planetario, son inamovibles. Pretenden pensar la educación como un campo autónomo de las relaciones de poder económico-sociales globalizadoras y, por lo tanto, como un espacio para mejorar la calidad de vida y disminuir la conflictividad social, por medio de un conocimiento con fines meramente instrumentales individualistas, adornado con una pátina de valores universalistas (la libertad y la democracia ligadas al mercado, por ejemplo). Entonces, el conocimiento se desarrollará, básicamente, sobre *"técnicas de traspaso"*, o de *"internalización"*. O, si se quiere, de *"alimentación"*. ¿Por qué no? Recordemos que **Alumnus** (Alumno) significa en latín *"el que es alimentado"*. ¡Qué maravilla pedagógica!

Lo anterior, se suma a la *"novofilia"*, instaurada por la llamada sociedad posmoderna que considera que hay que renovarlo todo porque lo nuevo es lo valioso por ser nuevo, y que lo viejo, o tradicional, debe desaparecer por caduco, sin darse cuenta o, *sin querer darse cuenta*, de que si hay algo claro que enseñe la historia es que **lo nuevo es la manera como se disfraza lo viejo para seguir teniendo vigencia.**

En este contexto, se dará la lucha por implantar uno u otro modelo pedagógico, con su correspondiente trabajo productivo.

Rostros y rastros de mujer.

Este escrito es una defensa de la mujer, iniciando con un *mea culpa.*

La discriminación de ellas, por lo menos en lo que hace referencia a las culturas sustentadas en las religiones del Libro, más que una vergüenza, es un crimen contra la media humanidad donde son dados a luz sus discriminadores. Veamos una parte del texto:

… Hecha esta aclaración, vuelvo a hablar de las mujeres, condenadas y excluidas por la historia. La mayoría, no todas, por supuesto. Cualquier "universal", tiene su dosis de falsedad. Porque, toda realidad tiene dos caras: la que vemos, y la otra. Como cuando nos vemos en el espejo. Allí nos acostumbramos tanto a ser "nosotros= YO", o "nosotros= Yo+ LOS MÍOS", que llegamos a pensar que este "nosotros", es el mundo. El mundo verdadero.

"Pero ese mundo es variado, polimorfo, es decir, que tiene sus propios rostros, con sus propios "nosotros". Esto vale tanto a nivel individual como colectivo. Hay "yos" que se hacen colectivos, como hay colectivos o plurales, que se usan individualmente. Eso es claro en las relaciones de poder: "El Estado soy yo", o "Aquí mando YO" O, NOS (OTROS), con base en la autoridad concedida por el Todopoderoso…" Y, las MUJERES, los hijos, los sirvientes y los esclavos, o sea, la familia, quedan sometidos al "Paterfamilias", fiel representación del Dios-varón (Theos=Zeus=Deus=Dios), negación de la Diosa Madre (Theá méter), Deméter, hermana mayor de Zeus.

Así que el *Páter* (griego y romano), es dueño de la "servidumbre", que eso significa "familia" (de fámula= esclava, sirvienta). Es el patriarcado (de *páter* y *arxé*= *arjé*= principio, fundamento, poder). El poder del padre, que viene de la naturaleza, o con el origen del mundo. O, con la imagen del

Padre Eterno. Por lo tanto: indiscutible, inamovible. "Soy tu padre"; "lo dijo tu padre".

Y la esposa y madre, se dirige a su esposo con las frases: "sí, mi señor"; "como ordene mi señor". KYRIOS (Señor en griego); DOMINUS (Señor en latín); señores, dueños de esclavos.

Y, ese patriarcado se manifestó, a través de milenios, en todas las esferas del vivir. Y se manifiesta en la exclusión, la discriminación, la segregación. O, en tantos ET CAETERA (=etcétera). No derecho a la herencia, no derecho al trabajo, menores salarios, no derechos políticos, o menos espacio político, menor estatus social, sometimiento a violencia intra-familiar, sin derecho a reclamo, o con el precio de la vida. Y algo asqueroso: condena a la prostitución que, si eximimos a las elegantes "pre-pagos", quienes "trabajan" en esto, lo hacen por necesidad de sobrevivir y, con una condena moral que es la marca de la degradación humana: son las "putas" y sus hijos, real o simbólicamente, "hijos de puta".

Porque, en una sociedad patriarcal, hay putas, pero no hay "putos"; hay "hijos de puta", pero no hay "hijos de puto"' Se dice que es el oficio más antiguo del mundo y, claro, refiriéndose a las mujeres. Pero, si tengo razón en lo que afirmo, que la mujer ejerce la prostitución por necesidad, también puedo afirmar que el varón llega allí por instinto y ansias de dominación. Por lo cual puedo decir que *el puto comprador* sí que es el oficio más antiguo y degradante del mundo…

Ciencias Sociales y Materialismo Histórico y Dialéctico.

Más de una vez, se confunden los conceptos de Ciencias Sociales y Materialismo Histórico y Dialéctico (en adelante, Marxismo). Y, por eso, también más de una vez se critican las Ciencias Sociales como simple ideología o falsa conciencia y, al Marxismo como una simple doctrina falsa y totalitaria. No hay un esfuerzo por explicar estos conocimientos a partir del movimiento histórico, como resultado de sociedades conflictivas, en determinados espacios y tiempos. Muchas veces, el maestro trata de explicar los conflictos sociales desde el Marxismo, como parte del *sistema educativo*, pero eso no es así. Que lo enseñe es una cosa pero, muy diferente a que forme parte del *sistema educativo*, que forma parte del SISTEMA SOCIAL, basado en la propiedad privada de los medios de producción, considerada como un derecho natural. Es decir, que lo que corresponde enseñar es Ciencias Sociales. Y, si alguien enseña Marxismo, lo hace bajo su propio riesgo ya que es una enseñanza *anti-sistema*. Me dirán que eso es justificar el orden social vigente. No. Es tratar de explicarlo, y de hacerlo holísticamente, entre otras cosas, para asumir responsabilidades conscientemente. Veamos parte del texto:

La burguesía que, por lo menos a nivel ideológico, y para combatir al feudalismo, había prometido un futuro lleno de progreso, o sea de perfeccionamiento técnico y moral y de equilibrio social, es decir de pleno uso de los factores del capital y del trabajo, no cumplió; por el contrario, comenzó a crear grandes desequilibrios, como lo ha mostrado Walter Montenegro, y como lo hemos visto por la división internacional del trabajo. Entonces, trató de racionalizar su mundo, fenómeno que comienza en el siglo XVIII, y sigue en el siglo XIX , como lo expresa el ya citado José Luis Romero: "En el siglo XVIII, y también con el idealismo del siglo XIX, se afirma que la razón ha sacado de la nada una cantidad de principios, que en realidad han nacido de la experiencia. Racionalizar es precisamente borrar el origen experiencial, siempre contingente, y afirmar su valor eterno y universal".

Es decir, con el advenimiento de la burguesía, el hombre burgués fue elevado a la categoría universal de hombre, y el mundo fue definido a su imagen y semejanza…

La nueva clase social con su nueva sociedad montada sobre estos "a priori" ideológicos, impulsará una nueva manera de conocer y valorar el mundo natural y social: el conocimiento científico.

Este conocimiento reemplazará a la teología del orden medieval para explicar y legitimar el nuevo orden. Los científicos reemplazarán a los sacerdotes en la construcción del conocimiento y en la justificación del nuevo orden "natural" y "racional".

En este contexto, surgen las Ciencias Sociales, Pero, no aparecerán como legitimadoras de un orden social particularista, sino que, basadas en el concepto de ciencia, como un conocimiento universal, neutral y apolítico, dejarán de lado los marcos ideológicos del sistema, para concentrarse en su funcionamiento. Toda su crítica se orientará a detectar algunas "disfunciones" del sistema para que éste continúe su perpetuación porque, visto en esa forma, el sistema u orden social capitalista, es el final de la historia.

¡Problema el que se les presenta a las Ciencias Sociales cuando encuentran que lo que es disfuncional es todo el sistema social!…

Contra la estructura y la racionalización del mundo burgués, aparecerá el Materialismo Histórico y dialéctico, como su crítica más radical. En efecto, el Marxismo no es una crítica a sus desequilibrios temporales sino a sus estructuras. No es una propuesta de reforma sino de cambio de sistema.
El Marxismo, pues, no tiene nada que ver con las Ciencias Sociales porque es su antagonista. Si las Ciencias Sociales, como hemos visto, aparecen para legitimar el orden burgués, mostrándolo como un orden racional de final de la historia, el Marxismo aparece para criticarlo y para buscar su destrucción, mostrándolo como otra sociedad de clases de explotadores y explotados, es decir, con una vigencia histórica, y tratando de

organizar políticamente a la clase trabajadora que, supuestamente había de enterrarlo, para lograr la sociedad sin clases, es decir, ahí sí, el final de la historia o, como pensaba Marx, el comienzo de la verdadera historia…

Problema fundamental del Marxismo, fue aplicar su dialéctica al pensamiento burgués, y no a su propio pensamiento. El resultado fue un totalitarismo con una burocracia dominante y "apropiante", cuyo sistema se derrumbó, dejando en ruinas los ideales del socialismo, y a la humanidad a merced del Neofascismo, fase superior del capitalismo neoliberal globalizador para quien la destrucción de "lo humano", y del planeta, forma parte de su manera de ser…

Quemando coranes: las hogueras de la estupidez.
El tema trata sobre el intento de quemar un ejemplar del Corán, el libro sagrado del Islam, por parte de un pastor norteamericano.

Veamos parte del texto:
Corre el año de 1933 y el ahora canciller Adolf Hitler, ha nombrado a Joseph Goebbels personaje con elevado grado de cultura, Ministro del Reich para Ilustración del Pueblo y de la Propaganda. Fue establecida la más estricta censura y la prohibición de una serie de libros. Las bibliotecas de los partidos comunistas y de la Universidad de Colonia, fueron incendiadas.

Para sorpresa de muchos, aunque no de los conocedores de la condición humana, ese importante filósofo que fue Martín Heidegger, Rector de la Universidad de Friburgo y miembro del Partido Nazi, participó en la quema de libros que hubo allí, dentro de los desórdenes ocurridos en 8 de mayo [(1)ver texto}].

… Las llamas de Hitler, Goebbels y compañía, crecieron tanto que, sobre las miserias del pasado, prendieron la mecha de la Segunda Guerra Mundial…

Qué lejos estaba de imaginar Prometeo, el Ladrón Olímpico, que el fuego que les restituía a los hombres (y que Zeus les había arrebatado por tramposos) con el precio de su tortura diaria en el Cáucaso, no lo utilizarían solamente para usos domésticos, sino también, para achicharrar seres humanos, y para pulverizar libros, a veces en nombre del amor.

La civilización habría de ser, casi siempre, una continua hoguera…

Unos dicen que está loco; él dice que cree que no lo está. [(3) ver texto]. Yo le creo al pastor. De haber estado loco, hubiera quemado *El Corán*, sin anunciarlo tanto. Y, sin retroceder en su intento. Pero uno diría que todo estaba "fríamente calculado", en un juego dialéctico, mutuamente beneficioso: búsqueda de notoriedad por parte de un individuo y su pequeña iglesia; el *show-raiting* de los medios de comunicación y, la crispación de la sociedad por parte de los *planificadores del miedo*.

El pastor se hizo conocer por todo el planeta, y se dio, también, el lujo de que personalidades de nivel mundial, le pidieran o, casi le suplicaran, que no lo hiciera. Y no lo hizo; no porque se hubiera convencido de que estaba en un error, sino porque se lo pidieron. Y, quienes se lo pidieron, lo hicieron, no porque estuvieran convencidos de que era un atentado moral contra uno de los mejores valores de la racionalidad moderna, como es el respeto al Otro, sino, básicamente, por las consecuencias de la fogata, jugándose, en estos forcejeos, distintas éticas de la modernidad, como dice Hernando Gómez Buendía. [(4) ver texto]. O, lo que yo he llamado una *ética flexible*, inspirada, sobre todo, en el pragmatismo.

"Idiota y peligroso", denominó el Fiscal de Estados Unidos Eric Holder, al proyecto del pastor. "Vergonzoso", la Secretaria de Estado Hilary Clinton.

"Asestaría un duro golpe a la imagen de los Estados Unidos", declararon en Egipto, Al Ashar, una institución *suní*, y los Hermanos Musulmanes (¡quién lo creyera!).

Por supuesto, el presidente Obama llamó al pastor. Pero, lo que más pesó fue la intervención del general Petraeus, Comandante en Afganistán, quien advirtió que "el acto propuesto […] pondría en peligro las vidas de las tropas estadounidenses fuera del país".

El Vaticano no se quedó atrás, y denunció el plan como "indignante y grave" [(5) ver texto].

Indignante y grave", ¿a la luz de qué? ¿De la *conciencia secular moderna* que nos exige una ética basada en el respeto a los demás? Es posible. Porque en el año 1537, *El Corán* fue destruido por instrucción del papa. [(6) ver texto]. Y, ya antes, también, en 1500, el cardenal Jiménez de Cisneros, confesor de Isabel La Católica, había mandado quemar 5000 ejemplares de ese libro sagrado. [(7) ver texto]… Se dirá que eran otros tiempos. Sí; pero, en religión, doctrina es doctrina…

La ética flexible.

Este texto muy corto, habla acerca de la crisis capitalista y de la ética en boca del presidente Obama. Veamos:

Escritores de casi todas las tendencia, han sido atraídos por el *efecto Obama*. Algunos se atreven a disentir de la creencia en los paraísos; otros, manifiestan cierta duda, dado el tamaño de los problemas mundiales y, finalmente, un buen número, nos dice que estamos, casi a pocos pasos de "la tierra prometida".

Estos últimos, parecen no darse cuenta de que "la tierra prometida", se está deshaciendo ante nuestros ojos, moral y ecológicamente. Lo segundo, por lo primero. Es éste el contexto en que asume el presidente Obama.

El presidente, en sus primeras reuniones de gabinete, con una idea que había dejado entrever, también, en su campaña por la presidencia, pidió a sus funcionarios comportarse éticamente. Pero, esta exigencia no se correspondía, con el nombramiento de algunos funcionarios que habían evadido el pago de impuestos, engañando al Estado, con todo lo que esto implica.

Ahora, en alusión a las bonificaciones dadas a algunos ejecutivos del quebrado y financiado estatalmente. American International Group (AIG), el presidente se mostró escandalizado y afirmó, públicamente, que había que tener alguna ética y "sentido de la responsabilidad".

Alguna ética, cierta ética, o un poco de ética. Es lo mismo. El presidente es un pragmático. no un ideólogo"; lo ha dicho uno de sus asesores. Y, pragmático, leído en términos políticos, significa actuar por resultados, sin fijarse mucho en los medios para lograrlo…
En nuestro caso, nos encontramos con una *ética discursiva*, por un lado y, con una realidad política, por el otro. El resultado es una *ética flexible*, tan propia de nuestros días posmodernos y que nos permite ser *más o menos éticos*. O, afirmarlo y dejar de serlo, a conveniencia. . Así. resulta que lo que no puede hacer la conciencia moral, lo puede el poder. Y el poder no tiene conciencia porque representa la "Razón de Estado". Pero queda el discurso como manifestación de la conciencia moral. Testamento para la historia oficial, y producto de consumo para los creyentes en "la tierra prometida"…

Sujetos y exclusión.
Este pequeño texto es sobre la constitución del sujeto en la sociedad moderna. Está desarrollado a partir de un cuestionario. Veamos una pregunta-respuesta:

Pregunta

Para manejar este tema de la constitución del sujeto se podría hacer un recorrido en la Historia, y ver cómo más que constituirlo, lo que se ha hecho es "destituirlo" (no encuentro otra palabra) de su condición. ¿Le parece que podría hacerse así?

Respuesta

Destituirlo, ¿de dónde? o ¿de qué? Me parece que la construcción del **"Sujeto"**, se da a la par con la deconstrucción (para usar un término de Derrida) de la idea de "cristiano", con su significado de *dependiente de la Voluntad Divina*.

Ahora hay una visión **secular** del mundo y se piensa que cada in-dividuo tiene una **Conciencia Autónoma** que decide sus acciones. Y que, por lo tanto, podría ser ética, si el individuo se percibe como **"átomo social"**.

De todas maneras, no olvidemos que las ideas son expresión de las relaciones sociales y que, por más bien intencionadas y filosóficas (tomado este término en un sentido de validez universal) que sean, siempre mostrarán la paternidad, de esas relaciones.

La construcción del sujeto se da en un contexto de afirmación del capitalismo, sistema que toma como fundamento, **la propiedad privada como un derecho natural.** A partir de esta **entidad-eje**, habrán de tejerse las relaciones sociales, en términos amplios y, en términos concretos, el derecho, el Estado (éste, generado por y, a su vez, generador de sujetos) y todo el conjunto de ideas aparecidas como **razones legitimadoras**, dentro de las cuales están las que se ocupan de la construcción del **"Sujeto"**.

Como lo escribí en otro lado, sin ser original, por supuesto, el **"Sujetivante" de la sociedad moderna, no es otro que el Capital que da id-entidad a los "sujetos", y estos son los individuos propietarios** que, además, compiten, a veces ferozmente, para aumentarlo o, en última instancia, para no dejarse quebrar. Esta competencia lleva, por un lado, a convertir el trabajo en una nueva servidumbre, y en un infierno la vida de muchos por falta de empleo, porque, en esta sociedad, ser explotado ("ser empleado", en términos funcionales o aceptables), se ha convertido en un privilegio. Privilegio cada vez más escaso como lo son el agua y el aire puro.

Por otro lado, esta competencia lleva a dominar continentes enteros, imponiéndoles la modernidad como *modernización*, es decir, como un barniz, a través del cual los engancharon al dominio mundial del *"**Capital**"*.

Modernización, es el nombre que se da al proceso de sufrir la modernidad. Este proceso conllevó la creación de una sociedad (término que podemos entender más en sentido económico que social), altamente estratificada y diferenciada por la tenencia, o no tenencia de propiedad: por un lado, el grupo de propietarios estratificados y, por otro, el de los no-propietarios, también estratificados, a su vez.

Aquí, en lo últimamente planteado, se da la vida real que nos mostraría la existencia, también real, de distintas "**sujetividades**", es decir, **la existencia de unos sujetos que son más sujetos que otros.** Eso lo resolvió la construcción del "**Sujeto**", categoría abstracta y universal que representa a todos y a **nadie**. Pero que dejaba a salvo la conciencia filosófica moderna, como la había dejado a salvo, políticamente, la "Declaración de los Derechos del Hombre y del Ciudadano", arriba citada, y que, desde el punto de vista de la historia real, podemos apreciar como una "Declaración de Cinismo".

¿De dónde arrancar, entonces, la reflexión? Mi sugerencia sería partir de la deconstrucción que ha hecho el pensamiento posmoderno, teniendo en cuenta que esa deconstrucción, no se hace porque la idea, o la categoría de "**Sujeto**", fuera mala. O absurda "en sí", sino porque no tenía asidero en la realidad vivencial. La gran pregunta sería:

¿Por qué no tuvo asidero en esa vida real...?
¿La Paloma de la paz, o la saga de la Guerra?
El texto trata sobre el Acuerdo de Paz en Colombia. Veamos:
Esta que tratamos de acabar ahora, continuación de la anterior, tiene ya una edad de 60 años. ¡Qué maravilla! Y pensar que hay grupos que quieren continuarla…
La han llamado "Guerra contra el terrorismo" pero le cabría mejor el nombre de "Guerra de los terrorismos". Distintos nombres, distintos uniformes pero, siempre, las mismas víctimas.

Llegamos así, al último intento de Proceso de Paz, después de unos intentos fracasados y de dos procesos exitosos con grupos no tan grandes ni tan antiguos como las FARC: el Movimiento 19 de abril, M-19, y con el Ejército Popular de Liberación, EPL.

Como se supone que hay suficiente ilustración sobre eso, vamos a los protagonistas: al presidente Santos y las Fuerzas Armadas revolucionarias de Colombia, FARC.

¿Por qué han entrado en este intento? Porque, se dice, hay condiciones (y no volverá a haberlas). ¿Cuáles son? Desde el punto de vista militar y, una guerrilla muy golpeada por las Fuerzas Militares y de Policía, que han eliminado a grandes jefes y mandos medios clave, y recuperado gran parte del territorio antes vedado al Estado, dejando establecido que es un imposible para la guerrilla tomarse el poder.

Desde el punto de vista social, hay un "cansancio de guerra", y un "cansancio de muerte", como lo muestra el hecho de que la mayoría del pueblo colombiano apoya las negociaciones de paz. A eso se suma, por parte del gobierno, la implementación de la Ley de Tierras para devolverlas a quienes fueron despojados de ellas por la violencia de los grupos ilegales. Parece ser que, en la práctica, no se ha hecho mucho, hasta ahora. Los beneficiarios del despojo no se rendirán, fácilmente, como lo hemos visto con las muertes de muchos reclamantes. El resto lo harán las "leguleyadas" y la acreditación de las posesiones "de buena fe", que se ha convertido en una de las maneras más descaradas de ejercicio del despojo. Para romper estas estructuras de poder mafioso, se requerirá de una gran voluntad política y de un compromiso del Estado con todos los instrumentos a su alcance en apoyo permanente, no sólo espontáneo, a las víctimas…

Rostro de odio; vientos de muerte.
El texto se refiere al racismo y al odio al inmigrante que se ha despertado con el nuevo gobierno del presidente Trump. De hecho, desde cuando Obama llegó a la presidencia, en vastos sectores blancos, fue haciéndose público el desprecio a los afroamericanos.

Veamos un poco de historia a través del texto:
… De los esclavos, ni hablar. No hay palabras suficientes, para contar sus sufrimientos y sus esfuerzos, en la lucha por la libertad. "Lo que el viento se llevó", fue la vida de miles y miles de ellos en esta tragedia que debería declararse vergüenza permanente de la especie humana. Permanente, porque sus efectos permanecen.

Pero hay algo más punzante y atroz en la esclavitud moderna, que no tuvo la del mundo antiguo. Y, ese algo, es que la moderna estuvo basada en el fenotipo, es decir, en la apariencia física, signada por un color de la piel: el negro. Y, "el negro", quedó marcado con el estigma de la esclavitud, fuera cual fuese su condición civil: esclavo, liberto, libre por nacimiento, ya fuera en América o en África. Tuviera el puesto, ocupación o riqueza que tuviese. "El Negro" (quizás con minúscula "en la pronunciación") así he oído, muchas veces, referirse al presidente Obama, con una mueca despectiva y, con frecuencia, acompañada de adjetivos no publicables. Por eso, no es raro, encontrarse con la noticia de que a Ilia Calderón, una de nuestras mejores periodistas en una cadena hispana, algún dirigente del KU KLUX KLAN que, basado, supuestamente, en la Biblia, afirma rechazar la violencia, le dice que la quemaría. ¿Por qué? Pregunta ella. Por ser negra es la respuesta. Cuando vi el video sobre la entrevista, quise gritar ¡todos somos Ilia! Bueno, unas mayorías… quizás, porque, es obvio que no todos se sienten Ilia. Pero, no sólo mi identidad colombo-americana, sino, y fundamentalmente, mi identidad humana, me lo exigía. Esa identidad que me dice que soy diferente de, pero semejante a, los otros, sin importar su condición social, el color de su piel, sus tendencias sexuales, sus creencias religiosas, etc.

En este contexto, tampoco nos sorprendemos, de que en Nueva York o Chicago, algún blanco le diga a una joven americana con rasgos orientales, mientras viajan en el metro, que se largue porque no le gustan sus ojos rasgados, y que va a destruir su país de m… Y que nadie se inmute para tratar de defenderla. Son sólo dos ejemplos de miles. Y estos dos no terminaron en tragedia, como otros, en muchas partes. En Charlottesville, por ejemplo.

Y ya que he citado arriba, el término "hispano", pues, también nosotros estamos ahí. Y es que la esclavitud negra, dejó como herencia lo que podemos llamar el "racismo ampliado". Esto quiere decir que la cuestión no es sólo contra los negros, sino contra todos los que no tengan la piel absolutamente blanca…

MODERNIDAD, REVOLUCIÓN INDUSTRIAL Y SUBDESARROLLO*

* Publicado en, Mora Forero, Jorge R., Historia, Enseñanza y Política, Bogotá, Universidad Pedagógica Nacional, 2003)

La civilización grecorromana para Europa occidental se extiende, según la periodización de la historia tradicional, desde el siglo V antes de Cristo hasta el año 476 después de Cristo, con la caída del Imperio Romano de Occidente en poder de los germanos, mal llamados bárbaros.

Se inicia, entonces, un periodo denominado la Edad oscura, para referirse a esta época de invasiones de los pueblos germánicos y de ajuste de los sistemas de vida; uno comunitario en descomposición, el germánico, y el otro, también en descomposición, el sistema esclavista romano.

A principios del siglo IX, ya está conformada en Occidente una de las entidades políticas que marcarán la orientación de la época medieval, y de lo que en ella se denomina el feudalismo: el Imperio Carolingio.

Entre los siglos IX y XII, tenemos el período denominado la Alta Edad Media, o lo que podemos llamar la Edad Media, por excelencia.

Las características de la sociedad de esta época son:

1. En el ámbito económico: una economía agraria de carácter señorial, basada en feudos, fundamentalmente de tenencia de tierras trabajadas por siervos, pero que dejaba subsistir en sus márgenes a campesinos propietarios de pequeñas parcelas, y a comunidades de aldeanos sometidos en todo caso, en una u otra forma, a uno o a varios señores.

2. A escala social: una sociedad estructurada piramidalmente y en cuya cúspide está la nobleza, tanto laica como clerical y en la base, los campesinos y los siervos.

3. En el ámbito político: una parcelación del poder en manos de los señores feudales, pero teóricamente centralizado en un soberano: el rey.

4. En el ámbito cultural e ideológico: el cristianismo, como visión del mundo, sustentadora de este orden social organizado jerárquicamente

La Iglesia es la institución que cumple, en esta sociedad, un papel fundamental en todos los órdenes de la vida social, dado que toda la vida social se ordena hacia una meta: la salvación del alma. En este sentido, lo religioso marca la totalidad del actuar social, y la Iglesia, como generadora y administradora de este poder religioso, define lo que es bueno y lo que es malo, lo que es ortodoxo y lo que es hereje, lo que es correcto y lo que es incorrecto, en todos los campos de la vida.

Desde el punto de vista cristiano, el hombre no ha venido a este mundo para disfrutar la vida, sino para morir en ella, con el fin de obtener la vida eterna.

Por eso, no encontramos en la Edad Media una separación en los diferentes campos de la vida social, ya que la sociedad se concibe como una comunidad de creyentes, y el hombre es definido como un cristiano.

En síntesis, como dice un autor, refiriéndose a la visión medieval del mundo:

"Durante la Edad Media, el hombre había vivido con los ojos cubiertos por la cogulla de su hábito. No había contemplado la belleza del mundo, o la había entrevisto solamente para renegar de ella y volverse a un lado, repasando las cuentas de su rosario y rezando sus oraciones. Como san Bernardo atravesando las orillas del lago Leman sin apercibirse siquiera del color azul de las aguas, de la belleza de sus viñedos, ni del radiante esplendor de las montañas, con su manto de sol y nieve: el fraile no veía nada de todo esto, pues su mente, abrumada de pensamientos y aprensiones, se inclinaba gravemente sobre la cerviz de su cabalgadura. Elocuente imagen la del monje. También la humanidad había peregrinado sombríamente, durante varios siglos, obsesionada por el terror del pecado, de la muerte y del juicio final, a lo largo de todas las calzadas del mundo, sin apercibirse siquiera de la belleza del paisaje ni de la bendición de la vida.

Para la Edad Media, la belleza era celada, el placer un pecado, el mundo un teatro efímero, el hombre un ser caído y condenado, la muerte lo único cierto, el juicio inexorable, las penas del infierno eternas y el cielo muy difícil de ganar. La ignorancia era grata a Dios como una prueba de fe y de humildad; la abstinencia y la mortificación, las únicas reglas seguras de la vida: de ahí las ideas fijas, permanente, de la ascética iglesia medieval".[1]

En este contexto, y a partir del siglo XI, comenzó a surgir un nuevo grupo social que constituiría una nueva forma de vida y, con base en ello, una nueva visión del mundo radicalmente diferente a la visión medieval; nos referimos a la burguesía.

---

[1] ADDINGTON SYMMONDS, Juan. "El Renacimiento en Italia". Lecturas Universitarias. México. Universidad Nacional Autónoma de México. 1972, p.12.

Compuesta de artesanos, siervos, fugitivos y comerciantes, la ciudad aparece en el seno mismo de la sociedad medieval sin desafiarla en un principio, pero, a la larga, va a constituirse en una rival de aquella, ya que su economía está asentada en el comercio, primero; en la industria y en las finanzas, después, con lo cual se crea una nueva riqueza y, por lo tanto, una nueva fuente de poder que ya no es la tierra sino el dinero, el capital.

Con los anteriores acontecimientos comienza a derrumbarse, poco a poco la visión medieval del mundo.

Los hombres que hacen dinero lo hacen para gastarlo, es decir, para disfrutar la vida; esta vida. Ya no importarán los medios como se haga el dinero, lo importante es hacerlo, así la iglesia siga condenando la usura, y así la sociedad medieval considere al comerciante, por lo menos al principio, como un ser despreciable. No será por mucho tiempo, ya que los señores del capital se convertirán en los nuevos dueños del mundo, sometiendo a su dominio a todos los mortales, comenzando por el encumbrado representante de Dios en la tierra, y terminando con el último vagabundo que acabaría en la horca y cuyo crimen había consistido en quedar sin tierra y sin trabajo, convertido en un desecho histórico, por obra y gracia de la nueva organización social, que irrumpía para sepultar a la comunidad feudal y, al mismo tiempo, para fundar la modernidad.

El oro hace a los banqueros iguales a los pontífices. Lorenzoel Magnífico, casa a su hija Magdalena, con el hijo del papa Inocencio VIII. Su propio hijo es nombrado Cardenal a los diecisiete años, y luego ascenderá al trono de la Cristiandad con el nombre de León X[2].

Jacobo Fugger, uno de los comerciantes más poderosos de la época, se da el lujo de decir, que al único que no le ha prestado plata es al Espíritu Santo. El Emperador lo nombra su consejero; el papa lo nombra conde palatino. "Los cardenales se levantan cuando él entra; como a un hijo bien amado el Sumo Pontífice lo besa en la frente"[3].

Chigi, otro de los grandes del capital, tiene cien navíos y veinte mil empleados que trabajan en sus sucursales. Ha prestado plata al Papa Julio II, y ha conseguido de él una ayuda inigualable: cada vez que un deudor no le paga; el Papa lo excomulga[4].

Era tal el dominio del oro en las nuevas relaciones sociales, que en el *Elogio de la locura*, exclama Erasmo, el gran humanista: "Observad a vuestro alrededor: los papas, los reyes, los jueces, los magistrados, los amigos, los adversarios, los grandes y los chicos, todos tienen un sólo móvil: la sed de oro"[5].

Este nuevo grupo social da origen al humanismo, entendido como un movimiento intelectual, que pone al hombre en el

---

[2] VOLODIA, Teltelboim. El amanecer del capitalismo y la conquista de América (s.p.y s.f.),p. 107·

[3] PONCE, Aníbal. Humanismo burgués y humanismo proletario. Medellín. Ediciones PEPE. 1976. P. 20.

[4] Ibídem.

[5] ROTTERDAM, Erasmo de. Elogio de la locura. Medellín. Editorial Bedout. S.A.p.98.

centro de la historia y que lo convertirá en dueño, no sólo de la [4] historia misma sino también de la naturaleza.

El humanismo, a su vez, impulsará ese fenómeno cultural del Siglo XV que se llamó Renacimiento, y que será la puerta de entrada a la modernidad.

Retomar la cultura antigua, sacar de ella todo lo que contribuya a justificar el mundo naciente, como la valoración del hombre y de esta vida, desde el punto de vista sensual, será el papel de los pensadores renacentistas.

En este contexto, Pico de la Mirandola, el humanista italiano, exclama en su "Oración sobre la Dignidad del hombre", refiriéndose a éste:

Al fin me parece que he llegado a comprender la razón de que el hombre sea la más afortunada de las criaturas y merecedor, en consecuencia, de toda admiración; precisamente es un rango que los brutos no han de ser los únicos en codiciar, pues incluso las estrellas y los espíritus, que están por encima de este mundo, lo envidian. Es algo que está más allá de la fe y es portentoso. ¿Y por qué no habría de serlo? Si precisamente por esto se llama y juzga acertadamente al hombre como gran milagro y maravillosa criatura.[6]

Una de las consecuencias de esta nueva vivencia y de esta nueva concepción del mundo, será la elaboración de un nuevo conocimiento, basado en la experiencia de los sentidos y no en las afirmaciones de la tradición y de la teología. Nos referimos al conocimiento científico, por medio del cual el hombre

---

[6] PICO DE LA MIRANDOLA, Juan, "Oración sobre la dignidad del hombre". Lecturas Universitarias. Op. Cit. P. 3

concebirá a la naturaleza y al universo como gigantescos mecanismos, sujetos a sus propias leyes, resultado de sus movimientos internos y externos necesarios, y delos cuales el intelecto humano puede dar cuenta para servirse de ellos.

La filosofía científica y los descubrimientos geográficos, serán un resultado de este intento que el hombre realiza, para convertirse en el amo efectivo del mundo.

Se ha desatado ahora la guerra entre el positivismo científico y la metafísica religiosa[7]. La Iglesia tratará de oponerse al progreso de la ciencia, pero a poco, irá cediendo terreno y se irá integrando a las nuevas formas de vida, dado que nada efectivo puede hacer frente a las nuevas e imparables fuerzas desatadas por el capital.

El capital irrumpe en la modernidad como el nuevo sujeto histórico. Es la nueva ENTIDAD que va a dar la identidad a los ahora sujetos secundarios, los hombres. Estos van a ser medidos y valorados según el capital que tienen, lo que implica, de hecho, una diferenciación substancial en la base de la organización social.

Paralela a este proceso, se da también una nueva valoración en los fundamentos de la sociedad: la base no será más la comunidad sino el individuo, y no cualquier individuo, sino el individuo propietario, el individuo poseedor del capital.

Como el capital es la entidad que da identidad a los individuos; toda la nueva organización social, es decir, el sistema en todos sus niveles (económicos, social, políticos y cultural), comenzará a funcionar con la lógica del capital.

---

[7] ADDINGTON SYMMONDS, Juan. Op. Cit., pp. 19-20

Como consecuencia de lo anterior, el cristianismo, ideología del régimen medieval, quedará reducido a un conjunto de rituales externos no a una conducta, como mandaba el mensaje original. Ahora el problema religioso no es un problema social, comunitario, sino un problema de conciencia individual. El individuo habla solo con Dios, en el fondo de su conciencia. Ya no importan las obras externas, o la conducta, sino la fe. En este sentido se expresó la reforma luterana, y ésta fue la manera como el cristianismo comenzó a adaptarse al nuevo orden social. El calvinismo irá aún más allá, en el mismo sentido, con su doctrina de la predestinación, al dar una respuesta contundente sobre la salvación a los nuevos barones del dinero: quien tenga éxito en este mundo, está destinado al cielo; quien fracase, no está entre los elegidos de Dios…

El catolicismo fue más reacio en aceptar doctrinalmente el capitalismo, pero, de hecho, fue acomodándose al nuevo orden social. Acabó condenando sus abusos, pero no sus fundamentos, y esto fue sosteniendo en toda la doctrina social de la iglesia. Para recordar sólo un documento, digamos que, el papa Juan XXIII en su encíclica Mater et Magistra, afirma que la propiedad privada, aún la de los medios de producción, es un derecho natural[8]. lo cual significaba, al mismo tiempo, consagrar al capitalismo como un orden natural.

En el campo político, uno de los grandes pensadores del mundo moderno, Nicolás Maquiavelo, será el encargado de conceptualizar las relaciones de poder que están surgiendo dentro del nuevo orden social.

Maquiavelo no subordina la actividad política a determinados ideales morales; para él, la política es el campo en el cual los hombres desarrollan sus tendencias naturales, sus instintos de dominación. Entonces, nos encontramos ahora con

---

[11] BIGO, Pierre. Doctrina social de la iglesia. Barcelona. Instituto Católico de Estudios Sociales. 1967. P. 263.

[8]que la desacralización de la naturaleza y el descubrimiento de ella, como un conglomerado de fuerzas mecánicas, como objeto de explotación y de dominio, marcha a la par con la desacralización del hombre, al cual describe como un ser al que se puede modelar y formar, o traducido al lenguaje correspondiente: un ser manipulable[9]. Este es, en efecto, el descubrimiento fundamental de Maquiavelo. "El cientificismo y el maquiavelismo son dos facetas de una misma realidad. Sobre esta base se formula la concepción de la política como una técnica calculadora y racionalista, como un modo – científicamente previsible de manipulación del material humano"[10].

Para Maquiavelo, la historia no es otra cosa que una lucha por el poder, y quien no logra adquirirlo, conservarlo y aplicárselo a los otros, lo sufre. Así pues, dentro de esta concepción, el objetivo de los hombres debe ser la conquista del poder y de la riqueza, que está en la base de aquel sin importar los medios. Así lo expresa, admirable y descarnadamente Maquiavelo, en uno de los párrafos de su historia de Florencia:

No debéis temer los remordimientos ni la infamia, pues el vencedor nunca se avergüenza de haber vencido sea cual fuere el medio que haya utilizado… Si observáis el modo de proce der de los hombres, veréis que todos los que han alcanzado grandes riquezas o gran poder, no lo han conseguido más que por la fuerza o con engaño. Pero, a continuación, recubren lo que han conseguido con alevosía o por medios violentos, adornándolo con falsos títulos de conquista o ganancias, para así ocultar la infamia de su origen. El que por falta de prudencia o por ser demasiado imbécil no se atreva a utilizar estos medios, se hundirá cada día más en la servidumbre y la

---

9 KOSIK, KAREL. Dialéctica de lo concreto. México, Grijalbo. 1983. P. 238.

10 Ibídem. Pp. 238-239.

pobreza, pues los siervos fieles no salen nunca de siervos, y la gente honrada nunca sale de pobre[11].

A pesar de Rousseau, de Lock, de Kant y demás filósofos de la Ilustración que, en una u otra forma, postulan una bondad natural del hombre, creemos que Maquiavelo es el pensador que mejor describe lo que serán las relaciones sociales en el mundo moderno.

El Humanismo, el Renacimiento y la Reforma Protestante, prepararon el campo para la aparición de las revoluciones.

La época moderna, por ser una época antropocéntrica es, por definición, una época revolucionaria. Llega la revolución científica que dará origen a la Revolución Industrial, a las revoluciones políticas y, por qué no decirlo, aparece también una revolución filosófica, que consiste en que los dogmas teológicos y, en general, las creencias religiosas, son reemplazados por una razón universalista y revolucionaria, al principio; particularista e instrumental, después.

A manera de síntesis, podemos decir que, al estudiar el surgimiento de la modernidad en Europa, nos encontramos con cambios radicales que van produciéndose a lo largo de varios siglos y que se dan en los diferentes planos de la estructura social, a saber:

1. En el plano económico: un cambio en las relaciones de producción, que hacen posible el surgimiento de un desarrollo científico y tecnológico jamás conocido. Aparece el mercado con carácter general (compra y venta de mercancías, incluida la fuerza de trabajo), como regulador de las relaciones sociales.

---

[11] MAQUIVELO, Nicolás, Historia de Florencia. Madrid. Ediciones Alfaguara. 1978, p. 173

2. En el plano social: surgimiento de clases dinámicas, cuyos conflictos van a ser funcionales al proceso de desarrollo que conduce al afianzamiento de la modernidad. El estatus social va a darse por la riqueza dineraria y no por el nacimiento.

3. En el plano político: creación de los Estados nacionales y surgimiento de las revoluciones democráticas, que hacen posible la existencia de algún tipo de igualdad social, por lo menos a escala de satisfacción de necesidades básicas.

4. En el plano cultural: aparición del racionalismo filosófico y, como consecuencia, aparición de la libertad de pensamiento y de expresión, lo que hace posible la expansión de las ideas modernas y su aplicación en todos los campos del actuar social.

En cuanto a la Revolución Científica, tema que nos interesa para entender la Revolución Industrial, tenemos que decir que comienza, básicamente, a fines del siglo XVI y se impone en el siglo XVII, teniendo como causas las nuevas condiciones económico-sociales, la expansión geográfica, y todo el espíritu renacentista.

Durante el siglo XVII, los gobiernos apoyan las investigaciones científicas, buscando la prosperidad del Estado.

Aunque las universidades que venían de la Edad Media, en medio de sus facultades-estrella de filosofía y teología, dejaban algún rincón para reflexiones más empíricas, fueron las academias científicas, apoyadas por los gobiernos, las nuevas instituciones que tuvieron un papel importante en el avance de la ciencia.

Entre esas sociedades podemos citar, a título de ejemplo, la Real Sociedad de Inglaterra, fundada en 1662, y la Academia de Ciencias de Francia, fundada en 1666.

La ciencia moderna comienza realmente con estudios de astronomía y de física. Todo lo descubierto en este campo, contribuye a cambiar la forma de percepción de la naturaleza y del lugar que la tierra ocupa en el universo[12]. Recordemos brevemente los nombres de algunos de estos gigantes del intelecto, que contribuyeron a cambiar el mundo medieval por el mundo moderno:

Nicolás Copérnico, pertenece al siglo XVI y desencadena lo que se llamó la Revolución Copernicana, al afirmar que el sol y no la tierra era el centro del universo. Comienza a darse el cambio de la teoría geocéntrica a la teoría heliocéntrica; cambio que conmoverá las concepciones religiosas hasta sus cimientos. Católicos y protestantes lo condenaron por igual, y consideraron su sistema como ilógico, antibíblico y perturbador de la fe cristiana.

Tycho Brahe (1546-1601), pudo construir en Dinamarca, con ayuda del rey, el más moderno laboratorio astronómico de Europa. El descubrimiento de una nueva estrella en 1572 y de un cometa en1577, derrumbó los presupuestos de Aristóteles de un cielo de estrellas fijas e inalterables.

Johan Kepler (1571-1630), descubrió las tres leyes del movimiento planetario:
Primera: los planetas se mueven elípticamente alrededor del sol.

Segunda: su velocidad varía de acuerdo con su distancia al sol.

Tercera: existe una relación física entre los planetas en movimiento que puede expresarse matemáticamente.

---

[12] HARRYSON, B. John, et al. Estudio de las Civilizaciones Occidentales. Bogotá. McGraw-Hill. 1992. Vol. II. Pp. 57-58

Galileo Galilei (1564- 1642), demostró que el movimiento podría plasmarse matemáticamente y estableció reglas para la física experimental. Construyó un telescopio, estudió la luna y Júpiter y confirmó la hipótesis de Copérnico, con lo cual entró en conflicto con la Iglesia que lo obligó a retractarse.

Isaac Newton (1642-1727), desarrolló el cálculo y estudió la naturaleza de la luz; formuló tres leyes del movimiento: la inercia, la aceleración y la acción-reacción, así como las leyes de la atracción universal y la gravitación.

Vesalio, un flamenco radicado en Italia, con base en disecciones cuidadosas, escribió el primer texto completo sobre la estructura del cuerpo humano.

William Harvey, descubrió los principios más importantes del sistema circulatorio.

Robert Boyle (siglo XVII), sentó las bases de la química moderna.

A comienzos del siglo XVII, John Napier, inventó los logaritmos con los cuales el proceso de multiplicar y dividir los grandes números, se simplifico bastante.

Durante el siglo XVII, se inventaron algunos de los instrumentos científicos básicos. El telescopio y el microscopio fueron inventados en los países bajos holandeses. Allí mismo, Huygens inventó el reloj de péndulo, lo que hizo posible medir pequeños intervalos de tiempo.

Para finales del siglo XVII, el concepto del mundo aristotélico medieval se había desechado y remplazado por los conceptos de Copérnico y Newton. Se estableció la metodología de la ciencia moderna. Los científicos habían creado los fundamentos de las ciencias modernas de la astronomía, la física, las matemáticas, la química y la anatomía, y se iniciaba el estudio de nuevas disciplinas[13].

Todo esto hizo posible la Revolución Industrial.

Hasta finales del siglo XVIII, no había una clara separación entre agricultores y artesanos, y la economía de Europa había estado basada, casi exclusivamente, en la agricultura y el comercio. Los comerciantes entregaban a los campesinos materias primas, que éstos cardaban, hilaban y tejían en sus domicilios y entregaban el producto al comerciante. Esto se modifica profundamente en el último tercio del siglo XVIII y en la primera mitad del siglo XIX.

El proceso conocido con el nombre de Revolución Industrial, se produjo en Inglaterra antes que en los demás países, debido a una serie de circunstancias favorables. En dicho país existía una burguesía potente, a la que la política colonial del gobierno había permitido una importante concentración de capital, con la que pudo realizar las inversiones en máquinas y locales, que exigía el nuevo sistema de fabricación.

Esta burguesía, dotada de un gran sentido práctico, aplicó la ciencia racionalista muy desarrollada en los medios intelectuales ingleses, a las mejoras técnicas necesarias para incrementar la producción (máquina de vapor, telares automáticos, carbón de cock, etc.)[14].

Inglaterra tenía abundancia de materia prima como carbón y hierro, convenientemente localizada. Gracias a su destacado papel en la revolución agrícola del siglo XVIII, los agricultores

---

[13] Ibídem. Pp. 62-63.

[14] VALDEON, Julio. Et. Al. Historia de las civilizaciones y del arte. Madrid. Anaya. 1984. p. 242.

ingleses pudieron producir, y más eficientemente, alimentos para la población urbana.

La revolución agrícola consistió en un conjunto de transformaciones jurídicas y técnicas, que conllevaron el aumento de la producción y de la productividad. El parlamento autorizó el cercado de fincas, con lo cual los terratenientes despojaron a los campesinos de sus parcelas, aplicaron técnicas nuevas e incorporaron nuevos cultivos como papa, nabo y maíz. También se mejoraron los tipos de ovejas y de ganado, mediante la crianza selectiva.

Además, porque fue en Inglaterra donde se inventó una serie de máquinas capaces de producir más rápidamente que los artesanos, rapidez que era necesaria al comerciante inglés, por razones de demanda y por causa de la necesaria reducción de costos, dada la creciente competividad entre países[15].

La industria textil del algodón fue la primera que se mecanizó.

En 1733, John Cay, inventó la lanzadera volante que dobló la velocidad con la cual podía tejerse la ropa. En 1764, James Hargreaves, enganchó seis agujas en vez de una al torno de hilar. El resultado fue la mucho más eficiente hiladora con varios usos: la llamó "Jenny",en honor a su hija.

En 1785, Edmond Cartwright inventó el telar mecánico. Esto produjo una mayor demanda de algodón.

En 1793, el norteamericano Eli Whitney inventó la desmotadora de algodón, con lo cual se hizo posible cultivarlo en grandes plantaciones, para satisfacer la demanda.

---

15 LAZO, Alfonso. Revoluciones del mundo moderno. Barcelona. Salvat. 1984. Pp. 26-27.

Se hicieron mejoras en la industria del hierro y el carbón, cruciales para la industrialización pesada. Pero la verdadera revolución técnica se produjo en 1769, cuando James Watt, patentó una máquina movida por vapor, que iba a acoplarse enseguida a los telares y a los husos.

Comenzaba así la era de las máquinas automotrices, en la que cambiarían las formas de trabajo. Desde entonces ya no se trabajaría en los hogares sino en local donde la máquina estaba situada. De esta manera, apareció la fábrica donde se concentraban máquinas y hombres.

Estos hombres formaban una nueva clase social: el proletariado, obligado, al quedarse sin medios ni instrumentos de producción, a vender su fuerza de trabajo por un salario.

La aplicación de la máquina de vapor a los transportadores hizo posible la aparición de los ferrocarriles, cuyos primeros ensayos tuvieron lugar en 1825. De esta forma, hacia mediados del siglo XIX, los cambios industriales habían pasado de Inglaterra al continente.

En Francia, la Revolución Industrial cobró gran impulso bajo el reinado de Napoleón III, entre 1852 y 1870. En Bélgica, un poco antes, desde 1830. En Alemania, con la Unión Aduanera, en 1834.

Los estados Unidos comenzaron su industrialización intensiva a mediados de siglo, y el Japón en 1868.

Con esta revolución, Inglaterra se convirtió en la primera potencia industrial del mundo. Los países que no llevaron a cabo, quedaron atrasados frente a los países industrializados. Este atraso lo veremos más adelante, los conducirá al subdesarrollo.

La Revolución Industrial es, en verdad, uno de los fenómenos más interesantes e influyentes de la historia humana. Con ella comienza la interpretación del mundo en forma global, a partir de nuevos conceptos. Así lo expresa el analista Franz Hinkelammert, cuando dice:

Por primera vez en la historia, una sociedad se forma en función del crecimiento económico continuo: la revolución de la estructuras de clases, de la estructura política y de toda la estructura ideológica y de valores. Es la revolución de una sociedad en su totalidad, en función de la Revolución Industrial. Se introduce una ideología sistemáticamente desarrollada, el concepto de una propiedad privada ilimitada sobre la tierra y sobre los bienes; un intercambio monetario referente a todos los productos; la igualdad formal de las personas, con la consecuencia del trabajo asalariado; la democracia representativasobre la base del voto general, y valores de maximización de las ganancias sobre el capital, que se convierte en los rectores del progreso tecnológico sistemático que está iniciándose.

Más adelante añade, que a toda esta revolución del sistema social, correspondió el surgimiento de toda una nueva interpretación ideológica de la sociedad, que tenía como elemento central el concepto del progreso y el de la coincidencia del interés general con el interés particular, como resulto de la aplicación de los valores de la maximización de la ganancia, que guiaba la nueva división del trabajo producida por el progreso técnico[16].

A nivel interno, produjo la destrucción de las actividades tradicionales, la desocupación de los campesinos, la ruina de los

---

[16] HINKELAMMERT, FRANZ. "Teoría de la dialéctica del desarrollo desigual". Cuadernos de la Realidad Nacional Nº 6. Santiago de Chile. Universidad Católica. Diciembre 1970. pp. 60-61.

artesanos y su conversión en trabajadores, obligados a vender "libremente" su fuerza de trabajo, como cualquiera otra mercancía; es decir a los precios del mercado.

Sin embargo, la organización de los trabajadores por medio de los sindicatos, los adelantos tecnológicos, la penetración capitalista en la agricultura y la conquista de colonias para obtener mercados y materias primas, solucionaron estos problemas internos; es decir, incorporaron a las mayorías al proceso de desarrollo que estaba gestándose. La emigración tuvo también un papel muy importante en la solución de estos problemas[17]

Con relación a la afirmación anterior, los especialistas Oswaldo Sunkel y Pedro Paz, señalan que para la Europa capitalista, el proceso de emigración tuvo los siguientes efectos positivos.

1. Permitió alejar de las metrópolis a una masa que había quedado sin colaboración dentro de la nueva estructura del empleo, como consecuencia de la redistribución de la población activa provocada por una nueva estructura productiva, incapaz de absorber un porcentaje muy elevado de habitantes en condiciones de trabajar.

2. En varias regiones de América Latina, esa emigración se transformó en la mano de obra de una actividad

---

17 En este sentido, es bueno tener en cuenta que, entre 1812 y1814, las islas Británicas, "exportaron" más de veinte millones de habitantes. Para una comparación útil con el caso presente de los países subdesarrollados, baste señalar que entre 1850 y 1890, por cada tres residentes rurales que migraban hacia las ciudades, dos partían al exterior, además: "Desde 1850 hasta 1914, más de 40 millones de personas dejaron Europa, principalmente hacia el Nuevo Mundo". Esto, dado que el promedio de la Población de Europa, para esta época, fue de 400 millones, significó entonces, una Pérdida acumulativa de un 10% de la población, en seis décadas y medida.
Véase, Nun, José: "Superpoblación relativa. Ejercito industrial de reserva y masa marginal".
Revista Latinoamericana de Sociología. Vol. V, julio de 1969. Pp. 206-207.

productiva, destinada al mercado europeo y bajo el control directo de las potencias europeas.

3. Esa masa de emigrantes siguió siendo consumidora, con acentuada capacidad adquisitiva de numerosos productos de sus países de origen.

4. Buena parte de esa masa, con una capacidad de ahorro aumentada, enviaba remesas periódicas a sus familiares.

5. Un porcentaje significativo de los emigrantes, regresaron a sus países de origen, trasladando consigo los ahorros de varios lustros[18]

A nivel externo, la Revolución Industrial llevó a la división del mundo en bloques: por un lado, los países industrializados que producían máquinas y productos industriales y, por otro lado, los países productores de materias primas para ellos. Se creía que, a través de ese intercambio basado en el principio de ventajas mutuas, se lograría el bienestar de todos los pueblos.

Pero no fue así. La consecuencia de esta división internacional del trabajo, fue la conversión de los países industrializados en países desarrollados, y de los países productores de materias primas, en países subdesarrollados.

En efecto, al penetrar la economía moderna en los países más atrasados, vale decir, los productores de materias primas, destruye la industria tradicional y artesanal. Esto se debe, más que todo, a la productividad del trabajo ocasionado por la tecnología moderna.

Pero hay algo más: "la nueva industria resulta tener una capacidad de destrucción de las fuentes de trabajo que supera

---

[18] SUNKEL, Oswaldo y Pedro Paz. El subdesarrollo latinoamericano y la teoría del desarrollo, México. Siglo XXI Editores. 1970. P. 58.

su posibilidad de creación de nuevos trabajos; lo que hasta ahora produjeron muchos obreros, de repente puede ser producido por uno solo"[19].

Continentes enteros, grandes masas de población, quedaron marginados del progreso sujetos cada vez más a una miseria y a una explotación creciente.

La industrialización europea llevada a cabo, gracias a la acumulación que tuvo como base los medios de producción tradicionales, produjo, como se ha dicho, una distancia cada vez mayor entre los países industrializados y los no industrializados. Estos últimos, sometidos a la división internacional del trabajo, sufrieron (sin darse cuenta por el momento), la destrucción de los medios de producción tradicionales y cuando vieron con claridad que el esquema vigente de dicha división internacional del trabajo les era cada vez más desfavorable, la distancia era tan grande que una industrialización autónoma que los condujera al desarrollo, era imposible dentro de las actuales estructuras.

En este contexto, el subdesarrollo comienza a ser visto como la otra cara del desarrollo y no como una sociedad atrasada o tradicional. Así lo confirma el ya citado Franz Hinkelammert, cuando dice:

La industrialización de una parte del mundo solamente, no deja afectados a los otros países, sino que influye profunda-

mente en ellos y produce un nuevo tipo, al que llamamos el país subdesarrollado, que es cualitativamente distinto al país desarrollado, pero no es un país con simple economía y sociedad tradicionales. El subdesarrollo es una especie de sociedad que surge del choque entre la sociedad industrializada

---

19 HINKELAMMERT, Franz. Art. Cit.

con todo el mundo, convirtiendo a una parte de los países, en países desarrollados y, a la otra parte, en países subdesarrollados. Los países subdesarrollados, por lo tanto, son países afectados por la industrialización, sin haber sido sujetos de esta misma. Se encuentran en un estado de industrialización frustrada"[20].

El país subdesarrollado tampoco es un país en vías de desarrollo. Un país en vías de desarrollo es aquel que ha logrado transformar sus estructuras, con miras a hacerlas funcionales a un proceso de desarrollo autosostenido. Es lógico, entonces, que dicho país irá eliminando sus problemas poco a poco, a medida que logra grados más altos de desarrollo. Pero en América Latina, la realidad es otra, los problemas aumentan cada día, cualitativa y cuantitativamente, sin que se vislumbren soluciones valederas por parte de sus clases dirigentes o de los gobiernos. Es la frustración que produce el "desarrollo del subdesarrollo". Por eso, la sociedad subdesarrollada puede definirse como aquella que:

Tiene una estabilidad prestada y una estructura que claramente no cumple con lo que los individuos esperan y exigen de ella. Es en este sentido una sociedad contradictoria. Que no quiere ser lo que es y que no puede ser lo que quiere. Vive en una frustración permanente frente a sus propias estructuras y no posee una visión clara, de cómo salir de ellas. Al contrario, los pasos que la sociedad subdesarrollada da para superar sus deficiencias, parecen empeorar su situación desesperada[21].

---

[20] HINKELAMMERT, Franz, Economía y revolución. Santiago de chile. Editorial Pacifico S.A. pp. 97-98

[21] HINKELAMMERT, Franz. El subdesarrollo latinoamericano: un caso de desarrollo capitalista. Santiago de Chile. Universidad Católica. 1970. P. 35.

Tres factores destacan la crisis global latinoamericana: la desigual distribución de la riqueza dentro de cada una de las naciones, el pago del servicio de la deuda externa e interna y la actividad avasalladora de las corporaciones multinacionales en América latina y del caribe. [22]

Según la comisión Económica para América Latina (CEPAL), con datos publicados en 1993, el número de pobres en América latina llegó a 196 millones, entre los años 1980 y 1990; ellos representan el 46% del total de la región, que son 428 millones.

Los datos indican además que entre 1980 y 1990, aparecieron 60 millones de "nuevos pobres". De los 196 millones, 93.5 son de extrema pobreza.

El aumento proporcional de la pobreza ha sido sostenido; 41% en 1980; 43% en 1986 y 46% en 1990. Según la CEPAL, esto genera fuentes de tensión social y política[23.]

Para la Organización de Estados Americanos (OEA), la situación es aún más grave. Con datos de febrero de 1994, la OEA sostiene que hay 270 millones de pobres en América Latina, de los cuales 196 millones están en situación de extrema marginalidad, lo que pone en peligro a los sistemas democráticos[24.]

---

[22] BOLAÑOS, Federico. "América Latina en Deuda: Costos Sociales y poder Transnacional". Cuadernos Americanos. Vol. VI. México. Universidad Autónoma de México, Nov-dic. 1991. P. 66.

[23] FAUNDES, Juan Jorge, "196 millones de pobres en América Latina". El Espectador, 14 de octubre de 1993.

[24] "La OEA acuerda cruzada contra la pobreza". El Tiempo. 20 de febrero de 1994.

A nivel de comercio internacional, se deterioraron cada vez más los términos de intercambio. Sólo, a título de ejemplo, digamos que los precios reales de los principales productos de exportación del tercer mundo, cayeron en más del 30% en promedio en los últimos diez años. Y en cuanto a la deuda externa, los pagos por concepto de amortización de capital y de intereses, sólo en el año de 1988 sumaron 178.000 millones de dólares; tres veces más que el conjunto de la ayuda recibida del exterior proveniente de los países desarrollados[25].

Con relación al monto total de la deuda latinoamericana, y con datos de actualidad de acuerdo con el FMI, las cifras para América Latina situaron las obligaciones regionales para 1994 en los 516.000 millones de dólares y en 537.000 millones para 1995. Ello contrasta con los 381.000 millones en 1986 cuando se reconocía abiertamente la existencia de la problema[26]. Para el presente año (2003) la deuda Latinoamericana ha llegado a los 850.000 millones de dólares y, según la CEPAL, el desempleo afecta a 200 millones de personas[27].

Ante esta crisis, los gobiernos tercer mundo y especialmente los de América Latina, han optado por poner en práctica la receta de los países desarrollados: el neoliberalismo y la modernización. Eso, aplicado a nuestra situación, ha significado una apertura económica unidireccional, de adentro hacia fuera, y una disminución del tamaño del Estado. Lo primero, ha implicado un aumento desmesurado de las importaciones con la consiguiente quiebra de la industria y de

---

[25] BOLAÑOS, Federico. Art. Cit. P. 69.

[26] "En Ascenso deuda latinoamericana". El Espectador. 27 de abril de 1994.

[27] "¿Eje Kirchner, Lagos y Zula?", El Tiempo, 25 de mayo de 2003 (actualización del Autor).

la agricultura internas, lo cual conlleva el desempleo. Lo segundo significa, a pesar de los discursos oficiales en contrario, la renuncia del Estado a cumplir con las obligaciones sociales que justifican su existencia.

En este contexto, aumenta la descomposición social, como nos consta a todos. Y de nada sirve que se nos diga que la economía del país ha crecido y seguirá creciendo porque, en la medida en que una cosa es "el país" y otra cosa es la gente, la situación de ésta empeora más a medida que mejora la situación de aquél.

Se hace necesario pues, para salir de la crisis, darle un vuelco a esta política de apertura indiscriminada y buscar fortalecer el Estado con bases realmente democráticas y con medidas de eficiencia a nivel colectivo, para evitar la profundización de los conflictos sociales que están conduciéndonos a un callejón sin salida, y a una situación de ¡sálvese quien pueda!, en donde el uso de la fuerza bruta reemplaza cada vez más el uso de la razón.

LA IGLESIA FRENTE A LAS REFORMAS EDUCATIVAS EN LOS AÑOS TREINTA EN MÉXICO Y COLOMBIA*

* Publicado en *Revista Colombiana de Educación Nº 30*. Universidad Pedagógica Nacional. 1995.

"El gobierno tiene una frase consagrada para justificar sus actuaciones. Hay que desfanatizar a este pueblo. Y por desfanatizar entiende arrebatar a Cristo de la escuela, paganizar la juventud, corromper con la escuela mixta, las lecturas procaces, las láminas indetes. Y cuando a un pueblo se le quita el freno de la religión y se le educa en el materialismo crudo, no hay que esperar más que una generación de asesinos e incendiarios"[1].

Así se expresaba el periódico Veritas, con relación a las reformas educativas que pretendió llevar a cabo el gobierno del presidente Alfonso López Pumarejo, durante su primera administración (1934-1938), una de las pocas que, al decir de Gerardo Molina, no constituye, como la mayoría de las que hemos tenido, polvo de la historia[2].

Sin embargo, este gobierno de López Pumarejo no era un experimento aislado sino que correspondía a algo que fue característico de la década del 30 en algunos países latinoamericanos: el surgimiento de fuerzas económicas y políticas, básica pero no exclusivamente como respuesta a la crisis capitalista de 1929, crisis que puso en duda la vigencia del

---

[1] Veritas. Órgano del Santuario de Nuestra Señora de Chiquinquirá. 22 de septiembre de 1973. P. 3.

[2] Molina, Gerardo. Las ideas liberales en Colombia. Bogotá. Tercer Mundo. 1981. Vol. III.p. 11.

modelo agroexportador en los citados países. Fue entonces cuando se pretendió hacer un "desarrollo hacia adentro", con el fin de lograr un estado nacional fuerte, la independencia del comercio exterior y el desarrollo autosostenido.

Dentro del anterior contexto, el Estado asumió prácticamente la función de director de los procesos económicos y sociales.

En el caso de Colombia, el liberalismo, partido de gobierno, se comprometió en su programa de 1935 a hacer un gobierno con intervención del estado, no solamente para "realizar la igualdad ante la ley, sino (para) asegurar la igualdad ante la vida". También declaraba su carácter revolucionario, entendida la revolución como "la creación de un orden nuevo". Y reconocía al trabajo "como fuente primordial de la propiedad privada"[3].

Muchos se asustaron por estas políticas intervencionistas, creyendo que el socialismo había llegado al poder. La cuestión tomaba más seriedad ya que en México, por ejemplo, el gobierno trató de imponer el marxismo con su doctrina de la lucha de clases, como doctrina oficial de la educación pública.

Y en Colombia, el partido de gobierno llego a afirmar que para obtener un mejor nivel cultural de las masas, era necesario "modificar los modos de producción actuales y alcanzar previamente formas superiores y más variadas de trabajo"[4].

Pero no había tal socialismo en el poder. Eran gobiernos intervencionistas con carácter reformista. Y este intervencionismo estatal, surgió como respuestas a las crisis constantes y progresivas del liberalismo lesseferiano, al no

---

[3] Ibídem P.15

[4] Ibídem. P. 26

aparecer por ninguna parte la "mano invisible" que debía regular el proceso económico.

Ahora se le asignaba a la propiedad privada una función social y al Estado el papel de árbitro (supuestamente neutral) de los conflictos sociales.

Entonces, todo lo que el Estado trató de hacer fue cumplir con su nuevo papel de racionalizador de los intenses de la burguesía, buscando que el sistema floreciera con una eficacia que, sin su auxilio, no podía ofrecer. Y, además, postular proyectos de desarrollo que se presentaban como la objetivación de los intereses generales de toda la sociedad. En el caso concreto de Colombia, lo que buscaba López Pumarejo con sus reformas económicas y educativas, era industrializar al país ampliando el mercado interno.

Sin embargo, las citadas reformas, sobre todo la reforma educativa produjo un enfrentamiento entre la Iglesia y el estado, en el cual, este último, reivindicaba para sí el derecho a legislar sobre educación, mientras que la iglesia, amparándose en la llamada autoridad divina, en la Sagradas Escrituras y en el caso de Colombia, en el Concordato, afirmaba que era ella y únicamente ella, quien tenía derecho a educar a los pueblos.

Lo curioso es que en esta época y con los mismos principios, la Iglesia luchaba en México para evitar que se cambiara el laicismo por el socialismo, como doctrina orientada de la educación, y en Colombia para evitar que se cambiara el catolicismo por el laicismo.

En Colombia, se había impuesto la neutralidad religiosa desde la Reforma Radical de 1870[5], en México, en 1874,

---

[5] JARAMILLO URIBE, Jaime. "El proceso de la educación del virreinato a la época Contemporánea". *Manual de Historia de Colombia*. Bogotá. Colcultura. 1978-1980. Tomo III. pp. 264-265.

quedaba establecido el laicismo como doctrina de la educación[6]. En Colombia se volvió al catolicismo con la Constitución de 1886. En México perduró el laicismo. La constitución revolucionaria de 1917 lo ratificó, a pesar de que algunos querían instaurar el racionalismo como doctrina orientadora, ya que les parecía que no era conveniente una doctrina neutral, como era el laicismo.

De todas maneras, la Revolución Mexicana que había despertado la esperanza de las masas trabajadoras, fue desilusionándolas en la década del 20 y cuando llegó la crisis mundial de 1929-1930, la situación se puso más difícil y surgió el descontento popular. En este contexto, en 1933, fue lanzada la candidatura presidencial del joven general reformista. Lázaro Cárdenas, quien llegó al poder en 1934.

Los sectores descontentos, especialmente los agrarios, veían en Cárdenas una posibilidad de avance en las transformaciones sociales.

Con relación al campo educativo, comenzó a agitarse en 1933, la idea de establecer el socialismo como doctrina de la educación. Después de intensos debates en que participaron todos los sectores sociales, se impusieron los defensores del socialismo y el Congreso, en 1934 aprobó la reforma del Artículo 3º de la Constitución, que quedó así:

"Articulo 3º. La educación que imparta el Estado será socialista y, además de excluir toda doctrina religiosa, combatirá el fanatismo y los prejuicios para lo cual la escuela organizará sus enseñanzas y actividades en forma que permita

---

[6] VASQUEZ, JOSEFINA Zoraida. Nacionalismo y educación en México. México. El Colegio de México. 1970. P. 57.

crear en la juventud un concepto racional y exacto del universo y de la vida social ..."[7].

La oposición a esta reforma fue furibunda y vino especialmente de los sectores católicos, en general, y de la Iglesia, en particular. En varias partes del país estallaron mítines de protesta al grito de "viva Cristo Rey"[8].

Por su parte, Monseñor Ruiz y Flores delegado apostólico y Arzobispo de Michoacán, le escribía a un amigo:

"¿Quién hubiera dicho entonces, que la Iglesia llegaría al estado de esclavitud y de humillación en que actualmente se encuentra? Nadie se hubiera podido imaginar que habría tal número de desertores, suficientes para formar un Congreso, un Senado, un cuadro de gobernantes y empleados que a una voz habría de aplaudir, aunque no sea más que por conveniencia propia, leyes tan inicuas y propósitos tan infernales como las que se han atrevido a declarar e imponer los coníferos de esta Revolución"[9].

La cuestión se complicaba aún más, pues en la ley de Reforma del Artículo 3^0 se consagraba el socialismo como doctrina de la educación, pero en párrafos aclaratorios se decía que dicho socialismo debía estar inspirado en los postulados de la Revolución Mexicana y, por lo tanto, en el espíritu de la Constitución de 1917.

---

[7] MORA FORERO. JORGE. Historia de una reforma educativa socialista. Bogotá. Cooperativa Universidad Pedagógica Nacional. 1982. P. 72.

[8] El Hombre Libre. 15 de octubre de 1934. Pp. 1 y 4.

[9] El Nacional. 28 de octubre de 1934. Segunda sección. P. 2.

La constitución de 1917 tenía un carácter intervencionista pero no era socialista, en el sentido de que a partir de ella se pudieran colectivizar sin más, los medios de producción.

Sin embargo, al reglamentar dicha ley, la Secretaría de Educación Pública declaró que el socialismo que debía orientar la educación era el socialismo científico, inspirado en las doctrinas de Marx y Engels. La educación debía estar al servicio de la clase trabajadora y despertar en los niños un sentimiento nacional antiimperialista"[10].

Consecuentemente con esta declaración, la Secretaria de Educación Pública elaboró textos para las escuelas urbanas y rurales, con base en la lucha de clases y utilizando los versos como método didáctico. Por ejemplo, los niños de las escuelas urbanas de cuarto año deberían aprender en su texto respectivo, el poema "Camarada" de Carlos Gutiérrez Cruz:

CAMARADA

Camarada,
la mano ensortijada
no es de tu hermano.

Es la mano de un pillo,
de un acumulador,
porque cada anillo
es un cerco de tu sudor.
Hermano,
no estreches la mano
del explotador.

---

[10] Secretaría de Educación Pública. Programa de Educación 1935 de acuerdo con los Postulados del Plan Sexenal. México. Oficina de Publicaciones de la Secretaria de Educación Pública. Marzo de 1935. P. 6, y ALVAREZ BARRET, Luis. "El Trabajo Escolar". En el libro colectivo. Hacia una Educación al servicio del Pueblo. México. Imprenta Mundial. 1938. Pp. 104-105.

Huye de la mano fina
que es del tirano
que te asesina.

Busca la callosa mano
que es de tu hermano.

De aquella brota la espina,
y de esta florece el grano.

Y los niños del campo, aprendían versos cuya temática era la situación del campesino explotado:

Si eres hombre de campo, compañero
lucha contra la sombra como el sol mañanero
mas si es pobre tu fuerza para vencer su encono,
prende fuego a la casa del patrono,
y ya verás que entonces se ilumina el potrero,
y verás que las llamas son el mejor abono,
COMPAÑERO[11]

Era comprensible que dentro de este contexto la Iglesia reaccionara en forma radical. Defendía el derecho natural que tenía los padres para educar libremente a sus hijos sin la intromisión del Estado. Además, condenaba al socialismo por atentar contra el derecho natural de la propiedad privada y por fomentar el odio y la lucha impuesta de clases. Por eso en una carta pastoral colectiva, ocho arzobispos, veintinueve obispos y dos vicarios de la Iglesia católica de México, establecieron que los padres de familia no podían "poner a sus hijos en ningún colegio o escuela que enseñe el socialismo, lo admita o aparente admitirlo; y pecan mortalmente y no pueden ser absueltos si no los sacan de tales establecimientos o si sinceramente no

---

[11] BUSTOS CERECEDO, Miguel. Un sindicato escolar (novela infantil). México. Publicaciones de la Secretaría de Educación Pública (s.f.).p.30.

prometen sacarlos. Lo que se dice de los padres de familia entiéndase de los que hacer sus veces"[12].

Hubo entre los clérigos algunas excepciones, como la del sacerdote Esteban Parmenas, de la Villa Álvaro Obregón, D.F., quien se declaró partidario del socialismo y, aunque rechazaba a Marx y Engels por su ateísmo, los apoyaba en el resto de su doctrina. Este sacerdote, después de citar varios padres de la Iglesia que condenaban la propiedad privada decía que el clero católico de México se había separado de la verdadera doctrina de Jesucristo que había sido el "primer socialista[13].

Parmenas hacía un llamado al gobierno para que fomentara la formación de un clero socialista y revolucionario, que trabajara de acuerdo con los ideales del gobierno en favor del pueblo[14].

En Colombia mientras tanto, el debate en el Congreso comenzó en 1934 con un proyecto de Ley para reformar la educación, redactado por el representante Diego Luis Córdoba, quien había presenta-do otro en 1933, propugnando la educación laica, pero ese proyecto había sido archivado sin ser llevado a discusión.

En el proyecto de 1934, Córdoba consideraba que no había instrucción y educación pública, mientras no se disfrutara de la enseñanza laica en todos sus grados[14].

En el fragor del debate que se suscitó, Córdoba era consciente de que lo que más escandalizaba de su proyecto, era la afirmación de que

---

[12] El Hombre Libre. 13 de febrero de 1935. P. 4.

[13] Archivo General de la Nación. R.C. pp. 430-533/20.

[14] Anales de la Cámara de Representantes. Bogotá. 31 de julio de 1934. P. 103.

"en Colombia no habrá nunca verdadera educación e instrucción, mientras no se hagan completamente laicas, para lo cual, lo proclamo también, tiene que desaparecer el Concordato celebrado con la Santa Sede y sus corolarios o reproducciones, como el convenio sobre misiones católicas para la evangelización de los indios de la Guajira, del Putumayo, del Caquetá, etc., y de los negritos del Chocó y San Andrés y Providencia… De esos mismos indios y negros que vosotros llamáis raza inferior y que continúan hoy tan esclavos como lo estuvieron en tiempos de la conquista y de la colonia española"[15].

Por otro lado, la educación fue uno de los problemas prioritarios para el presidente López Pumarejo. El quería democratizar y tecnificar la educación y establecer el control del Estado sobre ella. En este sentido, su mayor realización, como dice Aline Helg, fue la reformade la constitución de 1936, con la cual se suprimió la referencia a la
religión católica, como la oficial del país y se garantizó la libertad de cultos[16].

Todo lo anterior trajo como consecuencia el enfrentamiento con la Iglesia y con los sectores conservadores.

El 14 de octubre de 1935, el Episcopado colombiano publicaba un Memorial sobre institución pública para protestar por el Decreto1283 del 17 de julio de ese año, por medio del cual, el presidente López había aprobado los planes de estudio elaborados por el Ministerio de Educación. La Iglesia

---

[15] Suplementos de los Anales. Op. Cit. P. 89.

[16] HELG, Aline. "La educación primaria y secundaria durante el primer gobierno de Alfonso López Pumarejo (1934-1938), proyectos y realizaciones". Revista Colombianade Educación. N=. 6. Bogotá. Centro de Investigaciones de la Universidad Pedagógica Nacional. CIUP, 1980. P. 30.

consideraba que con ello se violaba la libertad de enseñanza y, según su concepto, "esta libertad no podría desconocerse ni abolirse, sin acabar de un tajo con las instituciones republicanas". Pues esto llevaría al socialismo o era una de sus manifestaciones[17].

Los obispos criticaban el naturalismo de que estaban impregnados los programas del Ministerio, pues creían que al suprimir prácticamente el influjo de la religión, se descartaba el más importante factor educativo, pues dejaba sin defensa al joven educado "entregándole al desenfreno de sus instintos"[18].

En cuanto al programa de fisiología e higiene, por ejemplo, los obispos consideraban que "dicho programa causará la más desagradable impresión en las familias; como lesivo del pudor cristiano, es una amenaza contra las buenas costumbres, pervierte la juventud so pretexto de precaverla contra las consecuencias del vicio- y se opone directamente a la doctrina de la Iglesia"[19].

En cuanto al programa de Literatura Universal, decían los obispos que estaba recargadísimo de autores prohibidos por la autoridad eclesiástica y cuya lectura era en extremo perjudicial para la juventud[20].

Los obispos terminaban su Memorial invocando las normas del Concordato para exigir al gobierno que no aplicara dichos

---

[17] "Memorial del Episcopado de Colombia sobre Instrucción Pública". 14 de octubre Año XXVII. Octubre-noviembre de 1935. N⁰ 557-558-559.pp. 242-243.

[18] Ibídem. P.246.

[19] Ibídem.

[20] Ibídem. P. 247

programas.[21]

El Ministerio de Educación, Dario Echandía, contestó a los obispos citando el Numeral 15 del Artículo 120 de la Constitución, que atribuía al Presidente de la República la función de "reglamentar, dirigir e inspeccionar la educación pública nacional". Y citaba también otras leyes para respaldar sus argumentos[22]. Les hacía ver cómo la educación se había convertido en un vulgar negocio y cómo ellos, los obispos, no debían defender esa libertad de enseñanza que "deforma o aniquila las capacidades físicas e intelectuales del educando que necesitará más tarde para cumplir su destino y lo sitúa ante la vida, en una injusta posición de inferioridad, con lo que no sólo resulta perjudicado él mismo sino resentida la sociedad entera"[23].

Pero la Iglesia no estaba dispuesta a admitir razones del gobierno. En su Mensaje Pastoral enviado a los fieles con motivo de la clausura del Congreso Eucarístico de Medellín, los obispos condenaban "con entereza todas esas aberraciones" y pedían a todos cuantos abrigaban sentimientos cristianos y aún simplemente patrióticos, que se unieran para frustrar "tan perniciosos atentados, que constituyen un verdadero crimen de lesa religión y de lesa patria"[24].

Los obispos se manifestaban abiertamente contra la política del Gobierno de imponer la escuela laica, única, gratuita y obligatoria y explicaban por qué:

---

[21] Ibídem. Pp. 248-249.

[22] ECHANDÍA, Darío. "Carta del Ministro Darío Echandía a los Obispos". 7 de diciembre de 1935. Educación, órgano de la Facultad de Ciencias de la Educación de la Universidad Nacional, año III. Julio/agosto. 1935. N⁰ 24-25. P.18.

[23] Ibídem, p. 20.

[24] "El Mensaje pastoral de los prelados de Colombia". Revista Acción Católica Colombiana N= 21. Bogotá. 1935. P. 7.

Laico era sinónimo de "seglar"; se decía de lo que no es propiamente eclesiástico. Hoy en la citada frase equivale a irreligioso. Laica es la escuela donde, en teoría, se prescinde de la religión y en la práctica se la combate, la neutralidad de los laicistas es un sofisma que a nadie engaña.

Única quiere decir que no se permitirá el establecimiento de otras escuelas que no estén vaciadas en ese molde e informadas en ese espíritu. La escuela laica quiere ser única porque resulta en la práctica tan mala, que no resiste competencia. Es un atropello contra el progreso de la educación.

El estado no es infalible en materias pedagógicas ni es maestro por naturaleza, ni legislar sobre aquellas es propiamente la misión que le incumbe. La competencia estimula vivamente la emulación con ventaja para el adelanto de los sistemas escolares, cuyo desarrollo no debe ser aniquilado por el exclusivismo de los métodos oficiales.

Gratuita, es un equívoco. Vale tanto como decir que con las contribuciones que pagan los ciudadanos católicos se les combatirá a sus hijos la fe y se les matará el alma, cubriéndola con fuerte baño de impiedad y con barniz, superficial apenas, de instrucción elemental sin verdadera educación.

Obligatoria, en fin, significa que ni siquiera se concedería a los católicos la libertad de evitarles a sus hijos la perversión que los espera en tales establecimientos.

Los obispos terminaban su mensaje dejando muy en claro que en esta política educativa del gobierno, se veía muy a las claras "el influjo de la masonería"[25].

La iglesia en todas sus intervenciones sostenía que estaba por encima del Estado, el cual, para ella, no debía ser más que

---

[25] Ibídem. Pp. 7-8.

su defensor y colaborador para que así pudiera cumplir fielmente con los mandatos divinos pues, según los obispos, no había que perder de vista,

Que la autoridad de la iglesia es más alta y noble que la del Estado, ya que por su fin que son los bienes eternos, ya por su origen, que es la intervención directa y personal del mismo Dios hecho hombre, el cual fundó su Iglesia, dejóle en el sucesor de Pedro su misma autoridad y prometió estar con ella y asistirla hasta la consumación de los siglos[26].

Era un enfrentamiento político e ideológico entre la Iglesia y el Estado liberal, A través de las reformas educativas, el Estado quería quitar directamente a la Iglesia poder político e ideológico e, indirectamente, restar poder al partido conservador al cual la Iglesia estaba ligada incondicionalmente. El Estado liberal quería, al mismo tiempo, imponer su ideología del laicismo en la educación, ideología que estaba plenamente de acuerdo con la doctrina liberal sobre
la libertad de pensamiento.

Al final, en este enfrentamiento el gobierno tuvo que ceder. Las circunstancias económicas y políticas no hacían propicio un enfrentamiento con la Iglesia.

Los fracasos de la Revolución en Marcha para llevar a cabo una reforma agraria que activara la industria nacional y llevara a un proceso de desarrollo autosostenido, imposibilitaron la creación de un Estado auténticamente liberal, tanto en lo político como en lo ideológico.

---

[26] PERDOMO, Ismael. "Pastoral del Arzobispo de Bogotá, Ismael Perdomo". Revista Acción Católica Colombiana. Órgano oficial. Año II. Nº 19-20. Bogotá. 1935. P.5.

En México, la política del general Cárdenas de profundizar lareforma agraria, de apoyar a los sindicatos y la nacionalización del petróleo, unido esto al hecho de que muy pocos sabían lo que era el socialismo, echaron por tierra los intentos por cambiar las doctrinas educativas.

Al final, los sectores más conservadores del partido de gobierno, al igual que en Colombia, se hicieron al control del Estado.

En Colombia, la Iglesia volvió a tener en la educación la influencia legal que tuvo antes. En México, a pesar de no tener influencia legal, continuó progresando con la influencia de hecho, bajo la tolerancia del gobierno.

EL ASUNTO DE ENSEÑAR HISTORIA*

* Conferencia dictada el 10 de mayo de 1991, en el marco de la Feria Internacional del Libro celebrada en Bogotá. Publicada en Folios. Revista de la Facultad de Artes y Humanidades. N°3. Bogotá. Diciembre 1992. Algunos de estos temas se encuentran Estudiados con más profundidad en el libro La enseñanza de historia y la educación en Colombia, Bogotá. ECOE Ediciones. 1988

Cuando uno tiene que tratar el asunto de enseñar historia, es inevitable que venga a la memoria el recuerdo de nuestra propia experiencia en el campo del aprendizaje de dicha asignatura.

Y refiriéndome concretamente a lo que antes se llamaba primaria y bachillerato, todo lo que recuerdo de historia se reduce a dos cosas: en la primaria, dos pequeños paisajes; el primero de ellos representaba a dos figuras humanas: la de Vasco Núñez de Balboa; enfundado en su vestido de conquistador, con grandes botas que iban más arriba de la rodilla, coraza y casco, "descubriendo" el Mar del Sur, bien metido dentro de él, blandiendo en una mano el estandarte de Castilla y en la otra, su espada, tomando posesión de citado mar en nombre de los reyes, sus señores.

Atrás, de lejos, se veía la figura semidesnuda de Panquíaco, el joven indígena que le mostró a Vasco Núñez de Balboa el Mar del Sur para que "lo descubriera".

El segundo paisaje era la representación de la Fundación de Santafé de Bogotá por Gonzalo Jiménez de Quesada, justo al lado de donde los indígenas tenían su aldea denominada Bacatá.

Aparecía el fundador con un fraile, varios soldados españoles y una cantidad de indígenas que miraban, desde la parte posterior, las doce chozas pajizas que ellos habían construido.

Los anteriores paisajes estaban incrustados en dos medias páginas de un pequeño folleto, que una hermanita de la caridad, nuestra directora y profesora, nos hacía aprender de memoria, en aquellos ratos en que no estábamos en el patio desfilando con nuestros uniformes verde oliva, de soldados infantiles, empuñando fusiles de madera y marchando al son de la banda de guerra, y bajo la ordenadora voz de un reservista del Ejército que acababa de regresar de su lucha contra las guerrillas liberales, denominadas entonces por el gobierno y por nuestra monjita, "la chusma".

Todavía resuena en mis oídos aquella voz varonil… "quier..dos..tres…cuatro, descansen…¡ar! ¡A discreción…! ¡Y ahora…, a cantar, muchachos!"

Y comenzábamos a cantar lo que entonces era nuestro himno de guerra y símbolo de lealtad a la España franquista, el himno a Cristo rey: *"Tú reinarás, este es el grito, que ardiente exhala nuestra fe…"*.

En la secundaria, mi recuerdo se reduce a una página de un texto de historia universal que contenía una leyenda alusiva a cómo los judíos en España, en la época de los Reyes Católicos, se robaban a los niños cristianos recién nacidos quienes eran sacrificados y comidos en banquetes de media noche. Por eso los habían desterrado.

Recuerdo que, paralelamente a mis estudios de historia universal en la secundaria que cursaba con religiosos, volví a cantar el "Tú reinarás", esta vez con motivo de la invasión a Bahía Cochinos, para suplicar a Dios que ayudara a los libertadores que venían de Miami a tumbar a quien se denominaba "el tirano Castro".

Lo anterior, unido al hecho de que crecí en medio del fuego cruzado de la violencia liberal-conservadora, me hizo vivir una experiencia que me dejó marcado durante mucho tiempo y, en algunos aspectos, para toda la vida.

Aprendí entonces, que los hombres se dividían en dos grupos: los buenos y los malos. Los malos eran, por supuesto, los que no pensaban ni actuaban como yo.

Me ocurrió lo que, según el profesor R. G. Collingwood, les ocurre a aquellos que reciben la formación histórica en la primaria y el bachillerato: se vuelven personas dogmáticas. Decía Collingwood:

Todo conocimiento adquirido por vía de educación trae aparejada una ilusión peculiar, la ilusión de lo definitivo. Cuando un estudiante está *in statu pupilari* respecto a cualquier materia, tiene que creer que las cosas están bien establecidas, puesto que sus libros de texto y sus maestros así lo consideran. Cuando por fin sale de ese estado y sigue el estudio por su cuenta, advierte que nada está finalmente establecido, y el dogmatismo, que siempre es señal de inmadurez, lo abandona. Considera entonces, a los llamados hechos bajo una nueva luz y se pregunta si aquello que su libro de texto y su maestro le enseñaron como cierto, realmente lo es[1].

Pero Collingwood quedaba también preocupado porque el estudiante bien podría quedarse siempre, y creemos que ocurre en la mayoría de los casos, *in statu pupilari*, con relación a su concepción del mundo. Además, el hacer estudios universitarios, si es que se tiene la oportunidad, no garantiza de por sí un cambio de mentalidad en el educando y, es más, a veces afirma el dogmatismo o crea nuevos dogmatismos y esto aún estudiando Ciencias Sociales. Y lo que es más grave: a

---

[1] COLLINGWOOD, R.G. Idea de la historia. México. Fondo de Cultura Económica.1974. Pp. 17-18.

veces los mismos profesores no estamos exentos de sustentar estos dogmatismos.

En cuanto a mi propia experiencia, puedo decir que, en general, los estudios histórico-sociales universitarios abrieron mis ojos para ver una nueva realidad: el hombre como ser histórico y, por lo tanto, cambiante y relativo, conociendo el mundo y conociéndose a sí mismo desde un proceso de transformación permanente que lo convierte en algo indeterminado, en un ser que va siendo, como dice un filósofo.

Puedo considerarme un afortunado porque, como decía antes, no siempre ocurre así en los estudios superiores y menos aún en la educación secundaria, en la cual, y con un alto grado de certeza, todas las afirmaciones de los maestros y de los libros de texto se consideran como verdades indiscutibles y la historia se considera como una costura.

No deben sorprendernos pues, las respuestas que dan los estudiantes de bachillerato y de universidad, al ser interrogados sobre su experiencia en el aprendizaje de la historia. Los estudiantes de bachillerato dan respuestas como estas:

"Los temas son repetidos y aburridos, no son útiles en la vida".
"los textos son largos, hartos y confusos".

"para estudiar medicina, derecho, no se necesita historia, no nos sirve para nuestra vida social, ni para los estudios, ni en ninguna parte".

"Cuando nosotros estudiamos nuestro pasado, debe ser en forma de discusión después de haberse argumentado suficientemente, porque se hace muy monótono cuando simplemente un profesor se limita a hablar y hablar todo lo que sabe sin tener en cuenta a los alumnos".

"No es útil porque en el futuro no nos va a servir de nada saber qué paso a nuestros antepasados".

"En el futuro no nos sirve para nada si uno va a estudiar una materia diferente".

"Sólo tratan de que el estudiante aprenda fechas y al pie de la letra y no que se fije en el por qué y el cómo suceden las cosas y las consecuencias que tienen".

"Es importante por cultura general y para el examen del ICFES", pero para mi vida futura, no me importa"[2].

Veamos ahora lo que contestan algunos estudiantes de Ciencias Sociales de Universidad Pedagógica Nacional, a la pregunta sobre los problemas que presenta la enseñanza-aprendizaje de la historia:

"Mi relación con la historia, al menos hasta bachillerato, ha sido simplemente el conocimiento de un anecdotario de personajes míticos, de sus hechos sobresalientes pero que no dejaron en mí el reconocimiento de mi propia historicidad; fue la negación de mi propia trascendencia en favor del personaje que asumía el control y la vivencia de la historia"[3].

"La historia, infortunadamente, en la mayoría de las veces, se ha enseñado como una serie de hechos aislados sin relación alguna con el presente, deteniéndose solamente en simples relatos, fechas y nombres, como ejercicio de memorización, sin cabida al análisis y a la reflexión"[4].

---

[2] MORA FORERO, JORGE. La Enseñanza de la Historia. Historia de la Educación en Colombia. Bogotá. ECOE. 1988.

[3] ROBAYO, Alfonso."cuestionario". Curso América I. Ciencias Sociales, Universidad Pedagógica Nacional. 1991·

[4] CARRANZA, Nelly, Ibídem.

"La experiencia en el aprendizaje de la historia, fue, por no decir, completamente limitada por las razones político-sociales del contexto donde se desenvuelve. A veces ha sido (refiriéndome a los pros) un aprendizaje, crítico, analítico y dialéctico, que me lleva a una compresión total de los temas, pero, en otras oportunidades (refiriéndome a los contras) ha sido un conocimiento magistral y memorístico, el cual desecha el análisis y la crítica que ayudan a forjar un criterio propio. En la universidad se presentan estos dos casos, lo cual es deplorable puesto que esto crea un ambiente no propicio para el ahondamiento de la investigación, lo cual estanca el avance educativo"[5].

"Lectura de libros de los cuales se hace un control exponiendo lo que el alumno alcanza a interpretar y luego el profesor dice que eso no era lo que había que decir porque él da otro enfoque".

"En algunas oportunidades nos muestran la historia como una narrativa simplemente".

"El programa es extenso y siempre queda inconcluso".

"El problema fundamental en la Universidad es el carácter que le dan algunos maestros a la enseñanza de la historia, puesto que la toman como una asignatura narrativa y enunciativa de hechos, dejando de lado un análisis riguroso; obviamente, esto no sucede en todos los casos".

"Otro problema es que algunas veces el estudio de la historia se limita solamente a leer y leer para luego escribir y escribir en una hoja lo que se leyó, sin saber ni qué se leyó ni qué se estudió".

---

[5] SUÁREZ, Vilma. *Curso de historia greco-romana.* Ciencias Sociales. UPN.1991.

"No se tiene un claro conocimiento de las escuelas históricas, entonces no distinguimos entre un autor positivista y uno presentista".

"Se debe fomentar la discusión. Muchos profesores no permiten una intervención para criticar o analizar lo que se está diciendo"[6]

Lo anterior nos está mostrando que como maestros no tenemos una conciencia clara acerca de lo que la historia, como conocimiento del pasado, significa, para explicar nuestro presente y para proyectar nuestro futuro. Pero esto nos indica también que, en modo alguno, tenemos entre manos un proyecto pedagógico, en el sentido de la Paideia griega, en la cual la educación implica una formación integral del hombre y no solamente enseñanza o instrucción. Francisco Cajiao, hace bien esta diferencia cuando afirma en un libro dedicado al tema:

La educación, como quehacer pedagógico, hace referencia a una tarea de integración de la persona, de toma de conciencia sobre la realidad, de autoformación del individuo en su medio social, de capacidad de autocontrol, de posibilidad de decir equilibradamente sobre la propia vida, de madurez emocional en la vida de relación.

La educación hace referencia al proceso permanente de construcción del hombre, a fin de lograr la máxima realización posible de las potencialidades de la persona. La enseñanza, en cambio, hace referencia solamente a un aspecto parcial del desarrollo, consistente en la comprensión intelectual de ciertos campos del saber. De hecho, la eficiencia de la enseñanza se relaciona más con un problema de técnicas didácticas y en cierta forma es susceptible de mejorarse con cambios de metodología. Sin embargo, esto no garantiza una mejor

---

[6] MORA FORERO, Jorge. Op. Cit. Pp. 25-26.

educación, ni un mejor desarrollo de las capacidades del niño. Cuando la educación se restringe a la enseñanza sólo puede hacer, en algunos casos, que los niños adquieran mayor volumen de información. Pero toda esta acumulación de datos y toda la habilidad académica obtenida, no garantizan mejores niveles de comprensión, ni mayores niveles de creatividad, ni mayores posibilidades de madurez personal[7].

En el mismo sentido se manifiesta Alberto Merani, cuando dice que "la pedagogía está imbuida de didáctica, hace creer al maestro que los medios para educar son idénticos con los fines de la educación y por este camino llega a pensar que la más perfecta de las didácticas, que la escuela que más cosas enseña y más científicamente lo hace, es la mejor"[8].

Lo anterior nos hace comprender que para que la enseñanza sea realmente eficaz, debe construirse en parte vital del proceso educativo, con un proyecto pedagógico que tenga como objetivo formar hombres socialmente nuevos, capaces de analizar y transformar el mundo en crisis en que estamos viviendo.

Y esta imagen del hombre que buscamos, dice Francisco Gutiérrez, que "hemos de trazarla", por lo tanto, con los rasgos a que nos obligan las contradicciones del presente, sumados a los que nos permita vislumbrar ese caminar hacia la sociedad del futuro y que nos impulsa a superar las paradojas del presente, en donde se encierra la polaridad que nos obliga a la conquista de "un hombre cada vez más hombre" y de una vida cada vez más humana"[9].

---

[7] CAJIAO, Francisco. Pedagogía de las ciencias Sociales. Bogotá. Intereditores S.A. 1989. p. 20.

[8] MERENI, Alberto. Educación y relaciones de poder, México, Grijalbo. 1980. P. 40

[9] GUTIÉRREZ, Francisco. Educación como praxis política. México. Siglo XXI. 1985.p. 71.

Entendida la educación, no como un simple proceso adaptativo sino como proceso de creatividad personal y por lo tanto histórica, "no es un medio para prever el futuro probable sino un recurso para preparar el futuro deseable. Es en cierta forma, una posibilidad de ruptura con las injusticias del presente y una responsabilidad de acción consciente y deliberada para conquistar el mañana"[10].

Dentro de este contexto, vamos a hacer nuestra reflexión sobre la enseñanza de la historia, partiendo de una premisa fundamental: haciendo un acto de fe en el hombre, creemos que nuestro trabajo, la enseñanza en general y la enseñanza de la historia en particular, tiene sentido.

Nosotros los maestros, podemos parodiar a Shakespeare y decir: "educar o no educar, he ahí el dilema"; dilema radical para los educadores que afrontamos el trabajo de transmitir la cultura y de reflexionar y actuar sobre ella como producto histórico que es.

Entremos pues, al proceso del aprendizaje y digamos, con Pablo Freire[11], que aprender:

- No consiste en depositar contenidos de conocimiento en un recipiente vacío.

- No es que el alumno copie en su mente los conocimientos del educador.

- No es leer muchos libros.

- No es memorizar.

---

[10] GUEDES, Víctor. Educación y proyecto histórico pedagógico. Caracas. Kapeluz. 1987. p. 29.

[11] FREIRE, Pablo. La educación como práctica de la libertad. Santiago de Chile. ICIRA. 1969

- No es obtener la más alta calificación.

- No es simplemente estudiar.

Es un proceso complejo, laborioso y difícil de transformación del sujeto mismo en el cual había una modificación de la conducta. Modificación que hace referencia, o bien a que reafirma conscientemente sus creencias y actitudes anteriores o que adquiere nuevas creencias y se expresa con nuevas actitudes.

En el proceso de aprendizaje es fundamental la praxis. Y praxis es una práctica especial que implica acción acción-reflexión, reflexión-acción en un proceso dialéctico. Es decir, la praxis no es cualquier práctica. es una práctica a la que se llega después de un proceso reflexivo.

Con ello, queremos dejar claro que el educando "no aprende porque se le dicen las cosas ni siquiera porque se le muestran, aprende porque actúa sobre ellas y las vive. De esta forma el alumno es realmente el sujeto de su propia educación"[12].

Sobre la anterior premisa debe orientarse la enseñanza de la historia.

Pero ¿Cómo entendemos nosotros la historia que vamos a enseñar? La entendemos como la acción humana, la acción de todos los hombres a través del tiempo y del espacio, y también como la reflexión que realizan los hombres sobre dicha acción.

Aquí tenemos dos conceptos interrelacionados: acción y reflexión.

---

[12] ARRENDONDO, Martin y Otros. Manual de Didáctica de las ciencias histórico-sociales.México. UNAM. 1972. P. 9

La acción humana son todos los hechos sociales, el desarrollo
objetivo del proceso histórico que se convierte en objeto de reflexión.

La reflexión es el estudio, es la toma de conciencia que hace el hombre sobre su proceso de desarrollo.

De acuerdo con las respuestas que han dado los estudiantes, resulta que muchas veces se concibe a la historia:

- Como un proceso que realizan con su extraordinaria voluntad ciertos grandes hombres: "la historia la escriben los héroes".

- Como la descripción ordenada y sistemática de hechos, lugares y nombres.

- Como un pasado remoto e inerte que ha dejado de existir.

- Como un presente al que somos extraños.

- Como una "memoria social" donde se han registrado datos que podemos consultar[13].

- O como una asignatura que no tiene ninguna importancia, pero hay que tolerar dentro de un programa de estudios. Así lo entiende la sociedad, y lo que es más grave, así muchas veces lo entienden los maestros de historia.

Lo anterior no conduce a nada mientras no se entienda que la historia no es ajena a quien la estudia, que el sujeto que la estudia es el mismo sujeto de la historia, que la historia debe estudiarse para explicar el presente y transformarlo, ya que ella

---

[13] Ibídem. P. 14.

es una construcción humana. La historia es la dinámica del hombre.

Pero para llegar aquí, el maestro debe estar preparado teóricamente porque, cuando no ocurre, al carecer de una teoría que explique el funcionamiento y desarrollo de la sociedad a través del tiempo, el maestro se ve abocado a utilizar la narración burda y la memorización exhaustiva como métodos de la enseñanza de la materia, con lo cual lo único que obtiene son resultados completamente negativos.

El estudiante acaba por detestar la materia y al profesor y ya no le dará ninguna importancia al estudio de la historia. Porque, si la historia es un pasado muerto, ¿qué sentido tiene estudiarlo y reflexionar sobre él? Si la historia consiste en un aprendizaje memorístico de héroes, de fechas, de reyes o presidentes o de dinastías que a nadie importa ¿quién querría aprenderse esas interminables listas?

Refutando el concepto de historia como pasado muerto, dice el conocido pensador, Benedetto Croce, poniendo como ejemplo a la civilización griega:

> cuando el desarrollo de las culturas de mi momento históricoabre ante mí el problema de la civilización helénica, de la filoso-fía platónica, o de un aspecto particular de la vida ética, ese problema se halla tan ligado a mi ser como la historia de un negocio que estoy tratando, de un amor que estoy cultivando con la misma ansia, me atormenta la misma conciencia de la infelicidad hasta que llego a resolverlo.
>
> La vida helénica se halla en este caso presente en mí y me solicita, me atrae o me atormenta, como el rostro

del adversario, de la mujer amada o del hijo predilecto por el cual se tiembla[14].

En cuanto a la historia heroica, el especialista Franco Catalano nos dice que es indudable que esta concepción del individuo excelso, capaz, con su sola voluntad de crear o modificar el cuerpo de los acontecimientos, entraña cierta dosis de irracionalismo, del irracionalismo típico de los comienzos de este siglo, e incluso de historiadores más antiguos como Maquiavelo, con su exaltación del Príncipe. Agrega que de lo que se trata en estos casos es de una incapacidad fundamental para ver los sectores integrados en una realidad social compleja, de una confianza ciega (se diría supersticiosa) en la intervención del ser dotado de cualidades sobrenaturales para interrumpir la continuidad efectiva de la historia[15].

La enseñanza de la historia en nuestro medio está saturada de todas las deficiencias. Por eso compartimos la afirmación del profesor Estanislao Zuleta, ya fallecido y a quien rendimos memoria, cuando dice:

> Tenemos el caso de la historia en el periodo de la independencia. El estudiante tiene que aprender una cantidad de acontecimientos, que son en detalle, yo diría que de especialistas. Tal es el caso de las batallas en el cual se estudia la ubicación delas tropas y sus generales, el ataque de los flancos, la ubicacióny función de la retaguardia y la vanguardia, etc., etc., con un grado de tal especialización y detalle que se necesitaría ser un especialista en historia y estrategia militar. En cambio no se enseña qué fue lo que pasó desde el punto de vista histórico que es lo que interesa a un estudiante

---

[14] CROCE, Benedetto. *Teoría e historia de la historiografía*. Buenos Aires. Editorial Escuela. 19955. Pp. 12-13.

[15] CATALANO, Franco, *Metodología y enseñanza de la historia*. Barcelona. Ediciones Península. 1980.pp.47-48

de secundaria recién iniciando en el estudio de la historia.

"Poco se dice sobre el tipo de sociedad de la época, cómo vivían los indios, los negros, los criollos, la nobleza, el tipo de tensiones y rivalidades que existían entre la nobleza terrateniente criolla y la corona española; los conflictos sociales entre las distintas clases y grupos. No se enseñan por ejemplo, las razones del movimiento del imperio español frente a Napoleón, como resultado de la derrota de la armada invencible española frente a la armada inglesa. Que un imperio, al otro lado del mar y sin flota, tenía que perder fácilmente las colonias.

Es decir, si no sale Bolívar, hubiera salido cualquier otro. Lo que perdió España fueron las condiciones para sostener un imperio en ultramar.

Más adelante, agrega el profesor Zuleta, que lo que se enseña son toda la clase de discursos y frases altisonantes de don Camilo Torres, José Acebedo y Gómez, etc. Que no se enseña cuál era el problema realmente, cuál el sentido de las luchas de independencia, cuál el dilema del país, si tomar una dirección influenciado por los ideales de la revolución francesa o, por el contrario, cerrarse sobre la tradición y el colonialismo, reafirmando la dominación española.que es una historia que trae el detalle y la minucia y que olvida lo esencial, lo global, lo que importa.

Finalmente, agrega nuestro autor citado, que "el detalle, la anécdota, el listado de presidentes y próceres sigue dominando la enseñanza e interpretación de la historia"[16].

---

[16] ZULETA, Estanislao. "La educación: un campo de batalla". *Revista de Educación y Cultura. N=. 4.* Bogotá. FECODE, p. 41

Así pues, la historia no es un pasado muerto ni la hacen solamente los llamados héroes. La historia es un pasado vivo en tanto se constituye en presente. Y la hacen todos los seres humanos, no solamente unos pocos.

Y estudiamos la historia, por un lado, para explicarnos el presente que es resultado del pasado y, por otro, para explicarnos la actuación de los seres humanos a través del tiempo y del espacio, a nivel de su vivencia real y a nivel de las ideas que tienen sobre dicha vivencia.

La finalidad última del estudio de la historia es, desde luego, la de que aprendiendo del pasado, podamos construir un mundo más humano.

Estudiar historia es estudiar la totalidad social a través del tiempo y del espacio, es estudiar al ser humano en sus múltiples relaciones; económicas, políticas e ideológicas. Aquí vale la pena citar, y lo haré con algún detenimiento, la filosofía, las orientaciones establecidas por el Ministerio de educación Nacional para la enseñanza de las Ciencias Sociales, en los marcos generales de los programas curriculares. Estos criterios son bastante positivos como lo veremos a continuación. En cuanto al enfoque, señala el documento:

> Podemos decir, en términos generales, que las ciencias sociales son una forma de mirar el mundo que se traduce en un conjunto de conocimientos con pretensiones de universalidad y que ofrecen posibilidades de explicar, comprender, predecir y sobre todo reflexionar sobre los hechos sociales y de asumir responsablemente tareas de transformación social[17].

---

[17] Ministerio de Educación Nacional. Marcos Generales de programas Curriculares.

Acerca de las condiciones básicas del conocimiento, y especialmente del conocimiento en las Ciencias Sociales, dice el texto algo que es de suma importancia para los profesores de las citadas ciencias:

Sin embargo, hay que tener en cuenta que en el ámbito de las Ciencias Sociales no es posible llegar a verdades absolutas o "exactas". Ya que quien conoce un fenómeno o un hecho social está ya, de alguna manera, relacionado con él mediante valores e intereses que orientan su conocimiento; además, el carácter histórico y cultural del conocimiento científico, incide de manera específica en el sentido de objetividad de los conocimientos de las ciencias sociales[18].

Haciendo más específico el enfoque, el documento considera que las pautas metodológicas de las Ciencias Sociales provienen de particularidades muy concretas, que el documento del Ministerio enumera a continuación:

1. Las ciencias sociales no pueden considerarse como meramente descriptivas. Su última intención es comprender, explicar y ayudar a la transformación, evolución y superación de situaciones sociales determinadas en un momento dado.

2. No todos los hechos sociales son necesariamente cuantificables. Aun cuando algunos análisis pueden y deben centrarse en aspectos cuantitativos –la economía, la demografía, etc.- ello no niega sino apoya la necesidad del énfasis en lo cualitativo.

3. Puesto que su objeto de conocimiento es histórico, evolutivo y dinámico, sus resultados deben reflejar las

____

[18] Ibídem

transformaciones estructurales que las relaciones sociales crean o fomentan a través del tiempo y del espacio[19].

Y termina el documento en esta parte diciendo: "por todo ello, el método de las ciencias sociales no puede ser el mismo que se emplea en otros dominios científicos"[20].

No basta pues, con descubrir o diagnosticar una situación social, ya que, siguiendo estas ideas, "las ciencias sociales posibilitan una práctica transformadora de las situaciones caracterizadas por ellas"[21].

En las anteriores citas encontramos varios puntos que hay que tener en cuenta en la enseñanza de las Ciencias Sociales y, por lo tanto, de la historia. El primero tiene que ver con la cientificidad del conocimiento social; el segundo con la relatividad y la parcialidad de ese conocimiento, y el tercero con su utilidad.

En el campo de la historia, el maestro debe estar preparado para abordar los hechos y procesos históricos desde diferentes teorías, las mismas que expondrá ante los alumnos incitándolos a confrontarlas con la realidad. Y esto, desde la teoría de la historia de los grandes hombres pasando por las teorías institucionales hasta llegar a las teorías de la historia total.

Lo que de todas maneras es importante, es que el maestro no trate de imponer ninguna teoría, cayendo en situaciones dogmáticas que conduzcan al fanatismo. Peligro éste muy común en nuestras cátedras de Ciencias Sociales.

---

[19] Ibídem.

[20] Ibídem.

[21] Ibídem. p. 196

Olvidando la relatividad del conocimiento y el verdadero papel del maestro como creador de condiciones para lograr una conciencia crítica, los maestros muchas veces, destruimos dogmas y los reemplazamos con otros, derruimos viejas iglesias y sobre ellas construimos las nuestras, criticamos inquisiciones, pero aplicamos los cepos a aquellos que no están de acuerdo con nosotros, y nos convertimos en guías y maestros de verdades incuestionadas e incuestionables.

Aquí bien vale la pena recordar las palabras del profesor Rodolfo de Roux, cuando dice al respecto:

La nostalgia de absolutos nos acompaña desde los albores de la humanidad. Las angustias del presente y la incertidumbre del fututuro nos abren a los dioses. Aun los ateos tienen sus santos y erigen sus capillas que llenarán prosélitos bien dispuestos a la veneración y al culto de nuevos fetiches. Cuán fácilmente se olvida que la verdad no se colgó jamás del brazo de un incondicional[22].

Y agrega más adelante. "Cualquier único punto de vista que pretenda tener la verdad sobre el hombre y el sentido de la historia, se vuelve peligroso, por intolerante y fanático, una vez que adquiere el poder real de forzar las conciencias y violentar los cuerpos. Las ideologías religiosas y políticas ofrecen abundantes ejemplos"[23].

No es que se le exija al maestro ser apolítico porque eso es imposible, máxime cuando tenemos como objetivo de las Ciencias Sociales, y por lo tanto de la historia, dar una verdadera formación política para lograr ciudadanos

---

[22] DE ROUX, Rodolfo. Elogio de la incertidumbre. Bogotá. Editorial Nueva América. 1988. pp. 14-15.

[23] Ibídem. p. 17.

socialmente responsables, pero la mejor política para el maestro en su cátedra consiste en exponer todas las teorías y en desafiar a los alumnos a que las confronten con la realidad y saquen lo positivo que tenga y encuentren también las insuficiencias o puntos débiles de cada una de ellas.

Esto del enfoque pluralista en la cátedra se ha debatido mucho. Hace poco tiempo se realizó un encuentro organizado por el Magazín El Espectador. Allí varios de los participantes se expresaron en forma favorable al pluralismo. Decía el presidente de la Academia Colombiana de historia, Germán Arciniegas: "Sería monstruoso que las academias se cerraran para que no hubiera pluralidad en la interpretación de los hechos del pasado"…[24]

Los profesores Mauricio Archila y Daniel García trataron de ir al fondo del asunto. Según ellos, el problema fundamental de la historia no es el de lograr la certeza de algunos datos o anécdotas o el de descubrir la verdad de la historia sino el de establecer el principio de la pluralidad de interpretaciones de la historia como fundamento de la cultura; es decir, como parte esencial de una sociedad que se valora a sí misma y se afirma en la carta fundamental como democrática. Por eso afirma García:

El fin mismo de la enseñanza de la historia es que el estudiante se pregunte sobre su país, y sobre su pasado. Si él llega a concluir que tiene razón el marxista o el no marxista, ya es problema individual de la democracia, pero cerrarle la posibilidad de la discusión en la escuela, me parece fatal; criticar no es atacar, es abrir los ojos o tratar de entender la complejidad del proceso con más elementos[25].

---

[24] Autores Varios, "el Debate de la Historia: dialogar ante la intolerancia". Magazín Dominical. El Espectador. N° 316. 30 de abril de 1989.

[25] Ibídem. p. 10.

Y concluía Mauricio Archila sobre su papel como historiador y como profesor de historia: "No pretendo la búsqueda de la verdad sino de las verdades porque parto del supuesto de que no existe una verdad absoluta histórica. Esa es un poco la tragedia tanto de una historia patria mal entendida como, si se quiere, de una historia politizada"[26].

La existencia de diferentes interpretaciones de la historia nos está mostrando la relatividad y la parcialidad de ese conocimiento. Y ello se explica por el objeto de estudio de la historia: las relaciones entre los hombres que normalmente son relaciones conflictivas, relaciones que son captadas por el historiador que forma parte de un grupo social determinado, con una visión del mundo, unos intereses y unos sentimientos de los cuales no puede desprenderse para elaborar un conocimiento "neutro", aséptico.

Lo que hemos venido comentando justifica la aceptación de una pluralidad de pensamiento acerca de la historia. No hay una verdad de la historia; hay diferentes interpretaciones de ella. Si una de ellas se convierte en "verdad oficial", ya sea a partir del estado o en la cátedra misma, la historia se "sacraliza", el pensamiento se estanca y la crítica, base de todo progreso o adelanto, se anula.

La sociedad comienza a mostrar entonces, las orejas y los colmillos del monstruo totalitario, y la inteligencia tiene que entrar en receso y esconderse en las sombras del anonimato o del silencio.

Un caso de la historia "sacralizada" es el de la historia heroica, la historia convertida en biografías de grandes personajes que los estudiantes deben aprender de memoria. Allí la historia la hacen los grandes hombres a quienes se muestra como modelo de todas las virtudes, como semidioses o como

---

[26] Ibídem. p. 7

dioses, olvidando lo más interesante de ellas: su humanidad. Por eso, cuando un historiador o un literato tratan de mostrar esa faceta de los grandes personajes, se pone el grito en el cielo, se censura en nombre de la democracia y en nombre de la democracia se entierran sus propios valores.

Es obvio que la sacralización de la historia tiene una función: conservar la sociedad tal como está, es más, tal como la dejaron los héroes.

Sacralización y cambio social son conceptos antagónicos. Aquí el mito cumple su papel fundamental; lo que es bueno es lo que se hizo al principio, lo que hicieron los héroes. Lo que viene después será bueno si es repetición de ello. El presente es bueno si repetimos el pasado; el futuro lo será si tomamos el pasado como modelo[27]. Es la concepción de la historia que toma el pasado como futuro.

Nosotros creemos que el papel del profesor de historia, junto con sus alumnos, es el de enfrentarse con el pasado que es su propio pasado, para analizarlo y explicarlo y así poder explicarse a la vez, su propio presente.

Este pasado no puede ser el pasado de un hombre ni de unos cuantos hombres sino del hombre (no género sino especie, lo que implica la mujer) en su plenitud social; es decir, de todos los seres humanos que conforman el momento y el marco histórico que se estudian.

La biografía es importante siempre y cuando se estudie a los personajes en su contexto social. En otras palabras, se trata de entenderlos con sus propios defectos, méritos y virtudes individuales, pero también como expresiones de su época y de sus pueblos.

---

[27] ELIADE, M... El mito del eterno retorno. Madrid. Alianza. 1984

Y se trata de estudiar también a esos pueblos, de hacer esa que Unamuno llamaba "profunda historia de hechos permanentes, historia silenciosa, la de los pobres labriegos que un día y otro, sin descanso, se levantan antes que el sol a labrar sus tierras, y un día y otro son víctimas de las exacciones autoritarias[28].

Así pues, la historia es historia de personajes e historia de masas, historia de mujeres e historia de hombres, de hombres de todas las razas, sin excepción, historia de quienes tienen el poder por el mango y de quienes no lo tienen, de los que trabajan y de los que no trabajan, estos últimos, bien sea porque no necesitan trabajar, o bien, porque la sociedad les niega su derecho al trabajo. La historia tiene que ser la historia de todos los seres humanos organizados socialmente en su economía, en sus clases sociales, en su organización política, en sus mentalidades. Todo ello captado en una interdependencia. La historia es, en definitiva, historia social.

Para que los estudiantes lleguen a aprehender el pasado en toda su complejidad, se hace necesario que el maestro busque e implemente todos los métodos e instrumentos didácticos a su alcance, con el fin de que los muchachos, conscientes de que son parte de la historia, no pierdan en ningún momento, y al contrario, aumenten su interés por estudiarla.

Cualesquiera que sean los métodos escogidos, científicos y didácticos, es fundamental la participación de los estudiantes quienes deben disfrutar de la libertad de pensamiento y de expresión para cuestionarlo todo, inclusive al maestro mismo, generando sus propias teorías u opiniones y acostumbrándose a sustentarlas en la realidad histórica y acostumbrándose también, al diálogo, al respeto por las opiniones de los otros.

---

[28] UNAMUNO, Miguel. Citado por TUÑON de Lara, Manuel. Metodología de la historia Social de España. México. Siglo XXI. 1973. P. 11.

El diálogo es en efecto, la forma del lenguaje humano con la que el hombre se muestra como tal y se diferencia de las bestias.

Dialogar es reconocerse como ser social, es reconocer al otro como parte fundamental de nosotros mismos.

El diálogo es la única alternativa humana y eficaz a la fuerza bruta pues ésta es, justamente, la negación de toda racionalidad.

Dialogar es ser humano y la humanidad es el principio de toda sabiduría.

La literatura, la televisión, la prensa, los libros de texto y el museo, son instrumentos muy importantes en la enseñanza de la historia.

La creación literaria es, a la vez, un producto de la historia y una manera de verla. Es, en todo caso, una manera de ver el mundo, de aprehenderlo a través de la imaginación y del sentimiento.

La creación literaria aporta al conocimiento humano (y es, en este sentido, una fuente para el historiador y para la enseñanza de la historia), ese conocimiento que no da la historia formal con sus fríos datos, nombres y análisis de estructuras: el ambiente espiritual de un individuo o de una época con sus sentimientos, sus pasiones, sus angustias y sus esperanzas. Eso que no queda en los documentos y que no se encuentra en ningún archivo, pero que forma parte vital de la existencia humana, muchas veces más importante que todo lo que encontramos en las fuentes históricas.

Es por eso que, algunas veces, sentimos que aprendemos más historia en las novelas históricas que en muchos libros de historia que son verdaderos monumentos al aburrimiento, llenos de datos, de nombres, de fechas y de números, que no llegan a tocar jamás la epidermis de la composición humana.

Nadie puede ignorar la importancia de la televisión en el mundo en que vivimos. El televisor se nos ha convertido en un pariente más, en un familiar que hay que acomodar en uno de los mejores sitios de la casa. A veces, es el único familiar con quien compartimos esa angustiosa soledad que produce la vida moderna con su sociedad de masas, despersonalizada y despersonalizante.

Podemos pasar horas y horas "monologando" con ese apara-to que parece tener vida propia, imagen propia, personalidad propia; que nos aconseja todos los días qué debemos comer, cómo debemos vestir, qué cosas debemos comprar, y… qué debemos pensar para ser verdaderos seres humanos. "Haga como yo", es el mensaje del éxito, de un éxito que se pretende puede ser universal.

Ni los maestros ni los padres de familia nos hemos dado cuenta del poder transformador de la televisión. Los anunciadores, los vendedores de todo tipo de mensajes sí se han dado cuenta de ello.

La televisión puede convertirse en un instrumento deshumanizante o humanizante según el uso que le demos. Deshumanizante si convierte a los seres humanos en autómatas, acríticos, retrasados mentales. Humanizante, si nos acostumbramos a leer los mensajes, descifrar sus códigos o dejar de lado lo banal y lo alienante y, al contrario, elaborar y emitir mensajes que conduzcan a un enriquecimiento cultural.

Uno de los problemas que tiene la televisión según un especialista es que:

Como medio icónico presenta las imágenes de la realidad que caracterizan al objeto referido. El carácter natural que se le atribuye a la imagen del televisor no es una característica que provenga de la imagen en sí, sino de factores culturales; esta novedad reside en que, por primera vez, se tiende a concebir lo natural como un tipo de medio fabricado tecnológicamente. Este realismo que las imágenes cobran para el espectador es lo que explica que en el medio colombiano, la gente involucra la ficción y sus personajes en la vida cotidiana, y que se hable de ellos como se tratara de miembros reales de la sociedad[29].

Frente a este hecho, sólo queda la desmitificación: enseñar a los alumnos a recibir críticamente el mensaje o los mensajes, mostrando lo abierto y lo oculto, las contradicciones, los intereses particularistas que subyacen en la supuesta búsqueda de nuestro bienestar:

En casos extremos, se puede llevar un actor al salón de clase para que explique a los estudiantes cómo él solamente representaba a un personaje y que no es él mismo el personaje.

Si afrontamos críticamente la televisión, podemos convertirla en un instrumento creador de conciencia histórica. En este sentido, el análisis de la telenovela más banal puede convertirse en un instrumento educativo. Agregando además, la creación de guiones y dramatizados que tengan como objetivo específico educar en una forma integral y crear una conciencia social.

La prensa es también un medio de comunicación muy importante y, por lo tanto, un instrumento didáctico de primera línea en la enseñanza de la historia, ya que es una síntesis de la vida diaria.

---

[29] DAZAH. Gladys. (Coordinadora). Cultura de la imagen. Bogotá. Cedal. 1990. P. 16

El estudiante debe aprender a leer la prensa, debe diferenciar el significado del editorial, de las noticias generales y de las columnas especializadas. Debe investigar a qué personas o grupos representa el periódico, cuál es su ideología o tendencia política, qué objetivos persigue, qué temas son noticia, qué importancia se les da por el desplegado, en qué parte del país o del mundo hay conflictos, qué tipos de conflictos, su origen, cuáles son las últimas conquistas de la ciencia y de la técnica.

Hasta las páginas sociales, las cartas de los lectores, las caricaturas y los monos, pueden convertirse en medios didácticos. Quiénes salen y quiénes no salen en las páginas sociales, dónde se reúnen, a dónde viajan, de dónde vienen, con qué motivos, etc.

La caricatura es un instrumento formidable en la formación política. Una sola caricatura puede hacer más mella que todo un libro. Puede darse el caso de altos funcionarios públicos que tengan que renunciar teniendo como causa inmediata de su renuncia una caricatura.

Los monos son también la expresión de un contexto social y de una mentalidad determinada aunque se les adobe con leyendas y anacronismos.

Es importante, al utilizar la prensa, que los estudiantes tengan oportunidad de analizar periódicos de diferentes tendencias, de diversas corrientes ideológicas, para que así ellos puedan apreciar cómo se elaboran o se presentan los mensajes en función de diversos intereses que controlan el periódico[30].

---

[30] VIOQUE, Juan. La utilización de la prensa en la escuela. Madrid. Editorial Cincel S:A:1984.

Los libros de texto tienen gran importancia si se abordan críticamente y cuando se toman como un instrumento más y como una guía de la enseñanza. De lo contrario, si se les toma como textos únicos que no permiten la investigación, que no presentan opciones diferentes, que proponen ejercicios, la mayoría de los cuales presentan un carácter formalista y a menudo de tipo memorístico, no valen la pena porque meten a los alumnos en el callejón sin salida de un dogmatismo irreductible. Así lo expresan algunos especialistas en la materia cuando dicen:

El texto escolar, sobre todo si es único y aprendido de memoria, impide la comunicación real y embota toda posibilidad de crítica. Entra plenamente en la educación bancaria estigmatizada por Freire.

Si no es único, favorece el trabajo personal del alumno, pero no necesariamente su espíritu crítico, si los textos proceden de fuentes semejantes con parecido enfoque de la realidad[31].

Los museos son también instrumentos importantes en la enseñanza de la historia siempre y cuando seamos conscientes de sus limitaciones. El museo nos permite un contacto directo con objetos de la época estudiada. Pero no toda la historia está en el museo, ni siquiera una mínima parte.

Es productivo si se sirve para darnos cuenta de los cambios en el modo de vida de la gente, viendo si los objetos son representativos de la vivencia de todo el conglomerado social o si sólo representan a un pequeño grupo o a un solo individuo,

---

[31] Autores Varios, Los libros de texto en América Latina. México. Nueva Imagen. 1977. P. 53.

lo cual no los haría indicadores del mundo de vida de toda la sociedad.

Una comunidad con conciencia histórica, es una comunidad que entiende su presente como parte del pasado, como una herencia que tiene que aceptar y reconstruir, no como una herencia absoluta que hay que aceptar y repetir pasivamente, sacralizándola hasta el extremo de afirmar explícita o implícitamente, que no hay futuro brillante si no es como una repetición del pasado. "todo pasado fue mejor", es el lema del regreso. Es la renuncia a construir el futuro. Es hacer y enseñar historia de hombres importantes con sus hechos y fechas respectivas. Es enseñar pasados muertos sin vínculos con el presente. Y con ello, los estudiantes se aburren, pierden un tiempo precioso de su vida y no le encuentran sentido a lo que estudian.

Como resultado de lo anterior no es posible, en el campo de la historia, una reflexión crítica sobre el pasado que genere una praxis sociopolítica para mejorar nuestra organización social. Es decir, la enseñanza de la historia no genera una conciencia histórica sino una conciencia acrítica que acepta pasivamente la realidad como algo intocable, como algo que obedece a la ciega voluntad de entidades metafísicas o leyes naturales invariables.

Pero este tipo de enseñanza de la historia es sacudida a cada paso por una realidad que se nos muestra continuamente más conflictiva y más acelerada en su cambio. Entonces, lo que decimos como maestros no coincide con la realidad y nuestro discurso docente se convierte en algo vacío, cuya función inmediata es sostener un oficio y cuya función mediata es sostener inalterable el orden social vigente.

Ahí la enseñanza de la historia pierde sentido, y se hace necesario darle un vuelco al proceso para fomentar en el educando, a través de dicha enseñanza, el surgimiento de una conciencia crítica y solidaria que lo conduzca a desarrollar una praxis de transformación Social. Pero para ello, es necesario superar el idealismo de que ha estado impregnada la enseñanza de una historia mítica y tener claro el hecho de que un conocimiento que no tenga como finalidad la transformación del mundo, en un conocimiento que no tiene sentido.

Para terminar, quiero abordar brevemente un acontecimiento histórico del cual buena parte del mundo occidental habla en estos días. Me refiero, obviamente, al llamado Descubrimiento de América.

¡Polémica la que se ha destacado por la celebración de los quinientos años!

Los españoles y los hispanófilos desean celebrarlo porque, desde su punto de vista, el descubrimiento significa la entrada de todo un continente al mundo de la civilización cristiana y el crecimiento y expansión de la hispanidad. Así lo han enseñado tradicionalmente los libros de texto. Uno de ellos, todavía en uso en nuestras escuelas como texto de historia patria, comienza así la citada historia:

> El 12 de octubre de 1492, Cristóbal Colón descubrió el Nuevo Continente, es decir lo que hoy llamamos América. El gran Descubridor hizo cuatro viajes a estas regiones, pero sólo en el último llegó hasta las playas de lo que se llama hoy Colombia.
>
> Encontró estas nuevas tierras pobladas de indígenas. Era preciso implantar entre ellos la civilización, y éste es

el trabajo que se inicia durante la conquista, época en que vinieron de España al Nuevo Mundo, soldados y familias que poco a poco, fueron descuajando las selvas y echando las bases de las primeras poblaciones[32]

Los indígenas e indigenistas no desean celebrarlo porque para ellos significó la destrucción de las culturas indígenas y de los indígenas mismos, y fue una invasión que conllevó el despojo y la barbarie. Un texto de este tipo escrito en estos días, comienza así el relato:

> Esa trágica historia de desolación, muerte y dolor para nuestros ancestros indígenas, se inicia el 12 de octubre de 1492, cuando en el horizonte se avistaron unas gigantescas embarcaciones que desembarcaron en una de las inmensas playas del Caribe.
>
> Aquel día termina la época de esplendor indígena y comienza la historia del saqueo, del robo, del ultraje, de la deculturación, del culto al oro y a la propiedad privada, los europeos, que dicen profesar una religión civilizada y respetuosa del hombre -la cristiana- en realidad sólo se guían por el oro y la codicia que el oro y la plata despiertan en sus almas"[33].

Como vemos, tenemos aquí dos interpretaciones polarizadas del mismo acontecimiento. Y dos interpretaciones que nos muestran cómo influyen los intereses del presente en la interpretación del pasado.

---

[32] F.T.D.H.H. Maristas. *Colombia, nuestra patria.* Historia. Cali. Editorial Norma (s.f.),p.13.

[33] Autores Varios, 12 de octubre de 1492. *¿Descubrimiento o invasión?* Bogotá. Instituciones Varias. 1988. P. 26.

A la pregunta de si deben celebrarse los quinientos años del descubrimiento, los alumnos de bachillerato contestan:

"Sí, porque es un pasaje de la historia que tiene mucha importancia".

"Sí, porque es una fecha importante tanto para América como para España".

"Sí, para homenajear a los indios que murieron en el descubrimiento".

"No, porque vinieron a explotarnos y a esclavizarnos y a hacernos inferiores a ellos".

"No, porque sería celebrar la muerte y esclavitud de todos los indígenas de América".

"Sí se debería celebrar porque, a pesar de todo, los españoles nos dieron un idioma, religión y nuevas costumbres".

"No, porque los conquistadores acabaron con nuestra cultura aunque sea uno de los mejores hechos"[34].

Y un estudiante universitario nos resume así sus experiencias sobre su visión del descubrimiento:

Cuando yo estaba en primaria, se me dijo que los españoles eran buenos porque vinieron a catequizar a

____

[34] *Cuestionarios* contestados en el colegio Distrital República de Panamá por alumnos de noveno grado. Bogotá. 1991.

los indígenas que estaban en manos del diablo; en bachillerato se me dijo que tenían un defecto, que habían golpeado a algunos indígenas, pero para resarcir esta falta habían traído a algunos negros para que hicieron progresar el continente por las vías del cristianismo. Esto, según los textos y mis maestros. Pero después empecé a leer libros; no de texto sino de literatura, política o economía y éstos me   informaron que los españoles eran unos explotadores pero se ensañaron contra éstos y me dejaron con la cabeza caliente y sembraron en mí la cizaña contra los verdugos de la Península. Creo que se me dieron muchos argumentos, pero no se me dieron bases para tomar una posición con criterio[35]

Hispanismo e indigenismo excluyentes. Tal vez los españoles tengan razón desde su punto de vista. Los indígenas también de acuerdo con lo suyo. Y es que los españoles e indígenas estaban ahí, en el descubrimiento o en la invasión. En el encuentro, como lo llamamos nosotros.

Pero nosotros, los mestizos, en el más amplio sentido de la palabra, la mayoría de los habitantes latinoamericanos, no estábamos ahí. Nacimos después de ese momento. Somos el resultado de ese encuentro. El descubrimiento o la invasión, son nuestra partida de bautismo, y mal hacemos cuando tomamos una posición como indígenas negando a los españoles porque, gústenos o no, también somos hijos de España, herederos de una cultura que es mayoritariamente la cultura hispánica.

---

[35] MORENO, Gilberto. Primer Semestre de ciencias sociales. UPN. 1991.

Hablamos su idioma, creemos en su Dios o lo negamos hispánicamente; pensamos el mundo con su filosofía, nos vestimos con su moda, llevamos sus nombres y apellidos y tenemos unos valores y unas creencias heredadas de España.

Lo anterior no impide que denunciemos la Conquista como un proceso violento, de deculturación y aculturación, pero dentro de ese proceso heredamos una cultura, no la escogimos, nacimos dentro de ella y, por lo tanto, forma parte de nuestro ser histórico, social y psicológico.

Nadie escoge la cultura que nace, como nadie escoge a sus padres. Y aunque reniegue de ellos, aunque se cambie el nombre y los apellidos, seguirá siendo hijo de los mismos padres. Así ocurre con la cultura en la que hemos nacido y, por lo tanto, nos parece que no tiene sentido renegar de ella, lo cual no la exime de críticas, pero esto es otra cosa.

¿Qué ocurriría si negáramos nuestra cultura? Quedaríamos desnudos. Pero aún desnudos seguiríamos siendo hispánicos, porque no es lo mismo la desnudez hispánica que la desnudez indígena. El indígena desnudo no sentía y no siente vergüenza (salvo que se haya hispanizado), nosotros sí.

Hechas las anteriores apreciaciones tal vez podamos afirmar que es desde la visión mestiza, desde donde podemos valorar con objetividad el encuentro de esas culturas, encuentro que marcó un hito en la historia universal.

Este encuentro, desde el punto de vista de la historia-ciencia, podemos verlo como el resultado de un proceso necesario de expansión europea que dio al planeta nuevas formas de organización social y expresión cultural.

Darcy Ribeiro, el gran antropólogo brasileño, lo presenta de esta manera:

> La historia del hombre en los últimos siglos, es principalmente la historia de la expansión de la Europa Occidental que al constituirse en núcleo de una nueva civilización, se lanzó sobre todos los pueblos de la tierra en oleadas sucesivas de violencia, de codicia y de opresión. En este movimiento el mundo entero fue revuelto y recompuesto de acuerdo con los designios europeos y conforme a sus intereses. Cada pueblo y aún cada individuo donde quiera que hubiese nacido y vivido, fue finalmente alcanzado y envuelto en el ordenamiento europeo y en los ideales de riqueza, poder, justicia, o santidad, por él inspirados[36].

> En este proceso de europeización del mundo también nos llega el hombre africano, trabajador incansable, sufrido y alegre, con la música en sus venas. También él hace su aporte al mestizaje.

> Desde el punto de vista del contexto histórico, la Conquista y la Colonización se dieron, como los conocemos, porque no había alternativas viables.

> Las estructuras económicas, sociales, políticas e ideológicas de la España de entonces no admitían nada distinto a lo que ocurrió.

No era una cuestión voluntarista de unos cuantos individuos o del rey. A ese nivel tenemos la lucha del padre Bartolomé de las Casas, del obispo Vasco de Quiroga, de gran cantidad de religiosos, especialmente dominicos y Franciscanos,

---

[36] RIBEIRO, Darcy. *Las Américas y la civilización*. Buenos Aires. Centro Editorial de América Latina. 1969. Tomo I. p. 63.

y la buena voluntad de algunos reyes, comenzando por la hoy cuestionada, Isabel la Católica. Todos ellos trataron de defender a los indios de la esclavitud y de la servidumbre, logrando muy poco en la práctica. El imperio no hubiera funcionado sin la mano de obra indígena y africana. Esa es la realidad histórica.

Tampoco hay pensar que las otras potencias conquistadoras y colonizadoras lo hicieron mejor en el resto del mundo. Afirmar esto es desconocer la historia de la dominación europea.

Hay quienes por conocer la historia, suspiran o maldicen por no haber sido descubiertos por los ingleses o los holandeses u otros europeos no ibéricos.

El otro día me encontré en un periódico de primera línea a nivel nacional, una carta de un lector que dice:

> Estor invitando y planteando un desafío a todos los importantes autores colombianos y extranjeros para que escriban el libro que nos aclare y denuncie qué vamos a celebrar en el quinto centenario del descubrimiento español: ¿la destrucción y violación de nuestras tribus y culturas? ¿El pillaje de nuestro recursos y riquezas? ¿La siniestra categoría humana de nuestros conquistadores? ¿La desastrosa herencia étnica que llevamos en la sangre, de violencia, injusticia social, feudalismo, intransigencia, insensibilidad ecológica, mala fe, pereza, indisciplina, anarquía, improvisación, irresponsabilidad, picardía, juego, jolgorio, herencia que ha marcado a todas las naciones hispanoamericanas con el baldón del subdesarrollo, de paisajes de tercer y último mundo? ¿Qué vamos a celebrar? Lamentamos, en 1992, eso sí,

el que hace 500 años, funestos vientos marinos desviaron los barcos holandeses, noruegos, ingleses y daneses, que navegaban hacia nosotros. Seriamos mejores[37].

Todo lo anterior es arrojar el baldón de la ignominia sobre todo lo que es hispánico, sobre toda la herencia hispánica.

Otro aspecto en la cual se deforma la historia del encuentro, es considerar que las culturas indígenas eran de una perfección paradisiaca y que los indígenas vivían en completa armonía.

El texto indigenista que he citado antes afirma al respecto: "La Conquista es un proceso de destrucción material y cultural. Es pisotear en forma arbitraria el legado legendario de los grupos indígenas que han convivido armoniosamente durante cuarenta mil años en el continente americano"[38].

Cualquiera que haya estudiado seriamente historia prehispánica, sabe que los indígenas se hacían la guerra y se dominaban unos a otros. Las enemistades surgidas entre ellos sirvieron a Hernán Cortés y a Francisco Pizarro para dominar a los imperios azteca e inca, con la ayuda muy notable de indígenas aliados.

A nivel interno en esas grandes culturas, había ya una diferenciación social que había llevado al establecimiento de una nobleza privilegiada en un polo y a la existencia de esclavos o sirvientes, en el otro. y por supuesto, al inicio del surgimiento de la propiedad privada.

---

[37] VILLALBA, Hernando. "¿Qué celebramos?". El tiempo. 23 de abril de 1991. P. 118.

[38] Varios autores. 12 de octubre de 1492. Op. P. 44.

Y cuando uno se encuentra escritos que atacan al idioma español (en español), por haber sido impuesto a los nativos, despojándolos de sus propias lenguas, la memoria tiene que recordar lo que hacían los Incas cuando "incaizaban". Poblaciones enteras eran desarraigadas de sus territorios ancestrales para ser trasladadas a otras regiones ya incaizadas en donde se les imponían el idioma, las costumbres y el culto a los dioses del imperio incaico.

En África también había sus miniimperios y sus tribus dominadoras. Los vencidos era vencidos a los europeos como esclavos.

Finalmente, entonces, ¿qué nos queda? ¿Renegar de nuestra cultura porque fue impuesta? Si así fuera, tendría que renegar de su cultura casi todos los pueblos de la tierra comenzando por los mismos ibéricos, a quienes los romanos impusieron la suya y donde los visigodos y los árabes dejaron buena herencia. Contra los romanos tendrían que renegar también otros pueblos como los galos, los anglosajones y los germanos. Los rusos deberían renegar del imperio bizantino que les impuso la religión y el alfabeto. Los iraníes deberían renegar de los árabes que impusieron allí el islamismo, en el cual hoy creen fanáticamente.

Es cierto que Europa saqueó al mundo, explotó a millones de seres humanos, a muchos los convirtió en mercancías; eso hay que denunciarlo y hay que condenarlo; pero también es cierto que allí, en la misma Europa, brotaron los primeros gritos de libertad, igualdad y fraternidad. Allí se escribieron los primeros textos sobre los derechos del hombre, valores con los cuales hoy continuamos la lucha quienes queremos dejar el mundo un poco mejor de como lo encontramos.

1992 debe servirnos para recordar el encuentro de dos culturas, la incorporación posterior de una tercera y el surgimiento de la raza mestiza, a partir de ese momento. Es la oportunidad para valorar mejor, desde el mestizaje, a nuestras culturas madres, la indígena, la hispánica y la africana, investigando a fondo el aporte de cada una de ellas con sus deficiencias y con sus virtudes, con sus sueños y con sus pesadillas, con sus traumatismos y con sus esperanzas.

HISTORIA Y PENSAMIENTO HISTORICO*

* Ponencia presentada al IV Congreso Internacional de Filosofía Latino-americano realizado en la Universidad Santo Tomás, Julio de 1986, y publicado en Mora Forero , Jorge R., La enseñanza de la historia. Historia de la educación en Colombia, Bogotá, ECOE Ediciones, 1988.

Si bien toda ponencia trata sobre un problema específico, muy concreto, nuestra exposición no va a hacer eso. Tratamos más bien de hacer una breve síntesis de las grandes líneas del pensamiento histórico de tal manera que tengamos una visión diacrónica que nos ubique mejor en las discusiones que se dan en la actualidad sobre la epistemología de la historia.

Comenzamos el hilo de nuestro discurso en Grecia, para nosotros, sin duda alguna, la cuna de la llamada Civilización Occidental.

Comenzar en Grecia, sin embargo, no significa que creamos en un "milagro griego", en algo espontáneo que apareció allí por obra y gracia de los propios griegos.

No, significa que los griegos vieron en su momento histórico lo que otros pueblos de la antigüedad no alcanzaron a percibir. Pero la civilización griega es la continuación de las avanzadas civilizaciones de Mesopotamia y de Egipto.

Sin embargo, como dice el especialista Benjamín Farrington[1], con los griegos un elemento importante se introdujo en la Ciencia. Era la Filosofía especulativa, la auténtica originalidad de la ciencia griega.

---

[1] Benjamín Farrington, ciencias y Filosofía en la antigüedad. Barcelona, Ariel, 1981. P. 28.

Esta filosofía especulativa fue el resultado de un movimiento racionalista que comenzó en Jonia y cuyos maximos exponentes fueron Tales de Mileto, Anaxi- mandro y Anaxímenes.

Según los antiguos, la filosofía tuvo su origen en el asombro que experimentaba el hombre frente a los misterios del mundo. Significaba ello que el hombre ya no creía en los mitos y en la tradición y que quería, a partir de su intelecto, dar una explicación a todo cuanto le rodeaba. ¿Qué es el ser? ¿Qué es lo que es? ¿Qué es lo que no es? He ahí las grandes preguntas, con las que comenzó la Filosofía. Preguntas que siguen vigentes hasta nuestros días, ahora tal vez con más intensidad que nunca. El campo de la Historia va a ser el terreno en el cual se van a dar las respuestas. Respuestas que serán tan absolutas y relativas como absoluto y relativo es el hombre. Pero respuestas al fin y al cabo necesarias, para darle un sentido a la existencia, puesto que no se puede vivir en la duda permanente sin correr el riesgo de darle un sentido negativo a la vida.

Dentro del anterior contexto, apareció en Grecia la Historia. La Historia como el intento de narrar y explicar los sucesos humanos ya que se llegó a pensar que entre todos los seres que conformaban el cosmos, había uno, muy especial, hacedor de maravillosas hazañas: el hombre. Sus actos debían ser escritos para que no se olvidaran. Por eso Heródoto de Halicarnaso, el "Padre de la Historia", comienza su libro diciéndonos que su relato "se dirige principalmente a que no llegue a desvanecerse con el tiempo la memoria de los hechos públicos de los hombres, ni menos a oscurecer las grandes y maravillosas hazañas, así de los Griegos como de los Barbaros"[2].

Tucídides, el otro gran historiador de Grecia, considerado por algunos como el auténtico primer historiador, hace una

---

[2] Heródoto, los Nueve Libros de la Historia. México, Porrúa, 1971. p. 1.

historia en la cual trata de mostrarnos que la causa fundamental que mueve los hechos sociales es un elemento inherente a la naturaleza humana: el deseo de poder del hombre, el dominio del más débil por el más fuerte.

En su obra encuentra uno párrafos magistrales de lógica política, de una actualidad impresionante que no me resisto a dejar de citar algunos de ellos para reflexionar sobre la política de nuestros días.

Los Atenienses fueron acusados por los Corintios en   el Senado de Esparta, de querer dominar a los demás pueblos. Es la época del esplendor Ateniense y del dominio de Atenas sobre más de un millar de ciudades. Oigamos pues, lo que contestan los embajadores de Atenas a sus acusadores y a los Espartanos:

"ninguna cosa hicimos de que debáis maravillar, aceptamos el mando y señorío que nos fue dado, y no le queremos dejar ahora por tres grandes causas que a ello nos mueven, a saber: por la honra por el temor y por el provecho. Además, nosotros no fuimos los primeros en ejercerlo, que siempre fue y se vio que el menor obedezca al mayor, y el más flaco al más fuerte. Nosotros, por consiguiente, somos dignos y merecedores de ello, y lo podemos hacer así según nuestro parecer, y aún según el vuestro, si queréis medir el provecho con la justicia y la Razón. Nadie antepuso jamás la razón al provecho de tal modo que, ofreciéndosele alguna buena ocasión de adquirir y poseer algo más por sus fuerzas, lo dejase. Y dignos de loa son aquellos que usando de humildad natural son más justos y benignos en mandar y dominar a los que están en su poder como nosotros lo hacemos. [3]   En otra ocasión, acusados en forma similar por otra polis, los atenienses contestan que en los asuntos humanos "bien sabemos que naturalmente, por necesidad, el que vence a otro le ha de

---

[3] Tucídides, Guerra del Peloponeso, en Historiadores Griegos. Madrid, E.D.A.P., 1972, pp. 218 - 219

mandar y ser su señor, y ésta ley no la hicimos nosotros, ni fuimos los primeros que usaron de ella, antes la tomamos al ver que otros la tenían y usaban. Y así la dejaremos perpetuamente a nuestros herederos y descendientes". [4]

Después de esto, Aristóteles afirmará sin mayor problema, que la esclavitud es algo natural, que unos hombres nacen para mandar y otros para obedecer. Dado el contexto socio-político de nuestros días, es fácil entender por qué, para algunos, Aristóteles sigue siendo el faro que ilumina su camino. A pesar de todo el aporte griego, no llegó a desarrollarse en Grecia una conciencia histórica. Hubo sí, una conciencia de la historia. La historia no se constituyó en una ciencia porque para los griegos el objeto de la ciencia era el Ser, lo estable, lo que no pasaba. Y los asuntos humanos eran fundamentalmente pasajeros.   Por eso la gran diferencia entre la filosofía griega y la moderna es que mientras la filosofía griega pregunta por el Ser, la Filosofía moderna pregunta por el Hombre. Y preguntar por el Hombre es tener la posibilidad de responder que es el hombre el que libremente hace la Historia; es responder que los hombres nacen libres e iguales, es en fin, arribar a una conciencia histórica. En Grecia, ello no fue posible, porque ninguna conciencia histórica podía ser posible en una sociedad asentada sobre la ley del más fuerte, considerada ésta como una ley de la naturaleza.

El Cristianismo apareció en las provincias orientales   del Imperio Romano entre gentes muy pobres. Su mensaje original era muy sencillo. Predicaba el amor al prójimo y pedía que se practicara en la vida diaria ese   amor pues este era el camino para vincularse con la Divinidad.

En un mundo basado en la fuerza bruta, predicar el   amor a los demás, incluidos los enemigos, no dejaba de ser revolucionario. El cristianismo se fue extendiendo por nuevas

---

[4] Ibídem, pp. 1192 – 1193.

provincias del Imperio. Nuevos grupos sociales desean adoptar la nueva religión. Esta necesita expresarse como una religión universal. Será San Pablo, gran conocedor de la filosofía griega, el portavoz de esta expresión. En su Carta a los Gálatas exclamaba. "No hay judío ni griego, no hay esclavo ni libre, no hay varón ni mujer, pues todos vosotros sois uno en Cristo Jesús". [5]

El Cristianismo, de una secta judía que era al principio, se convirtió en una religión universal. Una religión universal para un Imperio Universal que pronto se volvería cristiano.

Pero la afirmación de San Pablo tiene dimensiones muy grandes para el pensamiento histórico, como es el hecho de que a partir de allí, el Cristianismo sustentó la fraternidad ontológica de los hombres, su igualdad ante Dios y la idea de un destino común. Estaban dadas, pues, las premisas para la creación del concepto de Historia Universal, trabajo que hará San Agustín de Hipona en su Importantísima obra "La ciudad de Dios".

Lo que hace San Agustín, es unir cristianismo y filosofía. Con ello logra darle a la historia un sentido, es decir que ésta no es para San Agustín solamente un conjunto de hechos, sino que además y fundamentalmente, estos hachos tienen un sentido, tienen un origen y una finalidad preestablecidos. Por eso José Ferrater Mora llama a San Agustín el Descubridor de la Historia.[6]. Y la tradición lo ha distinguido como el primer filósofo cristiano, el primer hombre moderno y el primer europeo.

---

[5] San Pablo. "Carta a los Gálatas" en la Biblia. Bogotá. Ediciones Paulinas, 1977. P. 1317.

[6] José Ferrater Mora. Cuatro Visiones de la Historia Universal. Buenos Aires, Editorial Sudamericana, 1963. P. 51.

Pero en esa fusión que hace San Agustín de Cristianismo y Filosofía, al "filosofar" el cristianismo, se intelectualizó aquel mensaje sencillo del Pescador de Galilea, y al cristianizarse la Filosofía, ésta perdió toda su capacidad de duda, ya que las dudas se resolvieron en los misterios y por la fe. El resultado fue la teología.

Dios pasó, entonces, a convertirse en el centro de la historia, en su creador y actor principal. El hombre se convirtió en un simple instrumento que cumplía los designios divinos.

Dentro de esta concepción la historia solamente prestaba utilidad en cuanto mostraba los planes de Dios y lo que el hombre podía hacer para cumplirlos.

Los aportes del Cristianismo en la sustentación de la fraternidad ontológica y de la igualdad ante Dios, no tuvieron en ese momento mayor importancia en el plano social, puesto que al plantearse la solución de la historia en un plano teleológico y post-mortem, la igualdad de los hombres en esta vida no tenía sentido. Se justificó entonces la desigualdad con el mito del pecado original. La iglesia, comunidad popular en su origen, se constituyó en una estructura jerárquica a imagen y semejanza del Imperio. Aquel mensaje evangélico original de igualdad y de despreció por las riquezas quedó reducido al ámbito de algunas sectas declaradas heréticas que lo tomaron como base de sus críticas a la Iglesia imperial y jerárquica. La Edad La Edad Media será la Edad del cristianismo triunfante, la Edad de las Cruzadas, la Edad de Dios.

En medio de esta Edad de Dios y al amparo del comercio con Oriente y con el norte de Europa, fue surgiendo en las ciudades italianas un nuevo grupo con una importancia económica y social crecientes y que tenía como objetivo fundamental de sus actividades, el lucro, la ganancia. Era la burguesía que habría de disputar el poder político a las clases feudales hasta vencerlas y convertirse ella misma en clase rectora de la sociedad a la que impondrá la lógica de sus intereses, como si fuera la lógica universal.

Esta clase dio origen a ese hecho histórico que se llamó Renacimiento, puente entre la sociedad feudal y la sociedad capitalista. Este renacimiento está basado en un movimiento humanista muy fuerte. Es un volver a la antigüedad para tomar la idea griega del hombre como ser maravilloso, digno de ser admirado. Pero ahora se le agrega la idea de que es el hombre el creador de la historia. Dios es desplazado del centro de ella. Comienza pues un pensamiento antropocéntrico dentro del proceso histórico.

Expresión típica del Renacimiento es el tan renombrado y tan calumniado Nicolás Maquiavelo. Nadie hasta él, ni mucho después que él, propone una desacralización tan radical del proceso histórico, en el cual Dios no tiene nada que ver. Su visión del mundo se opone a la cristiana tradicional y en tal sentido se anticipa y aún supera a los filósofos de la Ilustración. La historia es para él un instrumento, útil insustituible para la estrategia política.

Maquiavelo es al estudio de la sociedad lo que Bacon y Newton son al estudio de la naturaleza. El pensamiento de Maquiavelo está sujeto a un determinismo que nos recuerda a Tucícides. La teoría de que la naturaleza humana es siempre la misma, caracterizada toda la obra de Maquiavelo. Lo dice claramente en sus Discursos:

"en su nacimiento, vida y muerte, los hombres están sometidos a la misma ley" [7]

---

[7] Josefina Zoraida Vázquez, Historia de la Historiografía. México. Sep-
setentas, 1973. P. 57.

Por eso dice Karel Kosik que la desacralización de la naturaleza y el descubrimiento de ella como un conglomerado de fuerzas mecánicas, como objeto de explotación y de dominio, marcha a la par con la desacralización del hombre en la que se percibe un ser al que se puede modelar y formar, o traducido en el lenguaje corriente: un ser manipulable. Y agrega dicho autor: "el cientificismo y el maquiavelismo son dos facetas de una misma realidad. Sobre esta base se formula la concepción de la política como una técnica calculadora y racionalista, como un modo científicamente previsible de manipulación del material humano". [8]

Se ha acusado a Maquiavelo de ser algo así como un genio diabólico para el cual no existe ética alguna.nada más falso. Lo que hace Maquiavelo es separar la ética de la política. Y para ello no necesita de profundas reflexiones. Le basta observar la realidad histórica en toda su dimensión humana.

Maquiavelo es el hombre de la realidad moderna por- que analiza el ser del hombre. No el deber ser, sino el ser.

Sus apreciaciones son de gran actualidad. El siguiente párrafo tomado de su Historia de Florencia, no es en forma alguna anacrónico para nuestro contexto:

"si observáis el modo de proceder de los hombres, dice Maquiavelo, veréis que todos los que han alcanzado grandes riquezas o gran poder no lo han conseguido más que por la fuerza o por el engaño. Pero a continuación, recubren lo que han conseguido con alevosía o por medios violentos, adornándolo con falsos títulos de conquista o ganancias para así ocultar la infamia de su origen. El que por falta de prudencia o por ser demasiado imbécil no se atreva a utilizar estos medios, se hundirá cada día más en la servidumbre y la

---

[8] Karel Kosik, Dialéctica de lo concreto. México, Grijalbo, 1983. Pp. 238

pobreza, pues los siervos fieles no salen nunca de siervos y la gente honrada nunca sale de pobre".[9]

De todas maneras, si bien es cierto que en el plano del pensamiento histórico hay un aporte del Renacimiento al sustentar un humanismo, en el plano social no se da la misma situación. El humanismo renacentista, aunque parezca una contradicción, no es un humanismo con carácter universal; es un humanismo burgués.

Allí la burguesía comienza a valorar su propia humanidad pero no la humanidad de las clases bajas, no la humanidad del pueblo. Este, como en la civilización greco-romana, como en la Edad Media, está hecho para trabajar, no necesita cultura. Por eso el muy conocido historiador del Renacimiento, Jacobo Burckhandt dice que "el reproche más grave que se le puede hacer al nuevo medio intelectual del Renacimiento es el de ser exclusivo, es dividir en dos clases a la Europa entera. La Instruída y la ignorante". [10]

El Estado, concebido como una institución al servicio del bien común, no iba a poder realizar dicha tarea, puesto que a la hora de la verdad su función real no iba a ser esa, iba a ser la de vigilar, primero, luego la de promocionar y racionalizar el funcionamiento del capital.

El lema "libertad, igualdad y fraternidad" fue el grito de la burguesía revolucionaria contra el régimen feudal en plena decadencia. Convertida la burguesía en clase dominante de toda la sociedad, su nuevo orden fue consagrado como único orden natural, racional, por lo cual tendría que ser visto y

---

[9] Nicolás Maquiavelo. Historia de Florencia. Madrid, Ediciones Alfa-Guara, S. A. 1979, p. 173.

[10] En Aníbal Ponce, Humanismo Burgués y Humanismo Proletario, Medellín, Ediciones Pepe, 1976. P. 86.

defendido como el último orden la historia, y por lo tanto como un orden eterno.

Cuando la burguesía no pudo cumplir sus promesas de igualdad, y cuando muchos pequeños propietarios fueron despojados por el nuevo orden, surgieron las protestas comunitarias o socialistas pero fueron aplastadas sin piedad. La burguesía no quería oír más de revoluciones porque ya había hecho "su" revolución. Ahora había que dedicar todas las energías a conservar el nuevo orden y en este sentido se expresa a través del positivismo. Desde este punto de vista, toda dinámica de la historia tiene que darse dentro de la nueva sociedad. El progreso se entiende como un movimiento lineal que no puede rebasar los marcos del orden social. "Libertad y orden" será la expresión más auténtica de esta nueva sociedad. La libertad ya se logró con la Revolución, sólo resta conservar y fortalecer este orden libertario. A ello tiene que ayudar la ciencia positiva. El positivismo orientará entonces toda la visión de las Ciencias Sociales y establecerá sus marcos de referencia. Partiendo de la afirmación de que la objetividad del conocimiento se logrará separando al investigador de su objeto de conocimiento, se hará la separación entre juicios de hecho y juicios de valor. El investigador no puede dejar que sus creencias alteren el objeto de conocimiento. El investigador debe convertirse en un receptor pasivo del objeto. El objeto del conocimiento ya está ahí dado, acabado, solo resta describirlo.

Esta filosofía y este método produjeron una castración de las ciencias sociales, las que, privadas de su capacidad crítica, impedidas de trabajar con una teoría explicatoria, acabaron convirtiéndose en puras técnicas de investigación social que es lo que generalmente encontramos hoy en nuestras academias.

Con la aparición del pensamiento marxista nos encontramos con la crítica más radical a la sociedad burguesa. No es una crítica a sus desequilibrios temporales sino a sus estructuras. No es una propuesta de reforma   sino de cambio de sistema.

Este pensamiento, como todo pensamiento acerca de   la realidad, no surgió por inspiración espontánea ni por pura intuición. Fue resultado de condiciones histórico-sociales muy concretas y de todo un proceso. Todo comenzó, como dice el historiador Joseph Fontana, cuando fue apareciendo y creciendo la conciencia de que las promesas capitalistas de traer la felicidad para todos, no iban a cumplirse. En las décadas cuarta y quinta del siglo XIX la situación es de desequilibrio   total en varios países de Europa.

El pensamiento marxista, llamado también socialismo científico y que fue generando por estas crisis del sistema capitalista, tomó elementos de la filosofía alemana, de la economía política inglesa y del socialismo francés. Pero trató de refutar a cada uno de esos pensamientos. Sin embargo, sobre la base de esos elementos Marx y Engels elaboraron el Materialismo Dialéctico, el Materialismo Histórico y la Teoría de la plusvalía, y sustentaron el papel histórico del proletariado como la única clase capaz de destruir a la sociedad burguesa y de fundar una sociedad sin clases, el concepto límite del desarrollo histórico: la sociedad comunista. Por eso el marxismo no puede ser reducido, como dice el ya citado Fontana, "a la suma ni a la síntesis reelaborada de una   serie de autores e influencias intelectuales, porque no debe ser definido a partir de las ideas que componen su visión del mundo y su programa, sino a partir de su propósito de transformar el mundo y de los métodos que propone para alcanzarlo". [11]

---

[11] Josep Fontana. Historia, Análisis del Pasado y Proyecto Social, Barcelona Grijalbo. 1982. P. 139.

El materialismo dialéctico o filosofía marxista si así puede llamarse, se basa en las leyes de la dialéctica que son tres: ley de penetración de los opuestos, ley de la negación y ley de la transformación de la calidad en cantidad y de la cantidad en calidad.

La dialéctica era, desde luego, un aporte de Hegel. Marx toma de él el método pero no los principios. Al Idealismo de Hegel, Marx opone el materialismo. En efecto, para Hegel, la historia universal constituye el progreso en la conciencia de la libertad, ¿De la libertad de quién? Del espíritu. El espíritu es en última instancia, el agente y el paciente del desarrollo histórico. La naturaleza y la historia tienen sentido porque el espíritu se desarrolla en ellas, pero naturaleza e historia no son algo extraño al espíritu, por el contrario naturaleza e historia son la expresión del espíritu en la conciencia de su libertad. Para Hegel, los hombres no cuentan como sujetos auténticos de la historia y todos sus instintos y pasiones solo tienen sentido en la medida en que el espíritu resuelve sus contradicciones para llegar a la libertad absoluta y transformarse en espíritu absoluto.

Es decir, que mientras Hegel parte del Espíritu o la Idea, Marx parte de la materia, de la realidad material. Para Marx es el hombre no es el espíritu el sujeto de la historia, pero el hombre colectivo, no el hombre individual como llegó a sustentarlo el pensamiento liberal. El espíritu, para Marx, no es más que el resultado de la evolución material. Las contradicciones, para Marx se dan en la vida material de los hombres, entre clases sociales surgidas en una etapa precisa de la historia. Las contradicciones que se dan en el espíritu no son más que las contradicciones de la vida material invertidas en las cabezas de los hombres, por un proceso ideológico.

El materialismo histórico es la teoría marxista de la historia y hace referencia a la causalidad de los hechos históricos y al funcionamiento de la sociedad. Marx lo explica en su célebre párrafo del *Prólogo a la Contribución a la Critica de la Economía Política*. Dice Marx:

"El resultado general a que llegué y que, una vez obtenido, sirvió de hilo conductor a mis estudios, puede resumirse así: en la producción social de su existencia, los hombres contraen determinadas relaciones necesarias e independientes de su voluntad, relaciones de producción que corresponden a una determinada fase de desarrollo de las fuerzas productivas materiales. El conjunto de estas relaciones de producción forma la estructura económica de la sociedad, la base real sobre la que se eleva un edificio jurídico y político y a la que corresponden determinadas formas de conciencia social. El modo de producción de la vida material determina el proceso de la vida social, política y espiritual en general. No es la conciencia del hombre la que determina su ser, sino por el contrario, el ser social es lo que determina su conciencia. Al llegar a una determinada fase de desarrollo, las fuerzas productivas materiales de la sociedad chocan con las relaciones de producción existentes, o, lo que no es más que la expresión jurídica de esto, con las relaciones de propiedad dentro de las cuales se han desenvuelto hasta allí. De formas de desarrollo de las fuerzas productivas estas relaciones se convierten en trabas suyas. Se abre así una época de revolución social". [12]

Pero, tratando de sintetizar al máximo, lo que quiere mostrarnos el pensamiento marxista es que el análisis de cualquier sociedad debe comenzar por la manera como los hombres producen su vida material, es decir por el modo de producción, que los modos de producción no son eternos sino históricos y que se cambian en condiciones concretas; que la sociedad capitalista es el resultado de toda una evolución histórica, y que es pasajera, y no el final de la historia como

---

[12] Carlos Marx, Introducción General a la Crítica de la Economía Política, Buenos Aires, Siglo XXI, 1974, p. 35.

sostienen los pensadores burgueses. Y que esta sociedad, en contra de lo que afirma, es una nueva sociedad de clases

Para sustentar lo anterior, Marx elabora su teoría de la plusvalía con la cual entra de lleno a hacer la crítica radical del sistema capitalista, cuando demuestra que aquello que el trabajador vende en el mercado, su fuerza de trabajo no le es pagada en la totalidad de su valor. Sólo se le paga una parte. La otra parte, el valor no pagado, al que Marx denomina *plusvalía*, es algo de lo cual se apropia el capitalista por el hecho de ser el dueño de los medios de producción. La *plusvalía* es la que hace posible la existencia del capital porque éste, no es más que la cristalización y acumulación de *plusvalía*.

Con esta teoría, Marx trata de echar por tierra todos los valores igualitaristas y justicialistas de la sociedad burguesa y trata de mostrar cómo esta sociedad, a través de sus valores disfraza una desigualdad y por lo tanto, un desequilibrio estructural que la constituyen en una sociedad condenada a desaparecer por sus propias contradicciones. En efecto, la teoría de la plusvalía le sirve a Marx no solamente para tratar de demostrar, como está dicho, que la sociedad capitalista es otra sociedad de clases, sino también que dicha sociedad genera una clase antagónica que es el proletariado y que este proletariado enterrará a la burguesía expropiándole sus medios de producción.

Según el pensamiento marxista, para llegar a la sociedad comunista es preciso pasar por un proceso revolucionario de lucha de clases. Al postular esta revolución, Marx y Engels tratan de refutar al socialismo utópico que proponía únicamente teorías encaminadas a crear asociaciones ideales que deberían ser ejemplo de armonía social. Para los socialistas utópicos la reconstrucción social estaba basada en la bondad del hombre a quien suponía dispuesto a aceptar lo justo con sólo prestarle la justicia.

El éxito práctico de la doctrina Marxista se manifestó en la Revolución Rusa de 1917. Sin embargo, esta Revolución, como las que se han dado en otros países llamados socialistas, parecen estar muy lejos de las que pensaron Marx y Engels. Sabemos que el mismo Trotsky, creador del Ejército Rojo y uno de los organizadores de la Revolución, acabó en el exilio y acusó a la Revolución Rusa de ser la Revolución Traicionada. Sin embargo, creemos que las fallas que han presentado esas nuevas sociedades, se explican, históricamente. En efecto, la Revolución no se produjo en los países más altamente industrializados, como lo pensaba, sino en países con muy poca industrialización y esto como resultado de las condiciones que crea el sistema capitalista a nivel mundial, y que dan origen al desarrollo. El resultado a nuestro juicio y explicable desde luego, no ha sido una verdadera sociedad socialista post-industrial sino una sociedad que algunos denominan "socialismo real" en el cual a pesar de la nacionalización de los medios de producción, el Estado sigue existiendo en una forma sólida con el papel de cumplir en esos países las funciones que cumplió la burguesía en los países industrializados, es decir, lograr un desarrollo de las fuerzas productivas, sin lo cual no es posible la existencia de una sociedad socialista democrática, de acuerdo con el marxismo original.

Una sociedad socialista implica necesariamente que son los trabajadores los que controlan el proceso productivo y por lo mismo toman en sus manos la dirección del proceso histórico. Un socialismo democrático es entonces, un socialismo de socializaciones, no un socialismo de nacionalizaciones.

Todo esto nos hace aventurar la hipótesis, es sólo una hipótesis, de que en el futuro, tanto los países de capitalismo clásico, como los países de "socialismo real", se enfrentarán a revoluciones o a transformaciones de socialismo democrático, no de social democracia, que es otra cosa. Pero esta es sólo una posibilidad, entre otras. Porque una vez que estamos enfrentados a un proceso de destrucción sistemática del medio ambiente, que los científicos consideran como irreversible, y a la posibilidad cada día mayor de una destrucción nuclear que borraría de la tierra todo vestigio de vida, el socialismo, el socialismo realmente democrático, se plantea solamente como una remota esperanza. Significaría la conversión del hombre en un ser racional. Pero sería la única posibilidad de que el hombre pudiera salir de este camino que recorre a grandes pasos y que lo conduce al abismo de su destrucción   total.

EXCLUSIÓN SOCIAL Y PEDAGOGÍA*

*Discurso pronunciado el 22 de Noviembre de 2003 con motivo de la distinción de "Pedagogo de Excelencia Académica", otorgado por la Universidad Pedagógica Nacional al autor y los profesores Graciela Samper, Eblis Álvarez y Fulvio Córdoba.

En nombre de mis compañeros y en el mío propio, quiero expresar mis agradecimientos a la comunidad universitaria por esta distinción con la cual puede   decirse que culmina una carrera dedicada a la docencia, máxime cuando la citada distinción no tiene origen en decisiones burocráticas formales, sino que es expresión de la parte fundamental de la comunidad académica, como son los estudiantes. Con ellos compartimos en primer lugar, con la más expresiva sinceridad, esta distinción. Con ellos somos coautores de eso que podemos llamar el proceso pedagógico que tiene como objetivo la formación integral de los estudiantes, es decir, "en cuerpo y espíritu" como pensaban los griegos, creadores de la *paideia*, y que los romanos con Cicerón a la cabeza, llamaron *humanitas*, como sinónimo de decencia humana.

Decencia humana era igual a proyecto humano. Humanismo que había comenzado con Homero con su desmitificación de los dioses, con la invención de la democracia y con el sentido de la libertad, por parte de algunos grupos humanos en   Grecia, cuna de nuestra cultura.

Así, curiosamente, en una sociedad esclavista de dominadores y dominados, sin disfraz de ninguna especie, fueron originándose los grandes valores que habrían de   definir lo que llamamos la sociedad moderna.

Desde luego que no podemos dejar de lado el aporte de cristianismo que consistió en postular la idea de igualdad de los hombres (postulada primero, tal vez, por los estoicos), idea de igualdad que, por estar concebida metafísicamente en nada disminuye su grandeza, dado el momento histórico en que fue planteada. Sin el cristianismo, ni el Renacimiento, ni el humanismo renacentista hubieran sido posibles.

Es cierto que en el Renacimiento comienza un fuerte proceso antropocéntrico de la historia, un cierto desplazamiento de Dios por el hombre; pero esto no hubiera sido   posible con el solo hecho de volver al humanismo de la antigüedad clásica, si no hubieran estado de por medio las enseñanzas del cristianismo que le habían mostrado al hombre que era hijo de la Divinidad.

Toda la ciencia que viene del Renacimiento y sus derivados, la tecnología en el ámbito natural y la política en el ámbito social, van estar orientadas a la realización de un proyecto humano cada vez más consciente.

De burdas herramientas, se pasa a máquinas cada vez más gigantescas, complejas y complicadas. De una aceptación pasiva de la historia como causada por fuerzas externas ajenas a ella, se pasa a considerar al hombre como creador de la misma. Surgen las revoluciones en todos los órdenes de la vida social y la idea de progreso se constituye en el pilar fundamental de la ideología de las nuevas sociedades y en   la estrella que ilumina el proyecto humano.

Desgraciadamente, después de varios siglos de modernidad, el proyecto que parecía al principio iba a ser la realización máxima de la humanidad, ha venido desmoronándose ante nuestros ojos, haciéndonos sentir el peso de una crisis como nunca antes la vivió el conglomerado humano.

El soñado paraíso se ha convertido ahora en incertidumbre y angustia y, para muchos, en el infierno. Parece que nos hemos quedado con el alma desnuda y con las manos vacías, parados sobre un mundo erosionado, doblemente erosionado: por la destrucción del ambiente biológico y por la degradación social que se expresa en la renuncia a   practicar los más caros valores que sustentaban el proyecto humano. La perversión histórica de este proceso, ha llevado a la construcción de poderes mundiales que se expresan en ese nuevo fantasma de carne y hueso que recorre el mundo y que se llama globalización; de ese fantasma que deja a su paso millones de desempleados y subempleados, sin esperanza, y pueblos enteros por fuera de la historia. Todo esto nos ha traído varias consecuencias como son:

1. La conversión de las relaciones económicas en las únicas relaciones sociales.

2. La polarización, cada vez mayor, entre un reducido número de participantes en los beneficios de la economía y masas altamente mayoritarias que quedan socialmente desintegradas y, por lo tanto, excluidas de organizaciones sociales.

3. Derivada de lo anterior, una degradación social que se objetiva en conflictos cuya solución tiende a darse, exclusivamente, por el uso de la fuerza.

4. La degradación ecológica que se manifiesta en el agotamiento rapaz de los recursos naturales (la naturaleza convertida en mercancía) y en la destrucción acelerada del planeta.

5. Como resultado de todo lo anterior, surge para la mayoría de las gentes, un sentido de inseguridad y de desesperanza, que los lleva a tomar actitudes de xenofobia, étnica y social, cada vez más agresivas y, a buscar salidas políticas completamente irracionales por vías autoritarias y totalitarias, renunciando a los valores democráticos.

Pero ¿cómo hemos llegado a esta situación? Veámoslo brevemente.

El *homo oeconiomicus* simple, hijo del capitalismo de la primera revolución Industrial, se ha transformado en el *homo oeconiomicus novus*. El individuo-sujeto ocial que sirvió de fundamento a la sociología decimonónica, heredera del contrato y del consenso sociales, desaparece para dar paso al *Ego Purus*, competencia ilimitada, sin trabas políticas y sin referencias éticas, porque el capitalismo actual, a través del neoliberalismo, está desmontado el autocontrol político que se había impuesto a través del Estado y, está arrojando el cesto de la basura, los valores libertarios, igualitarios y sociales mínimos, con los cuales había justificado su existencia. Atrás quedó enterrada la modernidad con su sentido de la historia, surge ahora la posmodernidad: la historia no tiene sentido. Ahora no hay referentes universales ya que a Dios lo habíamos sacado del proceso histórico por controlador de conciencias. No existe La Razón, como expresión de una esencia colectiva, sino razones fundadas en intereses particulares. La verdad se negocia y el más crudo escepticismo impregna las entrañas del pensamiento y la prédica del respeto a las diferencias, oculta una espantosa y creciente desigualdad entre naciones y clases   sociales

Las relaciones económicas, como lo sostuvimos antes, van absorbiendo a las relaciones políticas y culturales, de tal manera que la política se convierte en el arte   del discurso vacío, y la cultura, en una informática publicitaria de carácter consumista.

Ya no hay derecha ni izquierda como modelos de convivencia social, no hay una simbología que represente a la historia como el duro proceso de lucha por la desaliénación humana. No, no hay tal cosa, porque, se nos dice, la historia ha terminado. Sólo ha quedado en pie la soberana lógica del capital, desligada del bienestar colectivo y liberada de ataduras políticas, filosóficas, o religiosas.

Suena irónico que hoy cuando estamos a pocos años de haber celebrado bulliciosamente dos siglos de haber ocurrido la Revolución Francesa que lanzó a los cuatro vientos el grito de igualdad de los hombres en este mundo y su derecho a la felicidad, millones de ellos estén pereciendo por hambre, y que la violencia se haya constituido en el sustrato fundamental de las organizaciones sociales y de los sistemas políticos. Y ello, no por culpa de leyes inexorables de la naturaleza, ni por designios de la voluntad divina, sino simple y llanamente, por la voluntad de unos hombres de querer vivir de la explotación del trabajo de otros.

Esta actitud, en verdad, es la que está llevando al fracaso del proyecto humano y está hundiéndonos en un mundo de barbarie en el cual todas las ideologías y todos los ideales políticos e inclusive religiosos, se han derrumbado como endebles ídolos de barro, dejándonos con la sensación de que no hay alternativas a la vista.

Como consecuencia de lo anterior, el existencialismo más vulgar y pragmático, golpea ferozmente a nuestras puertas y el lema ¡sálvese quien pueda!, parece ser la única norma de conducta para sobrevivir. ¡Sálvese quien pueda!, no importa cuántos cadáveres, viudas y huérfanos, queden aplastados bajo sus pies.

En este contexto, es donde la universidad, en general, y el maestro en particular, tienen una misión vital que cumplir. La universidad, la *"Universitas"*, ese espacio abierto al pensamiento universal y al debate argumentado con la razón en uso de su ascesis dialéctica.

No tenemos que llamarla pluriversidad ya que la *"Universitas"* encierra lo universal, no como pensamiento único sino como el conjunto de todas las expresiones posibles de la razón o, en otras palabras, de las posibles racionalidades o maneras de sentir, aprender el mundo y dar cuenta de él.

Espacio por excelencia para crear cultura, la *"Universitas"* no puede ser convertida en campo de batalla violento, para manifestar mezquinos intereses dogmáticos de ningún tipo. Cuando ello ocurre, estamos renunciando al uso de la razón a favor de la fuerza bruta que es negación de toda racionalidad, es decir, del sentido mismo de lo humano

Espacio de irreverencia pero a la vez de responsabilidad. Ello nos permite valorar críticamente la cultura y conservarla, recrearla o crearla cuando sea necesario, de acuerdo con el proyecto humano (en nuestro caso, léase *pedagógico*) que tengamos en mente como compromiso vital.

Un espacio como el anteriormente descrito, debe ser definido por toda la comunidad universitaria como un imperativo categórico, al límite de sus fuerzas, porque cuando se cierran los espacios para el debate racional, asoma sus orejas el lobo autoritario o totalitario, y comienza la época del obscurantismo más irracional en contra de la dignidad humana. El color del lobo es lo de menos; lo demás, es su aberrante actitud en contra de todas las libertades como lo hemos visto históricamente.

La universidad tiene como tarea producir en todos los campos de la cultura, para responder a sus pueblos y para irradiar esta producción a todos los sectores sociales, especialmente a los excluidos del sistema, sobre todo tratándose de una universidad pública. Debe tratar de aportar soluciones a las diferentes problemáticas. Solo así justificará su existencia, de lo contrario, se convertirá en un gravoso parásito social.

Y, en cuanto al maestro: es en este contexto donde debe decir su palabra, debe hacer oír su voz para denunciar, enseñando, cuales son las causas reales que hacen imposible una sociedad humana. Y para mostrar los caminos que harían posible construirla.

Aquí es donde la práctica pedagógica adquiere su sentido como una práctica política. Si no entendemos la política como se la entiende normalmente, es decir, como el arte de enriquecerse a costa del engaño en el manejo de la función pública, sino que la entendemos como una práctica orientada a la transformación de la sociedad para hacerla más humana; la práctica pedagógica es, tiene que ser, una práctica política.

El maestro como creador de cultura, como intelectual que es, no puede renunciar a dicha práctica, pues al hacerlo traicionaría su vocación de maestro y su razón de ser humano. Por eso decía ese gran educador de hombres que fue Aníbal Ponce, maestro de la Escuela Normal de México en los años 30: "Hay algo, sin embargo, mucho más grave que la humillación de los inferiores, la servidumbre de la inteligencia, los pensadores deben ser para sus pueblos, los vigías y los orientadores. Por eso cuando engañan y cuando adulan, su palabra adquiere a veces una repercusión nefasta"[1]

Desde luego que el riesgo es grande porque decir nuestra palabra puede llevarnos a perder honores y prebendas o, simplemente, la amistad de quienes se sientan denunciados por ella.

Pablo Neruda, el gigante de la poesía americana, expresaba esta realidad en versos plasmados en carta a un amigo. Decía Neruda, tomando como referencia a Teócrito, el renombrado poeta de la Alejandría de los Tolemeos:

"Cuando yo escribía versos de amor, que me brotaban
Por todas partes, y me moría de tristeza,

---

[1] Ponce, Aníbal, "Mussolini y la servidumbre de la Inteligencia". Revista Jurídica de Ciencias Sociales, Nos. IV-V, Buenos Aires, 1926, pp. 158-159.

Errante, abandonado, royendo el alfabeto,
Me decían: ¡Qué grande eres, oh Teócrito!
Yo no soy Teócrito; tomé a la vida,
Me puse frente a ella, la besé hasta vencerla,
Y luego me fui por los callejones de las minas
A ver cómo vivían otros hombres.
Y cuando salí con las manos teñidas de basura y dolores,
Las levanté mostrándolas en las cuerdas del oro,
Y dije: ¡YO no comparto el crimen!
Tosieron, se disgustaron mucho, me quitaron el saludo
Me dejaron de llamar Teócrito; y terminaron
Por insultarme y mandar toda la policía a encarcelarme,
Porque no seguía ocupado exclusivamente de asuntos metafísicos"[2].

La práctica pedagógica no tiene nada de metafísico como no sea su inspiración axiológica, y no puede tenerlo. Tiene que reflexionar sobre la realidad cotidiana, injusta y sangrante como estamos viviéndola. Tiene que reflexionar acerca de porqué esta vivencia colombiana, donde el 67% de la población está en la pobreza, o en la miseria, se le llama sociedad u orden social, y no **antisociedad o desorden social**.

La práctica pedagógica es una lucha diaria; lucha de quijotes que debe comenzar cada mañana como si fuera la primera de nuestra vida. Y si se está a punto de desfallecer por la incomprensión y por las circunstancias adversas, hay que renovar el acto de fe que nos permite vivir y no sentirnos vencidos.

La historia no la han hecho los borregos, los pusilánimes, los mediocres. La han hecho gentes inconformes, gentes con

---

[2] Neruda, Pablo, citado por Jaime Rubio en Al encuentro de la cultura hispanoamericana, Bogotá, Banco de La República, 1985, p. 155.

coraje que consideraron que el mundo debía y podría ser mejorado y actuaron asumiendo todos los riesgos para lograrlo.

Tenemos que hacerlo así porque a ello nos obliga nuestro compromiso social, compromiso que implica la justicia, implica la democracia, pero que implica, sobre todo, la dignidad de los hombres.

Y, continuando, quiero hacer referencia a dos cuestiones más. La primera, a que quiero compartir esta distinción también con Pablo Freire, mi inolvidable maestro a quien debo lo poco positivo que pueda tener como docente. Y me referiré a él con las mismas palabras que lo hice unos días en un homenaje que tuvieron a bien hacerme algunos compañeros, maestros y alumnos de Ciencias Sociales. Pienso que el acto que estamos realizado, bien amerita esta referencia a uno de los grandes del pensamiento y del compromiso pedagógicos, salido de las doloridas entrañas de la América Latina.

Su educación anti-bancaria, estaba orientada, partiendo del método socrático, a que   el "educando" reflexionara sobre su vida como ser social y pudiera construir sus   propios caminos y abrir espacios para la construcción de los caminos de sus pueblos.

"Nadie enseña a nadie", nos decía. "Los hombres aprenden entre sí, mediatizados por el mundo". Ideas estas de suma importancia, si tenemos en cuenta que nuestra educación, basada en valores tradicionales, tiende a ser fundamentalmente conservadora, desde un punto de vista histórico. La misma etimología de los   términos más usados, nos lo muestra.

Educación, significa conducir, con algún sentido y lo mismo pasa con pedagogía.

Maestro, bien sabemos que en un contexto educativo significa el que sabe 3 veces más que el alumno, por lo cual su acción desemboca, a veces, en un monólogo asfixiante que es en lo que se constituye el enseñar. Porque **enseñar**, del latín *insignare*, es por supuesto, señalar en, marcar una ruta.

Es decir, enseñar el orden social existente, con sus pre-supuestos fundamentos de racionalidad y libertad que, en el caso de países subdesarrollados como los nuestros, se constituyen en una vulgar metafísica, dado el carácter absolutamente irracional de nuestra organización social.

Alumno, el que es alimentado. Es apenas lógico, si el maestro es el que sabe tres veces más, el alumno es quien debe recibir el alimento. Y cuando trabajamos con la educación bancaria ¡qué alimento! En la mayoría de los casos, un conjunto de principios vacíos, o de conocimientos instrumentales que, en el primer caso, sólo le sirven para perder el tiempo en una gimnástica mental sin sentido y, en el segundo, para tratar de sobrevivir en este contexto donde se manifiesta el peor darwinismo social.

Reafirmando lo anterior, tenemos los términos de **docente**, el que enseña porque es "doctus" y "discente", el que escucha y aprende porque no sabe.

Es la expresión de la citada educación bancaria que no puede ver a los educandos como experiencias compartidas de mundo, capaces de lograr un ser y un hacer significativo, sino como *tabulas rasas* en las cuales hay que marcar hoy los mandamientos de un sistema neoliberal globalizador, que excluye de la dignidad humana a millones de seres en nombre de la sagrada lógica del capital, como lo hemos dicho antes.

"Los hombres aprenden mediatizados por el mundo". Son palabras de Freire. Pero… ¿por cuál mundo? Por el mundo de sus vivencias, por supuesto. Pero, cuando estudiamos "lo social" en América Latina, no aparece como objeto de estudio de las Ciencias Sociales ese mundo frustrado por la expansión europea en   sus etapas colonialista e industrial, o aparecen solamente con unos cuantos datos descriptivos; pero lo que sí aparece con claridad es la Europa misma, racionalizada desde el positivismo científico, con lo cual se presenta un desfase gigantesco, entre nuestra realidad social de creciente conflictividad y las teorías que pretenden analizarla y explicarla. El discurso de las Ciencias Sociales se convierte, así en un mero ritual cuya función general es sustentar un orden social, deshumanizado y deshumanizante y cuya función particular es obtener un salario.

Aquí es donde tiene sentido la educación crítica de que nos habla Freire. Se trata de una educación que ponga en cuestión nuestra manera excluyente de vivir y que visualice futuros donde hayan espacios humanos para todos los seres humanos.

Es una educación fundamentada en una nueva visión de los maestros y de los alumnos; donde se les vea ya no como los que saben tres veces más y los que tienen que ser alimentados, sino como los que buscan, dialógicamente, interactuando sobre sus distintas experiencias, caminos alternos, con rostros humanos, que conduzcan a horizontes de esperanza, desde donde se iluminen las miserias que vivimos.

Esta nueva educación, debe estar cimentada en relaciones de amistad y de respeto.

Para Freire, donde hay amistad hay educación; donde hay miedo hay domesticación.

Y en cuanto al respeto, no hay que olvidar que el alumno es primero. Que es el protagonista fundamental del proceso educativo y que como experiencia irrepetible de vida, puede enseñarnos mucho a los maestros. El respeto al espacio de su libertad es imprescindible, es como una exigencia moral desde el punto de vista de una pedagogía liberadora. Lo digo porque, a veces, nosotros los maestros, imbuidos de una inexplicable petulancia, nos constituimos en el límite del conocimiento y, con una desconcertante actitud antihistórica y antihumana, construimos un detestable *"ídolo del foro"* como diría Carlos Arturo Torres:[3] vivimos convencidos de que la verdad de los otros caduca, y que la nuestra permanece.

No tendría sentido, en nombre de la "democracia" de la verdad o de "la revolución" buscar que el alumno abandonara su visión del mundo para imponerle otra. La autenticidad que se manifestaría, en este caso, en la posibilidad que tendría el alumno para construir su propio camino, sería condición *sine qua non*, de una nueva pedagogía antialienante.

Y, hasta aquí, lo relacionado con Freire**

Quiero compartir también esta distinción con dos maestros cuyas huellas quedaron profundamente marcadas en la Universidad Pedagógica Nacional y en los corazones de sus alumnos y de sus compañeros. Me refiero a Carlos Trujillo Latorre y a Leonardo Pérez Castillo, cuya memoria honro en este día. Fueron formadores integrales de maestros, verdaderos modelos de la pedagogía. Su memoria y su presencia permanente lo reconcilian a uno con la vida.

Quiero recordar, con sentimiento profundo a Dario Betancourt Echeverri, en mala hora inmolado por esta violencia absurda que nos mata, cuando estaba en la etapa más promisoria de su vida como docente y como investigador. Paz en su tumba.

La otra cuestión a la que quiero hacer referencia es a que en una reunión con los doctorados, hace poco tiempo, el señor Rector de la Universidad, doctor Oscar Ibarra, nos decía que parte de nuestro papel, papel de todos los universitarios de esta institución, consistía en pensar la pedagogía desde la

---

[3] Véase Carlos Arturo Torres, Idola Fori, Bogotá, 1935.

universidad Pedagógica. ¡Qué interesante y qué valioso sería! Sería como debe ser. Así, pues, bienvenida su idea señor rector.

En estos tiempos de avasalladora influencia de los poderes económicos externos contra nuestras culturas, deberíamos, efectivamente, pensar la pedagogía desde nuestra querida Universidad Pedagógica Nacional, pero a partir de esa realidad contradictoria, excluyente y conflictiva que ya hemos nombrado antes, y que estamos viviendo, como resultado de un proceso histórico-social de siglos, para tratar de buscar salidas que nos permitan sobrevivir y vivir dignamente a todos, no sólo a unos pocos. Es decir, para que todos los colombianos puedan tener una patria, en su propia patria.

Muchas Gracias.

** (NOTA ESPECIAL: Ahora es noviembre de 2018. El gobierno militarista y policivo recién elegido en Brasil, reniega de su mejor educador y quiere borrarlo de la faz de la tierra por haber cometido el mismo crimen que llevó a la condena de Sócrates por las oligarquías de Atenas: haber puesto a pensar a quienes le escuchaban. Ese es el fundamento de la PEDAGOGÍA, y ningún tirano puede soportarlo.

Si no tuviéramos los ojos abiertos, podríamos decir: Pablo, perdónalos porque no saben lo que hacen. Pero sí que lo saben. Ellos creen, ¡con su cristianismo electivo de distintos rostros!, que el mundo y la naturaleza (selva amazónica, por ejemplo), fue creado sólo para unos pocos y, para el resto, la miseria, el valle de lágrimas y la muerte, bien sea por hambre o por AK-47.
Lo siento Pablo. Sobre todo por los que quedamos de este lado. La primera vez tuviste que huir para salvar la vida. Fue cuando tuve la fortuna de conocerte y de ser tu discípulo. Ahora, aprovechan que ya no estás, para incriminarte por segunda vez. Pablo: un pueblo que elige un gobierno así, no te merece.
Descansa tranquilo.

Paulo

A Paulo Freire, Grata Memoria

Venías,
con tu paso lento
y tu sombrero puesto.
Paulo. Así me dijiste
que te dijera
cuando te conocí
como mi maestro.

Fugitivo de vientos
de barbarie,
con las bayonetas
a tus espaldas,
venías.

Nadie educa a nadie,
dijiste,
los hombres
se educan
entre ellos,
y quien no aprenda
de sus alumnos,
no es digno
de llamarse maestro.
Eso dijiste.

Y dijiste
que los sistemas de poder
llenan nuestras cabezas
con vacíos

que recitamos en las aulas,
sin pensar,
negándonos
a nosotros mismos.

Y hablaste del opresor
y el oprimido:
de los obreros deshechos
en las fábricas
y de los marginales
sin un sitio;
y de los campesinos
explotados
y sufridos.

Y tus ojos brillaban
cuando hablabas
del amor
y de ese Cristo
que levantó su voz,
el Nazareno
que levantó su voz
contra el delito.

Delito de injusticia,
tú decías
que por gritarlo
le costó la vida.

Fugitivo venías
de la barbarie
que arrasaba
la América Latina;
y sin embargo
me enseñaste a dialogar
y a levantar la voz
si lo amerita;

me enseñaste que el alumno
es Otro Yo,
que es el Yo y el Otro
del mañana
que palpita
entre sueños
y esperanzas,
aprendiendo el alfabeto
en la justicia
negada por la historia:
la enseñanza es política,
decías.

Y comencé a sentir
que ser maestro,
no es profesión sencilla,
no es dormir en laureles
de diplomas,
ni es saber toda la ciencia
producida;
no es llamar a la lista
y poner notas,
ojalá rajando
mayorías;
no es cumplir un programa
al pie de letra,
por llenar
estadísticas.

Sentí que ser maestro
es otra cosa:
es compromiso,
fuerza y rebeldía;
es poner en cuestión
el mundo injusto,
y es construir saber
para la vida;

es procurar el ser
de los alumnos,
es aprender con ellos,
sin envidias;
es guardarles respeto,
a toda costa:
el alumno es primero,
lo decías.

Eso aprendí
y tantas cosas,
tantas
que el tiempo ha sepultado
en el olvido,
pero hay algo
que quiero consignar
en este escrito,
porque en todos mis años
de maestro,
estuviste presente,
ahí conmigo...

Gracias Paulo,
gracias
desde aquí te digo;
gracias Paulo y
gracias a los dioses
que supieron ponerme
en tu camino.

¿JUEGOS DE LENGUAJE?*

* Poema-artículo, siguiendo a Wittgestein). Publicado en ROSTROS Y MÁSCARAS, CreateSpace (AMAZON), 2018

No preguntes
por el sentido,
menos por el sentido
del sentido;
silencio
es el lenguaje
que nos pide
el siglo.

No preguntes
por el Otro,
sólo por ti
mismo;
hedonismo puro,
el placer a gritos
para quienes pueden
comprarlo y vivirlo;
para el resto, fango,
exclusión, exilio,
en su propia tierra,
o, en suelos distintos;
¿qué es el *ser* humano?
invención y mito:
¿juegos de lenguaje?
conceptos
vacíos
con muchos sentidos.

Con ningún
sentido.

Silencio…
silencio que ruge
la Guerra:
misiles que liberan
con olor
a sangre;
cabezas que ruedan,
hogueras que matan,
venganzas salvajes;
¿juegos de lenguaje?
y bombas racimo
maestras de muerte:
¡pedazos humanos
que salvan
¡Derechos
Humanos!

Silencio
por la muerte
del Lógos.

* A propósito del pensamiento del filósofo austríaco Ludwig Wittgestein (1889-1951), acerca de la realidad, entendida como "juegos de lenguaje".

Para este famoso pensador, la realidad está en el lenguaje. Entonces, lo que hay que investigar no es la realidad, sino el lenguaje. Todo se reduce, como se ha dicho, a lo él llama "juegos de lenguaje". Así se diga, o se interprete, que este último es sólo un instrumento mediador.

De todas maneras, este planteamiento deja de lado:

1. Que aquel que investiga (el investigador), y el lenguaje (el instrumento mediador), o su lógica, forman parte de esa misma realidad investigada, lo que hace imposible la famosa

"neutralidad valorativa" de que han hecho gala los positivistas y neopositivistas de todas clases.

2. Que el lenguaje es instrumento del poder, elemento del cual no quiere hablarse, o al que se hace sinónimo de "*auctoritas*", legitimada en algún tipo de consenso democrático, externalizado por la consignación de una papeleta en una urna; por el envío del voto al centro electoral con una persona "de confianza", o por correo electrónico. Sin importar los condicionantes del compromiso.

No puede ignorarse que el poder marca la estatura de los hombres, desde su nacimiento y que, los que "escapan", lo hacen obedeciendo y acomodándose a esa lógica, así se vuelvan revolucionarios, pues, lo que hacen las revoluciones, es instaurar el poder de un nuevo grupo (a veces no tan nuevo).

3. Las palabras no son inocentes. El lenguaje no es, solamente, algo descriptivo (y ya, de hecho, toda descripción, implica unos parámetros pre-juiciados), sino indicativo. Asigna nombres, funciones, maneras (correctas o incorrectas) de pensar y de actuar. Establece lo que es verdad y lo que no lo es. Lo que es racional y lo que es irracional. Programa las mentes logrando que ellas y sus cuerpos, acepten que son mercancías que pueden ofrecerse orgullosamente. Se han dado casos en que se han registrado los cuerpos como propiedad privada, para hacer con ellos lo que se quiera. Es la aceptación expresa de que el cuerpo es una mercancía que puede exhibirse y venderse. Y, eso, arranca desde el modelaje, pasa por otros campos como los deportes en que los jugadores son vendidos y comprados; la política en que los candidatos son "apoyados", "a cambio de…" que cuando sean legisladores, hagan leyes "interesadas"; que si son ejecutivos, asignen contratos con formularios "marcados" (o sin ellos); y si son jueces o magistrados, que fallen o interpreten la ley "en derecho" *non sancto.* Y llegan

estas compra-ventas, hasta la llamada prostitución (la otra, llamada así despectivamente y sobredimensionada con lo femenino; las anteriores tienen nombres elegantes que no avergüenzan, es más: honran) que, de acuerdo con su etimología, significa "ofrecerse en venta pública".

La prostitución de lujo se llama "servicio". La obligada por la necesidad de supervivencia, o por la violencia misma de los traficantes de carne humana, es considerada vergüenza pública.

Vergüenza pública debería ser que haya prostitutas sin prostitutos. Y no me refiero al sexo de las, y de los que venden sino, también, a los y a las (que las hay) que compran. La venta no se da sin compra. Prostitución es esta *compra-venta*, vergüenza pública de cualquier sociedad, máxime si se llama *cristiana* (¡!).

Pero, volviendo al hilo del discurso, el hecho es que, convertido el cuerpo en mercancía y, desde la ideología dominante, ya no hay explotación sino intercambio de bienes y servicios, en el reino (que no república) del mercado, el reino de la libertad por excelencia.

4. De esta manera, los "juegos de lenguaje" ocultan, los juegos del poder que implican, siempre, explotación y exclusión. Pero, a esta vivencia, se la llama ejercicio de la libertad; competencia y competencias; "sociedad abierta", sociedad de logros, realización de sueños, de los cuales, el "sueño americano" ha sido el prototipo.

"Competencias", "logros"; ¿no nos recuerda esto, la "formación" que dan los sistemas educativos actuales?

¡Vaya juegos de lenguaje!

No se trata de culpar a Wigttgestein de nada. Es posible que no haya querido decir eso, que fue malinterpretado; que se le sacó de contexto…

O, es posible que tenga razón. Que todo sea "juegos de lenguaje".

También, es posible que la vida misma sea, toda, un juego. Claro, para las mayorías, un juego perverso.

Por otra parte, se dirá que las palabras también liberan. Pero, ¡cuánta sangre, sufrimiento y lágrimas ha costado a la humanidad cada liberación! Que, al final acaba en las mazmorras de los dictadores, o en las cadenas del mercado que, con sus necesidades, reales o ficticias, engolosina o traumatiza las mentes robotizadas con sus imágenes, a nivel mundial.

En este espacio, el lenguaje es el mercado. Quien no lo entiende, se convierte en un "desheredado de la Fortuna", o en un "menos favorecido".

¡Qué hermosas metáforas puede construir el lenguaje, sobre la degradación humana!

Pero, el lenguaje no es sólo verbal o escrito. Es, también, degollar a un inocente y exhibir el acto bárbaro; es arrojar bombas inteligentes, con un coeficiente mental que no son capaces de distinguir los "malos", de los buenos". Cuando mueren estos últimos, y, casi siempre, son la mayoría, se utiliza otra metáfora inofensiva: "daños colaterales". En Irak han sido más de 100.000, en Siria… en Libia… en Nigeria… en Sudán… en Ucrania… en Colombia… en México…

Si uno fuese creyente, podría aventurar que el cielo jamás programó tanto espacio para alojar a los daños colaterales del infierno…

Lenguaje es, también, saber que ocurren estas cosas, y mirar para otro lado. O, sacudir los hombros porque nada de ello nos importa. Es aceptar que la guerra es el modo natural del vivir humano.

A propósito: dado que la Organización de Naciones Unidas está incapacitada para evitarla, debería declarar a la guerra como patrimonio cultural de la "humanidad".

Todos sentiríamos que nos pertenece. Por acción, o por omisión.

Es más: si aceptáramos que los seres humanos tienen tres grandes tipos de valores, como son, la religión, la justicia y el dinero, todos estarían representados en ese patrimonio cultural. Por esos hay guerras sagradas, o guerras justas. O guerras necesarias. Siempre habrá argumentos para justificarlas. Será la defensa de los dioses, o de algo que los dioses, o la tradición sacralizada, nos han entregado.

O, puede ser, la presencia del enemigo que cambia de rostro, permanentemente, y está que salta el muro que nos protege. Muro que se debilita a medida que descienden los indicadores de la economía, y asoma el fantasma de la recesión y, detrás de ella, el monstruo de la depresión. Entonces, los industriales y negociantes de la guerra, fabrican los productos mortales; los políticos inventan las guerras, externas o internas y, los gobiernos, endeudándose, es decir, endeudando a los ciudadanos, compran esos instrumentos mortíferos, disponiendo de las vidas propias (héroes) y ajenas (demonios), para impulsar las deprimidas bolsas de valores, donde el capitalismo especulativo se realiza.

Los políticos no se ponen de acuerdo para asignar recursos a la salud, a la educación, a la vivienda, o a los servicios sociales, en general. Pero, suenan los tambores de la guerra, que casi nunca están silenciados e, inmediatamente, casi por unanimidad, aprueban las partidas para que las carnicerías estén bien nutridas.

Los medios de comunicación (¡¡!!), graban en nuestros ojos y en nuestras mentes, con imágenes estratégicas, que estamos frente a una cruzada, o a una yihad, que es justa y necesaria. Para que no perdamos nuestro ser, que es nuestra *manera de ser*, o sea… de consumir. O de conservar tradiciones medievales y machistas, ancestrales.

Entonces, nada de criticas; guardemos "silencio que ruge la guerra", con su estruendoso ruido de destrucción. ¡Qué le vamos a hacer, Marte es nuestro eterno compañero!

Cuando la muerte es ajena, ya sea por geografía, por etnia, por raza (?), o por estratificación social (carne de cañón, de daga, de AK-47, o de bomba inteligente), no provoca dolor porque es sólo un número, nada más. ¡Juegos de lenguaje!

¿Podemos concluir, también, que la guerra es justa y necesaria porque Dios (o la palabra con que se nombre a la Divinidad) está de nuestro lado?

Es una buena síntesis, y no hay mejor argumento para respaldarla. Lo decimos "nosotros", y lo dicen "los de allá", "los de afuera", los que no son como nosotros; los que no son humanos. Esos a quienes, desde la excluyente concepción griega, eran llamados *"barbaroi"*, y que, según Aristóteles, habían nacido para ser esclavos. A ellos queremos hacerlos desaparecer "humanamente".

Las tres grandes religiones monoteístas, han tenido, y tienen (así intenten suavizarlo), sus "nosotros", y sus "de afuera"; sus "de allá". Y, en eso se fundamenta la idea de Occidente.

Pobre idea la que tenemos de "lo humano", los humanos. Y, más pobre aún, la que tenemos de la Divinidad, acomodada a nuestros vulgares intereses, a través de todos los tiempos y lugares; construida a nuestra imagen y semejanza, de acuerdo con nuestras pasiones.

¡Juegos de lenguaje!

¿Nada más?

UNIVERSALIDAD ÉTICA Y ÉTICA PRÁCTICA*

* Publicado y recomendado por www.razonpublica.com

Cuando oigo hablar de universalidad de algo, siempre pienso en esos deseos que ha tenido el ser humano, a través del tiempo, de encontrar la verdad; el verdadero sentido de las cosas. O, el Bien, para expresarlo en términos socráticos.

Y, cada cultura genera costumbres y normas que, con sus respectivos rituales de legitimación, expresan esa universalidad. Pero, al mismo tiempo, vienen a mi mente las afirmaciones de Heráclito: "Todo fluye…", y de Protágoras: "El hombre es la medida de todas las cosas…"

Lo absoluto y lo relativo: los dos polos dentro de los cuales se teje la telaraña que enmarca las acciones humanas, buenas o malas; correctas o incorrectas.

La necesidad de absolutos partió de la conciencia de la relatividad; de la fugacidad de la existencia humana. En su inseguridad, el ser humano ha querido aferrarse a Algo. Un Algo que esté ahí, que no se mueva; que no sea cuestionable. A pesar de todas las contradicciones que ello genera como es el hecho de que el absolutismo (y no me refiero aquí a ningún sistema político) se genera en el relativismo y éste, a su vez, para legitimarse, tiene que acudir a un absoluto: "todo es relativo".

Y, entonces, como ésta es una afirmación absoluta, la conclusión es que no todo es relativo. Este relativismo clásico, por llamarlo de alguna manera, implica que hay algo que es válido. Pero, a partir de aquí, también concluímos que no todo es absoluto.

¿A dónde nos conduce todo esto? A la vida histórica. Ni más, ni menos…

Pero, veamos, repitiendo algo:

El absolutismo se generó en la conciencia de lo relativo y, desde esa conciencia adquirió su letimidad, por necesario.

El relativismo cuestionó al absolutismo pero contrastó con él su legimidad, por evidente. Surgió, así, una dialéctica de legitimidades mutuas que duró hasta la llegada del hombre postmoderno que con su vacío de sentido puede, finalmente, conducir a un relativismo de tipo nihilista basado en el "No hay certezas", *ergo*... "Todo vale" [1].

A mi juicio, la tragedia del hombre de esta época, radica en que rompió ese equilibrio dialéctico que permitía la expresión de la dimensión humana.

El hombre postmoderno ya no acepta absolutos. Ni, por lo mismo, relativos legitimados desde el "todo es relativo". Para él, esa afirmación es tan relativa, tan aleatoria, como todo lo demás. Como el hombre (posmoderno) mismo.

Esto, por supuesto, tenía que conducir a la muerte de la ética. De esa ética fundamentada en absolutos, ya sea que se hable de leyes divinas o de imperativos categóricos. Pero también, y lo que es más grave, de las éticas históricas mismas, dejando al ser humano sin posibilidad de ética alguna, frente al más puro pragmatismo [2].

---

[1] No estoy refiriéndome aquí a filósofos posmodernos en particular, que nunca sostendrían esto. Me refiero al espíritu de esta época.

[2] Véase el discurso del presidente de Costa Rica, Oscar Arias, en la Cumbre de las Américas, 26 de abril de 2009, en Trinidad y Tobago.

Es obvio que la fundamentación de la ética en universales absolutos, tenía que chocar con la historia que es, por excelencia, la experiencia plural de los hombres. Y de nada valdría sobredimensionar esta experiencia con el argumento de que todos los seres humanos tenían la tendencia, por inspiración o por razonamiento, a respetar ciertos valores que expresaban la presencia de la Divinidad o del Lógos. De esto se alimentó el racionalismo europeo, ya fuese idealista o materialista. La Biblia y los griegos estuvieron presentes en su conformación. No olvidemos que fue el cristinismo el que, en una fecha tan temprana como el siglo IV, se inventó la palabra *modernus* que no estaba en el viejo latín. *Modus Hodiernus*: al modo de hoy [3]. Al modo de este nuevo día diferente del ayer. Ha nacido el tiempo histórico cristiano. Y, para Occidente, el tiempo histórico, a secas.

Esta nueva manera de ver el tiempo, le permitió a San Agustín tenderle una linealidad a las acciones humanas; un ir de atrás hacia adelante. Un antes y un después. Un origen y una meta. Es decir, atribuirles *un sentido*. Esto rompía con la idea clásica del eterno retorno.

La idea agustiniana es la partida de bautismo de la historia de Occidente.

Si Heródoto, considerado con cierta deferencia el "Padre de la Historia", había dicho que escribía sus Historias para rescatar del olvido las hazañas, tanto de los griegos como de los

---

[3] Sotelo, Ignacio, "Estado Moderno", en Filosofía Política II. Teoria del Estado, Edición de Elías Díaz y Alfonso Ruiz Miguel, Barcelona, Editorial Trotta, 1996,p. 26

bárbaros [4]; San Agustín dirá, ahora, que esas hazañas y, en general, todos los quehaceres humanos, tienen un sentido [5].

Era la culminación de lo que había escrito San Pablo, ¡qué duda cabe!, fundador del cristianismo: "No hay judío ni griego, no hay esclavo ni libre, no hay varón ni mujer, pues todos vosotros sois uno en Cristo Jesús..." [6]. Estaban dadas las luces para lo que habría de llamarse, desde Occidente, Historia Universal.

No debería sorprender que, veinte siglos después, Hans Freyer pudiera escribir su **Historia Universal de Europa** [7], en cuyos bordes, claro, quedaba el resto de los pueblos del mundo. A ellos, la Europa cristiana y poderosa, les impondría una moral que tiene que ver con lo bueno y con lo malo que hace el hombre, en función de la salvación eterna. Soldados y misioneros iban por la misma ruta; unos encontraban los cuerpos para usarlos, y otros, las almas para salvarlas. Esta moral tiene un sentido trascendente-metahistórico.

Y, cuando se secularizó la vida con la modernidad burguesa que tomó de San Agustín la idea de un *atrás- hacia adelante* y le agregó la de un *abajo- hacia arriba*, sintetizado todo en la idea de *progreso*, surgió la ética, comerciante y ciudadana. Los negocios necesitan ser serios, la palabra empeñada debe cumplirse. Surgen normas implícitas. Luego, normas explícitas

---

[4] Heródoto, Los Nueve Libros de la Historia, México, Porrúa,1971, p.1

[5] San Agustín, La Ciudad de Dios, Mexico, Porrúa,1970, pp. 275-276 y 603. Y José Ferrater Mora, Cuatro Visiones de la Historia Universal, Buenos Aires, Sudamericana,1963,p.33

[6] La Biblia, Bogotá, Ediciones Paulinas,1977, p.1317

[7] Hans Freyer, Historia Universal de Europa, Traducción de de Antonio Tovar, Madrid, Guadarrama, 1958

representadas en la ley. Las ciudades-repúblicas y las repúblicas con ciudades, le exigen al ciudadano el cumplimiento de la ley, acción que puede darse por temor o por convicción. Esto último y, en general, la idea de la necesidad de un comportamiento correcto, conducen al surgimiento de una moral basada en la conciencia autónoma y de respeto al otro. Aparece, entonces, la ética de los imperativos categóricos basada en dicha moral.

Es una nueva moral con sentido intrascendente, es decir, intrahistórico. Procura la realización del hombre en este mundo.

O sea:

En el primer caso hay unas normas morales que son, a la vez, ley. Una ley entregada por Dios. Es decir, la moral será, al mismo tiempo, ética y ley [8]). Pero, ¡ojo!; ley divina antes que ley humana.

En el segundo caso la moral será, ante todo, la conciencia de valores humanos deducidos de una idea de razón universal que surge en Europa y, aunque parezca redundante decirlo, *con una perspectiva europea.* Esos valores tienen que ver con lo correcto y lo incorrecto de nuestras acciones, con relación a los otros.

En este caso, la moral genera una ética que es, por definición, social. La ética tiene que ver con lo que debemos hacer (o no hacer), por ser seres humanos.

Y nos queda, y ya la hemos referido, más allá de este campo, pero como telón de fondo sobredeterminante, la ley: lo que tenemos que hacer. Y lo que podemos hacer, no en un sentido moral sino en el marco de una normatividad positiva.

---

[8] Los términos ética y moral se usan indistintamente.

Dejémoslo claro: mientras la ética es un marco amplio de comportamiento moral como seres humanos, la ley es un marco mínimo de comportamiento obligatorio, como ciudadanos.

Dicho en palabras más crudas: mientras la ley regula nuestros instintos, la ética nos permite ser decentes, es decir, ir *más allá* de ellos.

La conducta ética es opción de la conciencia; la ley, legitimada por la "Voluntad General," obliga y sanciona. Así a esa obligación, Rousseau la llame libertad. [9]

Por lo anterior, y como ya lo he sostenido en otro texto, la ética puede abarcar el cumplimento de la ley, pero va más allá de la ley. Esa es la razón por la cual hay acciones que son legales, pero éticamente incorrectas. Y, por eso, en el campo de la ética no se puede ser pragmático; hay que ser teleológico.

El pragmatismo tiene que ver con lo coyuntural-gananciosos; con salir triunfante del juego dejando de lado principios referenciales y, por lo tanto, sin importar los medios. Eso sin contar con que los mismos medios suelen convertirse en fines. Es el juego político por excelencia en el mundo posmoderno.

Del juego económico, no hablemos. Casi el mundo entero gime hoy con las consecuencias de su lenguaje. Bien podríamos decir que ha gemido siempre por él…

He citado el juego político porque, tanto en el pensamiento cristiano como en el pensamiento moderno, en general, *lo político tuvo su razón de ser en lo colectivo.* Como lo había tenido en

---

[9] Rousseau, Juan Jacobo, El Contrato Social, Madrid, Aguilar,1970, p.21

sus orígenes. Por eso allí se consideraba que lo político tenía que ser ético.

Planteado en otra forma, a riesgo de ser reiterativo: la ética nos permite ser decentes y expresarnos como humanos frente a la instintividad controlada por la ley. Es algo tan sencillo como ser honestos, lo que implica no hacer trampas ni explotar a nuestros semejantes.

Es la diferencia entre el impulso primario que conduce a luchar por quedarse con todos los recursos vitales, y el ser moral que siente que debe compartirlos.

La ley sostiene la sociedad; la ética funda la comunidad.

Esta es la razón por la cual, a veces, o muchas veces, se puede cumplir la ley sin ser decentes.

La ética nos genera, como he dicho, una trascendencia desde lo intrascendente. Trascendencia que, a veces y, por lo que he planteado anteriormente, no le hace mella a la ley, sobre todo cuando ésta se usa para defender groseros intereses particulares, respaldados por individuos poderosos, o por *lobbies* o grupos de presión antidemocráticos. Cuando ello ocurre, se anuncia la ruina del Estado como espacio de concertación del bien colectivo. El mismo Juan Jacobo Rousseau lo escribió, con una clarividencia abrumadora:

"Finalmente, cuando el Estado, cerca de su ruina, ya no subsiste más que en una forma ilusoria y vana, cuando se ha roto en todos los corazones el vínculo social; cuando el más vil interés toma descaradamente el sagrado nombre de bien público, entonces la voluntad general enmudece, todos, guiados por motivos secretos, dejan absolutamente de opinar como ciudadanos, como si el Estado no hubiera existido jamás, *y se hacen pasar falsamente con el nombre de leyes, decretos inicuos que no tienen más finalidad que el interés particular"* [el subrayado es mío] [10].

En este contexto, la conciencia moral se rebela y le exige a la ética una clara posición política, no sólo una posición de resistencia, sino de denuncia de lo que se considera legalmente injusto. Porque lo legalmente injusto produce, siempre, un *despojo ético*[11].

La injusticia, expresada en las desigualdades que se consideran como diferencias, llena por todas partes nuestro mundo posmoderno. Por eso, no es raro oir hablar en él de la muerte de la ética. O definirlo por esa condición.

Esa muerte de la ética puede expresarse abiertamente o camuflarse con la *ética flexible* [12] que, lejos de constituirse en un modelo moral de ética, expresa el más burdo pragmatismo y el mejor camino para negar la ética, *flexibilizándola* coyunturalmente, o afirmándola sólo como discurso.

¿Qué debemos hacer?

Algo ya he planteado arriba, acogiéndome a la ética de origen secular. Pero debe quedar claro que no puede tomarse como una ética universal uniforme, que no existe. No puede existir. Así la conciencia ética se exprese objetivamente en ciertos colectivos, a veces muy amplios, la conducta ética no deja de ser, en última instancia, una expresión de la conciencia moral individual que decide, autónomamente.

---

[10] Ibidem, p. 110

[11] Este concepto podemos desarrollarlo en otra oportunidad.

[12] Mora Forero, Jorge, "La Ética Flexible", www.razonpublica.org.co

Es esta conciencia individual, conformada, desde luego, en lo social y con lo cultural, quien define acerca de las responsabilidades para con los otros. Es el espacio de libertad que lo convierte a uno en persona. Y que no es transferible bajo ninguna circunstancia, ni puede ser cedido bajo ningún chantaje.

Pero, ¿por qué tendríamos que ser éticos?

No por un mandato externo, universal y absoluto, porque eso sería imposición; es decir, no sería ético. Por eso, me atrevo a pensar que los llamados códigos éticos, cuando se presentan como absolutos, dejan por fuera la posibilidad de ser puestos en cuestión por la conciencia moral.

Tampoco podríamos dejar de ser éticos por el relativismo del "todo vale". El hombre es esa fugacidad pensante que se desgarra dialécticamente entre lo que permanece y lo que se va.

Y eso es la historia. Y la historia legitima. Históricamente, por supuesto…

Vayamos al pasado, por un momento:

Acusados los sofistas, en la Grecia Clásica, por Platón, de no dejar nada en pie con su relativismo, Protágoras contestó que no era cierto que así fuese. Que algo quedaba en pie: las conquistas de la *polis*; lo que ésta iba logrando en su transcurrir en el tiempo. Y ello eran unos valores humanos con los cuales el hombre juzgaba todas las cosas. No absolutos sino históricos. Permanentes y cambiantes como el hombre mismo. Pero válidos en su momento…

Ahora, situémonos en nuestro mundo:

Hablar hoy de ética, es hablar de derechos humanos. Aunque, ni siquiera   hay un acuerdo sobre ellos, en sus enunciados[13]. En todo caso, por más que sirva de referencia, no se trata de hablar de los Derechos del Hombre y del Ciudadano que con su filosofía de igualdad dieron origen al más desigual de los mundos. No. Hay que hablar de los derechos concretos de los hombres concretos. No sólo de derechos " jurídicos" (¡qué redundancia!), sino de derechos reales: a la vivienda, a la salud, a la educación, a la seguridad, a decidir sobre su cuerpo, a tener un planeta vivible. En fin, y también, el derecho a tener una esperanza y, ¿por qué no?, a esbozar una sonrisa.

Todo eso sintetiza, de alguna manera, el derecho fundamental a la vida.

Y son esos derechos los que generan los deberes morales. Es el juego dialéctico de la ética.

Es decir, a partir de estas necesidades-derechos-concretos, y tomando como referencia de sentido alguna parte de la herencia axiológica que nos ha dejado la concepción moderna del mundo, debemos aterrizar en nuestro trabajo concreto.

Si bien, la ética es reflexión y es práctica; a veces, el tiempo que gastamos debatiendo sobre abstractas teorías y legitimidades éticas, es tan largo que no nos deja espacio para ser éticos. Desarrollamos nuestra vida en medio de una ética teórica. Ya no contemplando "lo Divino", como corresponde a su etimología, o modelos estéticos de vida real, sino como simple ejercicio académico.

Pero, la ética, como bien lo expresa Saramago, "ejerciéndose como lo dice el sentido común, sobre lo concreto social, deberá

---

[13] Véanse: Declaración Universal de los Derechos Humanos de las Naciones Unidas de 1948.- Declaración Islámica Universal de los Derechos Humanos de 1990

ser la menos abstracta de todas las cosas y, *aunque variable según el tiempo y el lugar*[el subrayado es mío], siempre estará ahí, como una presencia callada y rigurosa que, con su mirada fija, nos pide cuentas todos los días" [14].

Y nos pide cuentas, no tanto sobre la vivencia (un concepto muy vago), cuanto sobre la CON-VIVENCIA... Aquí, en este espacio, es donde se desarrolla la ética práctica que no es practicismo, sin más, sino *praxis*, porque, como hemos visto antes, se sustenta en unos referentes de *sentido*.

Y esos referentes de sentido tienen que ver con que hemos descubierto y construido, al mismo tiempo, una ID-ENTIDAD humana que nos condiciona moralmente. Y nada más, si asumimos esto dentro de una concepción secular-humanizante (que no humanista) de la historia. Pienso que tratar de ir más allá es hilar muy delgado, con el riesgo de acabar en el escepticismo.

Al tratar de estas cosas, no puede desconocerse que una herencia de las grandes concepciones del mundo, ya sean religiosas o seculares, por lo menos en Occidente, es su mesianismo redentorista que quiere llevarnos a querer construir, de una vez por todas, al hombre perfecto, en la sociedad perfecta, sin importar las vidas que tengan que pagar el precio para lograrlo. Pero esto nos conduce a tratar de lograr los fines, casi siempre hermosos, sin importar los medios, cada vez más vergonzosos y aberrantes [15]). Aquí es cuando muere la ética, o la posibilidad de que exista.

En cuanto a la ética en el trabajo magisterial: por lo antes dicho, yo creo que debe desprenderse del trabajo mismo. Éste,

---

[14] Saramago, José, El Nombre y la Cosa, México, FCE, 2006, p.55

[15] Esto lo hacen desde el dictador mesiánico, hasta el opositor más recalcitrante.

junto con los referentes de sentido de que ya he hablado, es nuestra *polis*. Es fundamentalmente ético ese trabajo de educador, oficio que hace posible ayudar a que los seres humanos, en este caso los estudiantes, a quienes el maestro está formando como ciudadanos (como "políticos", en el original y más noble sentido de la palabra), asuman su vida históricamente y puedan ir de la condición en que se encuentran, a otra mejor.

Y, ello debe hacerse, respetando la libertad del estudiante para pensar y para expresarse con las opciones éticas que considere más adecuadas. Esta actitud del maestro es una condición "*sine qua non*", para desarrollar un trabajo ético.

 Duro trabajo, por cierto, ya que exige analizar seriamente las profundas desiguldades sociales existentes y los juegos políticos y politiqueros; más politiqueros que políticos, que inundan el mundo y que intentan darles respuesta. Respuesta que, con malabarismos de lenguaje y ¡ cuidado!, invocando la ética, los mismos que han provocado el desastre, quieren hacernos creer, con sonrisa incluida, para impacto mediático, que el mundo ha cambiado y que, ahora sí será mejor.

Ésta es, a mi juicio, la ética práctica o ética vivida. Ética que puede contribuir a lograr, si no el mundo ilusorio de la igualdad perfecta, sí un mundo en el que, con la idea de ser humanos, nos atrevamos, por fin, a ser humanos.

Comenzando por salvar el planeta de su degradación cada vez más irreversible.

EL ("SIENDO") HUMANO EN SU LABERINTO*
UNA REFLEXIÓN NECESARIA

No se acostumbra a hacer esto en los libros pero, dado que voy a poner aquí mi correo, lo hago yo. Y, sobre todo, porque tengo un compromiso moral y ético, conmigo mismo: tratar de que, cuando mi vida finalice, el mundo quede en mejor estado que el que encontré. ¿Utopía burda? Quizás. Pero, a veces, no logro conciliar el sueño, sin ella.

Sabido es que uno no escribe lo que quiere sino lo que puede. Y, eso depende de la propia formación, y de las circunstancias, para expresarlo en términos de Ortega y Gasset. Aunque, a decir verdad, planteándolo en términos más radicales y, así parezca una contradicción, somos circunstancia y el YO, es su expresión. Circunstancia es la forma del cuerpo, el color de la piel, de los ojos y del pelo; la manera de vestir, el espacio que habitamos y el lugar en que nos paramos, el clima; el nombre, las gentes que nos rodean, con todos los símbolos que tienen para expresar su ser, e interpretar el mundo, que es lo que llamamos cultura. Y, todo esto, no es más que un pasado acumulativo, presentificado en su ADN respectivo, y múltiple. Porque, por ejemplo, las mentalidades tienen su propio ADN. Lo mismo que la biología del capital (*Das Kapital*). Sí, no se me escandalicen: el Capital, es un ente con vida propia, el más vivo y trascendente entre los seres vivos, incluidos los "inteligentes" que más parecen muertos vivientes, rindiéndole adoración. Porque el "Estiércol del Diablo", como lo llamó Giovanni Papini, y lo ha repetido Francisco, el de Roma, ha llegado a recibir tributos no soñados por el becerro de oro que mandó destruir Moisés.

Vuelvo atrás: a pesar de la contradicción que pareciera presentarse por la etimología, somos circunstancia.

CIRCUNSTANCIA ES MI NOMBRE, puede gritar el humano. Longitudinal y transversalmente: circunstancia acumulada y acumulante, en continua interacción. El YO es el resultado de esa dialéctica. O, en otros términos, somos MOMENTO HISTÓRICO o, "FUGACIDAD TEMPORALIZADA" en la conciencia. A partir de ahí, uno escribe. Y lo hace para sacar ese cielo/infierno que lleva dentro. En la mayoría de los casos, si no es que exclusivamente, más lo segundo que lo primero. Y lo comparte. Si es aceptado, bien. Si no, se aceptan todas las críticas argumentadas. Los insultos no. Aunque hay gente (?) que parece no poder definirse, si no es a través de ellos. Pero, eso también pareciera formar parte de la naturaleza del HUMANUS (especie, no género), aquel *ser-no ser*, hecho de barro. Y, no del mejor, sin duda, pero, *"barro pensante"*, al fin y al cabo, lo que puede conducirlo a su destrucción física y psicológica por medio del aniquilamiento ecológico o nuclear. O por la "náusea" existencial. La salida por la vía de la fe, o del nihilismo total, es una huida individual de la razón destructiva, y no resuelve nada, a nivel colectivo. Todo acaba en un solipsismo absoluto; en el YO que es una totalidad circunstanciada. Es una estructura con-formada por circunstancias, alrededor de una memoria, también, genéticamente circunstanciada.

El YO va siendo, en un permanente *dejar-de-ser*, físico y psíquico. Nadie es lo que fue y, sin embargo, el "soy", es una síntesis del pasado. *"Soy"*, significa *he sido*. Cargado con una ilusión: *seré*. En efecto, una completa ilusión es el mañana. Porque, nadie es dueño del mañana. Querer serlo es un imposible. Nadie puede decir que vivirá mañana. Sólo se vive el presente. En gerundio. Y éste, no es más que el pasado fresco. Y el futuro del ayer porque el hoy es el "mañana mejor" del ayer. La utopía derruida, en un "mañana vivido". Por eso decía Robin George Collingwood, filósofo de la historia, que para ver lo que será el hombre, basta con mirar lo que ha sido. En un grado superior, diría yo, porque lo de Sodoma y Gomorra fue un juego de niños, al lado de Hiroshima y Nagasaki.

Comparemos la tala de bosques en la Península Ática, antes de los griegos históricos, con la destrucción de la Amazonía o de la capa de ozono. La mayoría de las especies vivientes fueron destruidas por el hombre, después de su aparición. Tráfico de seres humanos para prostitución o para venta de órganos; brutal violencia contra la mujer… ¡Y todo esto en sociedades que se dicen democráticas y mayoritariamente cristianas!

Podríamos, entonces, hacer la siguiente pregunta: ¿Es el hombre una bestia? La respuesta es no. Afirmarlo, sería calumniar a las bestias, porque éstas, en medio de su "irracionalidad instintiva", no atentan contra; no destruyen, su medio ambiente. No matan por gusto sino por defensa o por alimento. San Francisco de Asís, ascendiendo al nivel del lobo, le decía "hermano lobo". Por eso, no es cierto lo que afirmaba Hobbes, copiando al comediógrafo romano Tito Maccio Plauto (251-184 A. Xto), en su obra "Asinaria", *homo homini lupus,* el hombre es un lobo para el hombre. Dejando de lado al inocente hermano lobo, podemos decir: *homo homini homo (et lupo),* el hombre es un hombre para el hombre (y para el lobo).

Duro es decirlo pero, el hombre es, básicamente (no únicamente), instinto. Los instintos, se transforman en agresividad frente a condiciones negativas para la continuación de la existencia. Toda vida trata de mantenerse a como dé lugar. Y la vida humana no es la excepción. Eso lo vemos a través de la escasez de recursos. El humano, ante la imposibilidad de sobrevivir como individuo, se asoció por necesidad; esto es más real que decir que es social por naturaleza, a no ser que se entienda la necesidad como naturaleza. Como cuando Aristóteles decía que la esclavitud era por naturaleza ya que los instrumentos no podían trabajar solos. La necesidad de estar asociado, llevó al humano a tratar de suavizar sus instintos, a través de un proceso civilizatorio que superó la familia y la tribu. Para ello, creó poblados, ciudades, naciones, estados, organismos supranacionales, etc. Esto, unido a religiones, filosofías, conocimientos científicos y artísticos, transmitidos por un proceso educativo, familiar y/o institucional, fue suavizando los instintos para fortalecer "lo humano", y así dar origen al mundo de los valores que, se supone, son el cemento de la cohesividad social.

Pero, a pesar de todos estos logros, materiales y mentales, el instinto siguió predominando y el proceso civilizatorio, abrió caminos a un refinamiento del arte de la guerra, que se convirtió en el modo natural (solapado) del vivir humano. O, de la historia, como el ser humano denominó a su vivencia y, a la narrativa sobre ella.

Al principio, lo humano se diluyó en "lo divino"; los dioses quedaron establecidos como entidades señoriales, con poder sobre los humanos, más cargados sobre los "humilliores" (los de más baja condición social), obligados a vivir con las rodillas dobladas, no sólo ante los dioses sino, lo que es peor, ante sus autonombrados representantes sobre la tierra.

En las épocas filosóficas, los humanos trataron de ponerse de pie. Inspirados, tal vez, en "El hombre es la medida de todas las cosas…", del viejo Protágoras de Abdera, se fundamentaron en "La Razón" autónoma y trataron de erigirse en centro de la historia y de todo el universo conocido.

La diosa Razón, suplantó a los dioses anteriores y, sobre su tumba, dejó oír un grito de triunfo, a través de la idea del progreso infinito… Triunfo pírrico porque la experiencia humana de conquistas, saqueos, guerras y violencias brutales, desmitificó a "La Razón", la mostró como lo que era: una razón particular, expresión de los señores del dinero que habían reemplazado a los representantes de los dioses y a la nobleza de sangre.

La "muerte" de Dios, certificada por Nietzsche, a partir del ambiente de descreimiento en que vivía, fue un desastre desde el punto de vista de la certeza en medio de la incertidumbre de las cosas humanas. No sólo porque Dios, ese acompañante y protector-castigador, buscado y aceptado por el hombre, ya no estaba, sino porque, se habían arrojado por la borda, milenios de esfuerzos hechos por la humanidad, en busca de un referente universal. "La Razón", que intentó suplantarlo, se derrumbó, fácilmente, al haber una incoherencia absoluta entre lo pensado y expresado, por un lado y, lo actuado, por el otro. Esto dio origen a la llamada Posmodernidad y que yo llamaría, mejor, Neomodernidad. Estableció ésta, que habían caído todas las certezas; que no había verdad sino verdades. Es decir, mostró la imposiblilidad de acceder, desde "las razones", a un referente universal.

Neomodernidad porque estas deducciones estaban "en potencia", para hablar en términos de Aristóteles, desde un principio. Es decir, a partir de un mundo antropocéntrico (plural, sincrónica y diacrónicamente), no era posible establecer fundamentos universales. Excepto que alguno de ellos impusiera su visón del mundo en una forma hegemónica o cuasi-hegemónica, por la fuerza. Fue lo que hizo Europa, apoyada en sus conocimientos científicos y en su desarrollo tecnológico. Pero, la resurrección de Oriente y las luchas anticolonialistas, y la disfuncionalidad de su propia sociedad, pusieron en crisis el modelo. Y, en cuanto a las críticas, a decir verdad, venían desde la "Edad de la Razón", como lo mostró en sus *Ensayos*, Isaiah Berlin. Pero, fueron desechadas, o excluidas, por "irracionales".

Dicho sea de paso, el mundo moderno, el de la modernidad burguesa, nació con ínfulas de eternidad; de final de la historia. De realización de la "Idea", en términos hegelianos. Fue algo parecido a lo que había ocurrido con la "modernidad cristiana". Claro que ésta se incrustó en el ADN de la modernidad burguesa. Este sentido de final de la historia (lo mismo ocurrió con la visión marxista), hizo que todo el quehacer humano, fuera englobado y periodizado, desde este presente, hacia el pasado, en una historia única y unidireccional. Lo que eso significaba, pudimos apreciarlo con tanta claridad en el caso del historiador alemán Hans Freyer que tituló a uno de sus mejores libros, *Historia Universal de Europa*. En ese gran libro, quedamos "historizados" los pueblos sin historia, objetos de dominación y manipulación por parte de los pueblos históricos, armados éstos (fuera de arcabuces, pistolas, cañones y demás joyas bélicas macabras que vendrían luego), con "La Razón", dotados con el "Espíritu", y dueños del sentido de la historia, llámese éste Sociedad Abierta, Tercer Reich, o Sociedad Comunista.

Ya hemos hecho referencia a la "modernidad cristiana"; y es porque el término "moderno", no es moderno en el sentido que lo conocemos. Apareció, en boca de los cristianos, en las entrañas de ese enfermo terminal que era el Imperio Romano de finales del Siglo IV. *Modus hodiernus*, fue *modernus*, del latín *modus* (modo, manera,estilo), y *hodie* (hoy). A la manera de vivir de hoy (cristiana), distinta de la del ayer (pagana). El cristianismo se perfilaba como el reino eterno sobre la tierra. Ahora era el dueño de "La Verdad". Y "La Verdad os hará libres" (Juán, 8, 31-38). Y, "la Verdad", llegó, para quedarse: con Constantino, Teodosio, Carlomagno, Fernando el Católico (uno de los modelos de Maquiavelo), Doña Isabel de Castilla, Enrique VIII, el emperador Carlos V… con la Europa cristiana, incluyendo los Estados Unidos; y con la Madre Rusia donde, después de estar vergonzosamente oculta en la época del ex-seminarista Stalin, regresa a los templos, de la mano del muy virtuoso Vladimir Putin, ex-espía comunista que, muy cristianamente, se abraza con el patriarca Cirilo. Ah, y el Vaticano, religión y estado; en todo y con todos, para recordarnos, como diría algún pensador, que el Imperio Romano sigue vivo. Y que *Roma certe aeterna est*.

"La Verdad os hará libres". Pero, se olvidaron sus propugnadores que el Maestro de Nazareth, no la impuso sino que dijo "si quieres… ven y sígueme" (Mateo 19: 21). Y que, para el simple mortal, el de la vida diaria llena de conflictos de todo tipo, no es la verdad lo que lo hace libre, sino su búsqueda. Que el sentido no lo da la meta sino el camino. Que si encontramos la verdad (no, justamente, la del Nazareno, basada en el AMOR, *como práctica de vida*), lo más probable es que pasemos por el filo de la espada, o llevemos al potro de torturas, o hagamos desaparecer, a quien no quiera aceptarla. Es lo que nos muestra la historia. La tierra no da abasto a recibir a las víctimas de tantas verdades…

Estos males, se achacaron a la razón destructiva, o "razón instrumental" como la llamó Horkheimer. Ella está ahí, por supuesto, frente a otra razón: una razón "moral", "comunicativa" o "liberadora", como la han llamado otros. ¡Por los dioses!, toda razón es instrumental, ya sea que se mueva en el poder, o en el contrapoder. En el primer caso, elabora una ideología o representación, fundamentada en intereses particulares, pero transparentada en intereses universales. Y se impone a través del aparato cultural-educativo. Cuando no funciona, se usa, abiertamente, la fuerza.

Por otra parte, la razón "moral", "comunicativa", o "liberadora", intenta hacerlo al contrario: postula una visión con intereses universales que, siendo sinceros, no puede ir más allá de los discursos académicos, de su publicación y de su lectura por parte de algunos, ya que el sistema imperante no puede aceptarla como idea-fuerza" de cambio. Pero, es claro que no puede haber moralidad en una sociedad basada en la tasa de ganancia del capital y, donde todo está mercantilizado, incluido el propio cuerpo.

No puede haber comunicación (poner en común el *verbo, la palabra*) en una sociedad estructurada piramidalmente. Ahí se ordena y se obedece. En cuanto a la razón "liberadora", es la sublimación máxima de la utopía: la negación de la historia con un salto dialéctico. Pero, en la práctica, (como lo muestra la historia misma), ésta (la historia) se afirma, y cuando los "liberadores" llegan al poder, en nombre de un bienestar universal, se establece la lógica de los intereses particulares.

Como decía Cioram, "el revolucionario de hoy, es el policía del mañana". Policía más fuerte y castigador, en tanto que, la idea de "Revolución", implica el dogma de la libertad total, de una vez por todas; la conquista de la meta humana, en síntesis, el final de la historia; el encuentro de LA RAZÓN, consigo misma.

El policía, o el régimen policial, será el instrumento que garantiza la vivencia en el Paraíso conquistado o re-conquistado (concepción lineal de la historia, o del eterno retorno, la misma cosa son), Paraíso que se mueve, de ahora en adelante (si es que hay un adelante), sin cambios conflictivos. Esta destrucción de la historia, conlleva la destrucción del "siendo" humano y de su esencia que es la búsqueda. Miren las revoluciones que el mundo ha tenido, burguesas y socialistas: un cambio de cadenas cuyo ruido, los "libertadores" o "liberadores" mostraron como libertario, o liberador, menos para quienes tenían, y tienen, que arrastrarlas…
Ante este fracaso, la salida que se nos da, es inspirarnos en un crudo aforismo griego: "Para seres desiguales por naturaleza, la igualdad es injusticia". Y, henos aquí, tratando de imponer a garrotazos, nucleares, de ser necesario, todas las supuestas desigualdades: raciales, étnicas, de género, de creencias, de opciones sexuales, etc., llevándonos de paso, por delante, la vida toda en el planeta.

Ha llegado la época del CINISMO (abierto y eufórico):la de las "realidades alternativas" y de la "POSVERDAD", con su desalmado instrumento que, si miramos a la historia, nunca estuvo muy oculto: la fuerza bruta… La época del egoísmo absoluto, sustentado en la riqueza, como base de la acción humana. La época del vacío axiológico. La época de la sinrazón como única razón válida para sobrevivir. La época POSHUMANA, a la que, quizás ponga remedio, alguna inteligencia artificial comprensiva…

Pero, entonces, ¿qué hacer frente a esta situación? ¿Sentarse, agachar la Cabeza y esperar resignados a que las moscas anuncien nuestra degradación final? No. Claro que no. La historia comenzó con una rebeldía y, cuando el hombre deja de ser rebelde, renuncia a su historicidad. No será más que un conjunto de átomos, en movimientos fantasmales. Hay que ponerse de pie, levantar la cabeza, los brazos y la voz, y hacer frente al Destino que no es más que el conjunto de obstáculos que los otros seres humanos y la naturaleza, nos atraviesan. Cuando esos obstáculos se resumen en injusticias que atentan contra la dignidad humana, hay que decir ¡basta!

Ahora, si el Destino nos aplasta, que no sea por cobardes y que, por lo menos, le haga mella el aplastarnos. Ningún ser humano debe permanecer impasible, frente a la degradación humana. Menos, si es cristiano de vida, no sólo de rituales, porque el amor (*cáritas*) y la injusticia, son absolutamente incompatibles. Y la prudencia, (con que, a veces, ocultamos nuestra cobardía, o nuestros intereses), frente a la injusticia, es complicidad.

No podemos permanecer callados, cuando estamos entrando a un mundo POSHUMANO, de abandono de los valores que nos sustentaban como humanos, hasta el punto de llegar a creernos hijos de la Divinidad, para encontrarnos, ahora, sin duda alguna, con el acelerado atardecer de la historia…

Se dirá que hay una contradicción en todo lo planteado, al diagnosticar la situación, en la forma como lo he hecho y, al proponer confrontarla. Y es cierto. El *SIENDO (SER-NO SER- VOLVER A SER- DIFERENTE)*, es una contradicción. Es la dialéctica de la búsqueda que pueda darle un sentido al ser pensante, sentido sin el cual, sólo le queda el suicidio o, la barbarie socio-ecológica (destrucción de los lazos sociales y del planeta), que es la forma colectiva del mismo. Lo contrario y lo peor, frente al problema, es la STASIS, la indiferencia, la muerte en vida. Es acostumbrarse a *EXISTIR* dentro de los barrotes de una celda primigenia, por incuestionable (el mundo institucional, encarnación del poder), gritando orgullosos, desde adentro, que somos libres. Como los habitantes de la *Caverna* de Platón…

¿Por qué esta digresión? Porque quería poner un contexto. Es todo. Además, porque esta reflexión, de alguna forma, ayuda a actualizar lo escrito en un tiempo diferente.

Así, pues, en este contexto, la *poiesis*, representada en la poesía propiamente dicha pero, también, en la narrativa, en la ficción e, incluso, en la investigación, se presenta, casi como una teología de la infinita levedad del HUMANUS, en la permanente agonía a que está condenado, por su esencia trágica. Parte fundamental de esta teo-logía (cuyo *theos* es, quizás, el absurdo deseo de inmortalizar la intrascendencia en la fugacidad absoluta), es la ÉTICA; el sueño de una *acción-espacio* de con-vivencia que haga posible la HUMANITAS, la "decencia humana", a que hacía referencia Cicerón, el gran jurista y orador romano. Tal vez sea lo máximo que al agonizante proyecto humano, se le pueda pedir: un poco de decencia.

Aunque sea para no destruirnos, escandalosamente.

Con todo respeto,
El Autor
rafamor989@hotmail.com

---

* Esta reflexión fue publicada en algunos de mis libros como CARTA A MIS LECTORAS Y LECTORES, entre otras cosas, para darle una actualización a contenidos que fueron escritos años atrás y, dado que el tiempo corre más rápido que la velocidad de la luz (no es cierto, me dirán, pero, a medida que pasan los años, esa es la sensación), hay que cambiar la escritura. Hay cosas que escribimos en la mañana y, en la tarde, ya han envejecido. Y, lo que en la tarde era verdad, ya es mentira con la llegada del nuevo día. A eso se ha reducido la existencia humana: a una fugacidad veloz, que no alcanza a lograr ningún sentido.

EDUCACIÓN, PEDAGOGÍA Y ENSEÑANZA*

Este documento fue enviado, en su momento, con el título de : "CARTA A MIS ESTUDIANTES Y EX- ESTUDIANTES DE CIENCIAS SOCIALES DE LA UNIVERSIDAD PEDAGÓGICA NACIONAL. Publicado en www.jorgemoraforero.com/blog/

Estimados Estudiantes y Ex-estudiantes (Ellos y Ellas):

Reciban ustedes un afectuoso saludo. Y aunque la fórmula pueda parecer protocolaria, ni ella ni el sentido lo son.

Por primera vez, en treinta y cinco años, no me presenté al aula de clase a iniciar semestre. ¡En treinta y cinco años!

Deben ustedes comprender que en la base de esta ausencia, hay dos motivos: el primero, de salud, porque el tiempo hace mella en todos los organismos vivos, y el mío no podía ser la excepción. Esa es una de las razones por las cuales se demoró esta Carta que debió llegar a ustedes, el 4 del presente.

Y el segundo motivo: la necesidad del relevo generacional que permite abrirles la puerta a mentes jóvenes y bien estructuradas para analizar y entender el crucial momento histórico, o ¨sin-histórico¨, que estamos viviendo.

Por lo anterior, aunque añoro mi trabajo, trato de comprender mi situación. No es esta una nueva etapa de mi vida porque, a mi edad, la vida ya no se cuenta por etapas. Simplemente, la vida ya no se cuenta, y eso tiene que ser así. Conocer lo inevitable, era una de las reglas de sabiduría de los estoicos. YA FUI. Y punto. Lo que se hizo, se hizo. Y lo que quedó, a veces algo, a veces nada; quedó como algo, o quedó como nada…

Porque cuando uno es maestro, no sabe lo que se llevan sus estudiantes.

Pueden llevarse una respuesta, lo que no es muy satisfactorio. Pueden marcharse con las manos vacías, lo que es muy triste. O pueden irse con una pregunta, lo que es muy halagador. **Pues no hay mayor halago para un maestro, que el que un estudiante le diga: "me dejó pensando…"**

Pensar, sí; es el comienzo del cuestionar; del preguntar-se. Es el comienzo del llegar a ser. Es la posibilidad de dotar a la existencia con un sentido. Y eso es comenzar a SER.

Así que si utilizamos los viejos términos de la filosofía, PENSAR, no solamente tiene un valor gnoseológico sino ontológico-existencial.

El pensar es el comienzo del cuestionar y del cuestionar-*se*; es decir, es poner en duda el mundo, y la conciencia misma que lo capta. ¡Tamaño atrevimiento! Pero es, ha sido, el camino para llegar a SER. **El hombre comenzó a ser tal cuando comenzó a preguntar**. Pero su ser no es algo inamovible, una estructura eterna. En algún lado escribí que **el hombre es el ser que es el no-ser, por excelencia.**

Y al hablar de estas cosas, estamos hablando del trabajo del maestro: sujeto éste, creador, como ninguno, del espacio para la pregunta.

Maestro. Del latín MAGIS-TER. Lo vimos en clase, y no debemos olvidarlo: significa *tres-veces-más*. Tres veces más que el estudiante (que no del alumno).

Tres veces más: en el manejo del conocimiento; en su **traducción y puesta en cuestión**, lo que específicamente se denomina **enseñanza** y, finalmente, en la creación de RELACIONES HUMANAS, el aspecto propiamente pedagógico y, a mi juicio, fundamento de la **educación**, si entendemos por tal el proceso que permite conducir a los individuos de una situación determinada, a otra mejor.

Debo aclararles, y muchos de ustedes me lo oyeron en las aulas de clase y fuera de ellas, que prefiero usar la palabra estudiante que quiere decir, el que trabaja con ahínco, el que busca, el que investiga; en síntesis, *el que se forma,* a la palabra alumno, del latín ALUMNUS, **el alimentado**. Es el participio pasado del verbo ALERE, alimentar, nutrir. O sea, y en nuestros términos, el alumno es el que tiene que tragar entero.

Como ven ustedes, las palabras alumno y estudiante, encierran dos modelos pedagógicos distintos, con sus correspondientes modelos didácticos: la primera implica **un modelo para tragar pensamiento**. Eso lo expresó muy bien mi maestro Paulo Freire en su concepto de educación bancaria.

La segunda palabra implica **un modelo de producción de pensamiento**, de formación de una conciencia autónoma, base de toda auténtica praxis política…

Pero volvamos al maestro; al **tres-veces-más**, continuando con el hilo del discurso, si es que este discurso tiene algún hilo.

En el manejo del conocimiento.
Allí, seguramente aprenderemos, que aquello que conocemos, y la forma como lo conocemos, está directamente condicionado por nuestra experiencia plural, o sea, como espacios y como tiempos distintos, que van creando y significando aquellas obras y símbolos que le dan sentido a la vida y que llamamos **cultura**.

Es decir, las idas múltiples se transforman en prácticas sociales heterogéneas, y éstas, en ideas diferentes y en verdades diversas. A eso, con algún sentido teleológico, es a lo que llamamos **historia.**

La verdad, en singular y, por lo tanto, en exclusiva, debe convertirse, más en un referente imaginario de sentido, que en una **esencia**. Cuando esto último ocurre, el espacio del pensamiento, de la pregunta, queda aplastado y **"la verdad"** se impone en una forma totalitaria, expresándose en los Gulags, en los hornos crematorios o en las mismas patrias "discursivas" donde las mayorías, despojadas o privadas de sus medios de subsistencia, sufren la exclusión, en todos los sentidos. Se impone, en este contexto, el autodenominado *pensamiento políticamente correcto*: pensar, es pensar con el poderoso. Es decir, renunciar a pensar.

Pero, cuando el maestro renuncia a pensar y a ser el creador del espacio para la pregunta, renuncia a su MAGIS-TERIO y se convierte en un MINUS-TER (tres veces menos), en un sirviente de los intereses minoritarios establecidos.

El maestro renuncia, entonces, a su condición de intelectual: la misma que le permite leer bien adentro, en lo profundo, eso que llamamos **la realidad**. Y como lo profundo no tiene fondo porque, como en el caso de la vida social, se va construyendo y deconstruyendo siempre con las nuevas acciones humanas, el intelectual, en este caso el maestro, siempre estará haciendo y promoviendo nuevas lecturas del mundo.

Y de los esquemas que van surgiendo para explicarlo e imponerlo.

Porque un esquema no es más que una racionalidad que surge en un momento dado, para interpretar la mentada realidad y hacerla leer, desde unos intereses.

Y es papel del maestro, si no renuncia a su condición de intelectual, leer y contribuir a que se hagan las lecturas de esa lecturas y de esas imposiciones que se transmiten, a veces "muy democráticamente" ("dejemos que el alumno se exprese para

178

corregirlo", es decir, **co-regirlo**), a través del proceso educativo.

 Porque la educación no puede ser solamente la afirmación de un modo de vida, sino también, la crítica del mismo.

Como profesores de Ciencias Sociales, no podemos olvidar que las instituciones son históricas y anti-históricas, a la vez. Históricas, porque afirman las relaciones sociales, consensuadas a las buenas o a las malas. Y anti-históricas, porque tienden a petrificar la sociedad y a impedir su transformación, de acuerdo con las siempre renovadas necesidades sociales.

Siendo fieles a lo anterior, **el foco de nuestro análisis debe ser la relación dialéctica entre necesidades e instituciones; allí donde se satisfacen las necesidades, o se produce el conflicto social**; mirando, siempre, por lo anterior, que la institución no es, **no puede ser**, un fin en sí misma, sino un instrumento de **realización humana**; realización que debe ser visualizada desde algún tipo de ideología, entendida aquí, como un **deber-ser** solidario; meta-egoista.

Esto último será el fundamento de nuestra **ética**, es decir, de esa conducta y de esa manera de ver el **mundo**, en que el OTRO ocupa un espacio, por lo menos tan importante como el nuestro.

Concluyendo, sobre este tema del manejo del conocimiento:

No hay una visión científica del mundo; hay una manera científica de ver el mundo, y eso puede producir distintas representaciones que, a su vez, generan distintos esquemas, expresados en sus correspondientes marcos teóricos. No sobra decir que, fuera de la ciencia, hay otras maneras de aprehender el mundo como son: la filosofía, el arte y la religión. Cada una eficaz, de acuerdo con los momentos históricos y las circunstancias de la vida social e individual . Pero, afirmar lo anterior, no significa desconocer, la aparición y el papel de la ciencia en el mundo moderno, como uno de los grandes logros humanos.

Todos los marcos teóricos de la ciencia deben ser **puestos en cuestión.** Explicados y comprendidos desde su **momento histórico** y tratando de descubrir su talón de Aquiles, siempre presente por las contradicciones sociales.

Todo esquema es, pues, un " mientras tanto", un intento de respuesta, en un momento dado. Ya lo habían expresado con su sabiduría los romanos: "**Veritas filia temporis**", "La Verdad es hija de su tiempo".

En cuanto a traducir y poner el conocimiento en cuestión.

Es lo que tradicional y muy conservadoramente, se llama **enseñanza**. Si nos atenemos a la etimología de esta palabra, el proceso de enseñar consistiría, en dar un contenido con una ruta trazada. **En marcar con una orientación, la cabeza del alumno. Por eso se le llama alumno.** Y, si bien es lo que hace toda institucionalidad, es papel del maestro dar ese contenido con una visión crítica.

Cuando hablo de una visión crítica, no quiero decir que el maestro niegue todo el pasado, o lo existente, sin más. Sería un absurdo. Nuestra vida es hija de ese pasado y de ese existente, también.

Simplemente, se trata de que miremos el origen de ese pasado y de ese existente en el cual nos movemos, como construcciones humanas que responden a necesidades muy concretas de los diferentes y conflictivos grupos sociales. Y que por ello, por ser históricos, no pueden ser eternos. No olvidemos que **lo**

histórico es lo transitorio: EL HOMBRE, es una invención del hombre…

Bueno, esta es la parte crítica y su fundamento. Pero como nada se construye sobre la nada, estaremos obligados a **de-construir** y a **re-construir,** y esto implica, poniéndole dialéctica, una **síntesis.** Incluso el concepto de **revolución**, se construyó de esa manera. Lo que ocurrió fue que, al ser llevado al papel de negador absoluto de la historia, atribuyéndosele la realización plena de ella, nos puso frente a los autoritarismos "democráticos", o a los totalitarismos fascista y comunist,(el "socialismo real").

Pienso que es necesario tener claro lo anterior para poder abrir el espacio para la pregunta, que de eso se trata la puesta en cuestión del conocimiento o **enseñanza crítica,** como podríamos llamarla, aceptando el uso que se le ha dado a este concepto, e ignorando la etimología de la palabra de la que hablé anteriormente.

La **enseñanza crítica** deben asumirla el maestro y sus estudiantes, teniendo en cuenta que estos últimos son los **sujetos fundamentales** del proceso educativo.

"**El estudiante es primero**", debe ser un lema que no debemos olvidar jamás. Y ello implica aceptar sus críticas, mismas que nos recuerdan que somos humanos, cosa que, con harta frecuencia, nos hace falta a los maestros.

Lo primero que debemos plantearnos frente a una crítica del estudiante, es la pregunta: ¿qué tal que tenga razón?

Pero, volviendo atrás, afirmar que "**El estudiante es primero**", no significa que los estudiantes hagan todo, o casi todo, el trabajo y que el maestro se convierta en un mero coordinador de encuentros.

Abrir el espacio para la pregunta, significa que el maestro aporte todos sus conocimientos y su experiencia, con su mejor metodología, para que los estudiantes puedan construir pensamiento argumentado. Y ello incluye las clases magistrales. A veces detestadas y calumniadas, justamente porque no son MAGIS-TRALES.

La construcción del pensamiento argumentado, evita que los estudiantes repitan de memoria el discurso del maestro, de los textos, o de una cantidad de autores que salen a relucir a cada rato, con su herencia de frases o párrafos que, muchas veces, no se recitan por necesidad epistemológica o por comprobación fáctica, sino por moda o por petulancia académica.

El **pensamiento argumentado** resulta de un esfuerzo interno que hace el estudiante para desarrollar instrumentos que le permitan **aprehender, entender**, **explicar** el mundo **y operar sobre él,** teniendo siempre en cuenta que forma parte de ese mismo mundo, **ob-jeto** de su conocimiento. No es nada fácil; pero nada de lo humano es fácil.

En ese proceso de traducción y puesta en cuestión del conocimiento, el maestro debe tener en cuenta que **cada estudiante es un universo con un alfabeto particular, con el cual lee el conocimiento traducido: el alfabeto de su experiencia.** No hay dos experiencias iguales y, por lo tanto, no hay dos alfabetos iguales.

 Si pretendemos que nuestros estudiantes, así, de entrada, lean universalmente el conocimiento que exponemos, seremos "profes", pero jamás seremos maestros. Por eso, la crítica y la autocrítica permanentes, deben ser estrategias fundamentales, en nuestro trabajo.

El hecho de que cada estudiante tenga su propio alfabeto, no significa que el mundo no pueda ser leído colectivamente. A eso apunta, justamente, nuestro trabajo pedagógico, con finalidades políticas: a que nos pongamos de acuerdo en un **alfabeto básico** con el que podamos pensar, expresar y construir una realidad en la cual podamos convivir…

Es necesario dejar en claro, de todas maneras, que "**El Estudiante es primero**", no significa tampoco y, en modo alguno, que el estudiante haga, sin más, su voluntad. El respeto hacia él y la confianza que se le otorga, le implican, por su parte, involucrarse, con toda la responsabilidad del caso, en el logro de los objetivos del proyecto; en asumirlos como propios, de tal manera que la exigencia y la excelencia no sean algo buscado sólo por el maestro sino, básicamente, por los estudiantes. Exigencia y excelencia que deben ser constatadas de acuerdo con la más completa y compleja evaluación de todos los actores y factores del proceso educativo.

Para concluir esta parte, podremos preguntarnos qué es lo importante para nosotros, ¿que el estudiante pase la materia?, ¿que obtenga una nota muy buena?, o ¿que sea capaz de pensar?

Ah, ¡y que no se nos ocurra enseñarles a pensar a nuestros estudiantes!

Ningún ser humano enseña a pensar a otro. Sería como enseñarles a amar.

Pensar es un trabajo que debe desarrollar cada estudiante y, en general, cada persona. Y que no es delegable, como nuestras representaciones políticas que nos arrebatan el ejercicio de la ciudadanía.

Si los enseñamos a pensar, esquematizaremos sus mentes, con una racionalidad pre-concebida e inamovible. O sea,no sería educar, sino domesticar…

La tercera dimensión: la de LAS RELACIONES HUMANAS.

Sabemos que hace referencia al campo propiamente pedagógico. Según los griegos, **formación en mente y cuerpo**. Los romanos harían referencia a esto cuando decían: **"Mens sana in corpore sano"**.

Pero es Cicerón, lo he dicho más de una vez, quien, en alguna parte, nos dice que el término griego PAIDEIA, fue traducido al latín como HUMANITAS y cuyo significado, atribuido por el mismo Cicerón, fue el de **decencia humana**.

!Qué hermoso!

Yo creo que esta idea de decencia humana, responde a la pregunta fundamental de la educación, **¿para qué educar**...? Y no me cabe duda que la respuesta sería: **para formar seres humanos decentes**.

Para formar ciudadanos que reciben críticamente una cultura para poder ejercer ciudadanía, siendo, también, propositivos. Es lo que lleva a la educación más allá de la simple transmisión de un conocimiento. Más allá de la misma ilustración, si se quiere. De eso, a mi juicio, trata, justamente, el trabajo de un maestro.

Para que ello sea posible, el maestro debe tener una formación histórica, social y antropológica.

Y una visión ética del vivir humano que debe ser fundamento de la existencia.

Formar ciudadanos, es formar gentes capaces de convivir con las diferentes visiones del mundo, no en medio de las atroces desigualdades sociales que está creando el capitalismo globalizador y cuyo fundamento teórico-filosófico, el neoliberalismo, está en entredicho por el desastre económico, social y ecológico, que se está produciendo en el mundo, sino en una vivencia distinta.

Las diferencias culturales, étnicas, de género, etc.; no pueden defenderse como valores para legitimar la desigualdad social.

La decencia humana no puede consistir solamente en el respeto a las ideas diferentes, a los diferentes colores de la piel, a las diferentes manifestaciones de la vida sexual; debe consistir, también, y sobre todo, en la **exigencia** del derecho de todos los seres humanos, a la satisfacción de las necesidades básicas de acuerdo con los estándares de vida social respectivos. *Y en la satisfacción real de esas necesidades.*

Ah, y debe consistir también, la decencia humana, como lo esbozamos arriba, en el respeto a la conservación del hogar humano: nos referimos a que **la Madre Tierra está siendo violada y destruida, sin contemplación alguna**, por los más grotescos intereses que ha creado la sociedad consumista y que se expresan en la **desechabilidad.**

El hombre y el mundo se han convertido en desechables, en una carrera de locura fundamentada en la lógica de la ganancia, sin restricción de ninguna especie.

Para terminar: en el aula de clase, ser decente, como maestro, implica leer las necesidades de nuestros estudiantes y respetarlos en un doble sentido: escucharlos y no hacerles perder el tiempo.

Escucharlos porque son sujetos, dignos de respeto y, porque son mundos experienciales capaces de aportar muchas cosas.

Y, no hacerles perder el tiempo, **porque una hora de clase perdida, significa la pérdida de muchas horas de vida para los estudiantes**. Y…el tiempo no regresa…

Como ven, mis estimados estudiantes, la incoherencia ha salido a relucir en este escrito.

Al principio les dije que ya me había retirado, que estaba fuera; pero el mismo hecho de escribir, para ustedes, estas elementales y desordenadas líneas, refleja, tal vez, el deseo de continuar con el oficio. Puede ocurrir que a quienes hemos trajinado en este oficio del magisterio, nos persiga el delirio socrático de buscar el Bien.

Pero, ¿qué es el Bien?

De lo único que podemos estar seguros, es que no nos basta una vida para tener la respuesta.

¿Que hay que soñar? Claro; los sueños nos hacen soportable la vida. Maestro que no tenga ilusiones, no puede llamarse maestro. A veces tenemos que soñar cada mañana y, es más, antes de cada hora de clase. Pero, ¡ojo!; **hay que soñar con base en el principio de realidad**. Las utopías deben decantarse en un trabajo político que nos muestre lo posible.

Con un gran atrevimiento y exponiéndome a ser académicamente excomulgado, pienso que PEDIR LO IMPOSIBLE, era un eslogan lógico de los jóvenes europeos del 68, del siglo pasado.

Pedían lo imposible porque lo tenían todo. O casi todo. Y terminaron acomodándose bien en este orden-desorden neoliberal. No cabe duda: la historia es la sepulturera de los mejores sueños. Pero también es cierto que allí, los sueños resucitan. A veces, con una energía que sorprende.

PROHIBIDO PROHIBIR, por su parte, venía de la mano de su alternativa tácita: PERMITIDO CONSUMIR.

Pero ¿qué tipo de consumo? Un consumo social y ecológicamente irracional. Excluyente y destructivo, que es lo que vendría con la omnipresente y mítica globalización. *Homo consummator*, pareciera ser la nueva definición-esencia del animal humano…

"Pedir lo imposible", "prohibido prohibir", fueron sólo palabras. Como lo habían sido antes "libertad", "igualdad" y "fraternidad", cuando la Revolución de la Guillotina; o, la misma " libertad" y sus anexas, explícitas o implícitas, de "justicia social", liberación", "desalienación", cuando la Revolución de la Hoz y el Martillo.

Palabras, sólo palabras porque hoy no dicen nada, no señalan nada; no contienen la vida…Burlaron los sueños mesiánicos de las mayorías y echaron al piso la idea de un sentido apriorístico de la Historia, concebido como lineal y ascendente.

Pero, debemos ser conscientes de que en nuestro medio subdesarrollado, pedir sólo lo posible, es ya algo subversivo. Tal vez las mayorías, por sus condiciones, se conformarían con un pedacito de ese posible.

Ustedes, creo yo, **tienen que luchar por un posible humano**, definido por ustedes mismos, de acuerdo con las circunstancias en que viven; razonable y conflictivo, pero incluyente, y que, para ser tal, excluya la sociedad salvaje en que vivimos, pero que excluya, también, la sociedad perfecta que implica, además, una contradicción en los términos. **Un posible humano, donde nosotros y los otros podamos convivir. No tolerándonos, sino comprendiéndonos y respetándonos**.

Creo que esa puede ser la base de una educación digna para un momento de vacío, como este.

No olvidemos, además, y es necesario recordarlo aquí, que **las utopías absolutas han generado los totalitarismos**

degradantes que han plagado de cadáveres la historia...

Con todo mi respeto, mi cariño, mi gratitud,
y con el sentimiento de llevarlos siempre en
mi memoria.

CARTA AL SANTO PADRE FRANCISCO*

Weston, Florida, USA, 9 de agosto del 2013

Apreciado Santo Padre Francisco:

Reciba el filial saludo de un profesor universitario colombiano retirado, residente en Estados Unidos y que tuvo la fortuna de estudiar, en parte, bajo la dirección de los padres jesuitas: en el seminario de Tunja (Boyacá- Colombia) bajo la dirección del muy ilustre arzobispo Ángel María Ocampo y Berrío, y en Chile bajo la dirección, y con la docencia del renombrado padre Pierre Bigo y otros venerables hijos de Loyola. Y con un maestro brasileño, muy cristiano, por cierto, que me marcó de por vida: Paulo Freire. Con ellos aprendí que el cristianismo es, ante todo, una manera de vivir en el amor y que esto se manifiesta, fundamentalmente en una vida de entrega al servicio de los pobres.

De acuerdo con lo anterior, ha sido muy grato para mí que Su Santidad escogiera como nombre papal el del *Poverello* de Asís, ejemplo de renuncia a lo material, y de amor a los pobres y a la naturaleza. Esto es sumamente importante en un momento de la historia en que, como Su Santidad lo sabe, somos víctimas de un sistema fundamentado en un hedonismo mercantilista que, para lograr sus objetivos de ganancias al máximo, no repara en ningún límite ético ni moral al convertir a los seres humanos y a la naturaleza, en burdas mercancías desechables con lo cual, en la medida en que lo hace, convoca su suicidio y la posible desaparición de esta especie que, curiosamente, hemos llamado *Homo Sapiens*, al hacer imposible la sociedad y, al mismo tiempo, provocar la destrucción del planeta. Basta con leer en estos días lo que dicen los científicos respectivos sobre los cambios de temperatura y sus consecuencias desastrosas a partir del año 2040. O sea, el mañana, de los niños y jóvenes de hoy.

Es grande la alegría que se siente al ver al Padre Francisco con un mensaje y unas acciones que nos recuerdan los primeros tiempos del cristianismo cuando este no se había torcido todavía con las dádivas del imperio y se oían los mensajes de un San Agustín o de un San Juan Crisóstomo contra la avaricia de los ricos que acababa con la fraternidad heredada del hecho de ser TODOS, hijos del mismo Padre Celestial.

Hago votos por que Él lo ilumine, lo ayude, lo cuide y le dé las fuerzas necesarias para llevar a cabo esta reforma profunda que necesita la Iglesia para que deje de ser la *Opulenta Sociedad de Príncipes*, comprometida con la racionalidad y el modo de vida de los más altos estratos sociales, y descienda a encarnarse en el sufrido pueblo donde Cristo agoniza con las espinas más punzantes recibidas por los desempleados o subempleados, o por los empleados cuyos míseros sueldos por más trabajo, no les alcanzan para satisfacer sus necesidades y las de sus familias.

Por los que han perdido sus viviendas estrangulados por los bancos especulativos; por quienes mueren a las puertas de los hospitales, o carecen de educación mientras los corruptos que prostituyen a cada rato las palabras patria, libertad y democracia, hacen su América con los tesoros públicos, llenando sus bolsillos hasta reventar, para luego ostentar lujuriosamente la riqueza mal habida en los mejores sitios de los distintos niveles del "Jet Set", frente al silencio cómplice de quienes debieran denunciar y clamar justicia, como los profetas (como cristiano no me eximo, por supuesto); por los perseguidos políticos por parte de sistemas de gobierno de todos los colores y creencias, y ello incluye a esos contrasentidos de la política que son las democracias "autoritarias", legitimadas por votos que no deciden nada, y que brillan más por el uso de la demagogia o de la fuerza, que por satisfacer las necesidades de los gobernados; por los discriminados con base en el color de su piel o de su condición sexual;

por los presos víctimas de una "justicia" insensible o de las injusticias de la sociedad, amontonados y abandonados en bodegas humanas, como las llama un funcionario de la Comisión Interamericana de Derechos Humanos, y en donde se matan y despedazan por sus condiciones de existencia, o se queman en medio de gritos y de lágrimas porque, a la hora del incendio, el guardia no encontró la llave, o si la tenía no quiso abrir, o porque, de todas maneras, eran considerados material de desecho, o sea, NN sociales;

por los millones de desplazados de sus tierras a causa de la ambición de unos cuantos individuos o empresas nacionales o transnacionales que convierten los bosques en desiertos y los ríos claros, tal como han salido de las manos del Creador, en torrentes apestosos llenos de mercurio y demás excrementos químicos que hacen imposible la vida humana y acuática y que dejan el océano hecho una cloaca que arroja, a diario, sobre las playas, millones de animales muertos porque su hábitat ha sido destruido; todo por extraer el becerro de oro en cuyo altar sacrifican los mejores valores de la dignidad humana;

por las mujeres violentadas en todas las formas, sin derecho a defensa alguna o con defensas risibles; por los indígenas expulsados de sus selvas nativas o cazados allí como animales para convertir dichas selvas en zonas de ganadería extensiva, o de palmicultura; por los niños abusados; por esas víctimas directas y colaterales de las guerras, el perenne y lucrativo negocio de conciencias vacías y de manos desnudas frente al dolor de la orfandad y de la muerte violentas, y por un largo ET CETERA que sufre la mayor parte de la población del mundo…

Ignorante como soy en teología, pienso, sin embargo, que Cristo sigue sufriendo hoy como en esa terrible noche de Los Olivos que casi no acaba, ya que el sufrimiento de los excluidos, que son el Cristo mismo, ocurre en días y noches, meses y años que parecen eternos, porque el egoísmo de una parte de la humanidad pareciera no tener límites.

El mensaje cristiano, y esto sí lo sé, es un mensaje de esperanza. Pero esta, para tener sentido y eficacia, debe tener un mínimo principio de realidad. Y este comienza con la confrontación de los problemas.

No es fácil Padre Francisco; es una carga terriblemente pesada. Es cierto. Pero si EL QUE ES lo puso ahí, por algo será…

Grato es, también, poder hablarle al representante de Dios en mi propia lengua.

Aprovecho Santo Padre para mandarle un poema navideño que escribí el pasado diciembre con sentimientos que han surgido de mi propia vivencia en el contexto arriba descrito.

De Su Santidad con filial respeto,

Jorge Mora Forero
4350 Laurel Place, Weston, Florida,
33332
e-mail:rafamor989@hotmail.com
Blog: www.jorgemoraforero.com/blog/
- Esta Carta fue entregada por FEDEX en Roma el 13 de Agosto del 2013

Por la situación de actualidad de los pueblos migrantes, podríamos agregar:

POR AQUELLOS QUE, PARECE, NACIERON EN EL PLANETA EQUIVOCADO PORQUE SE ENCONTRARON CON UN MURO AL NACER, EN SU PROPIA TIERRA; CON OTRO, EN LA TIERRA DE SUS SUEÑOS DONDE LOS ACUSAN DE CRIMINALES Y, FINALMENTE, CON OTRO, EN LOS CAMINOS POR DONDE PASAN PORQUE QUIENES VIVEN ALLÍ (*LOS ARIO-AZTECAS*), NO QUIEREN VERLOS PASAR, NI QUE DUERMAN JUNTO A ELLOS: ASÍ QUE PIEDRAS VAN Y GRITOS VIENEN: "¡FUERA LOS QUE NO SON COMO

NOSOTROS!" GRITOS QUE, LOS GRITONES, ESTÁN OYENDO MÁS AL NORTE, CONTRA ELLOS. LA SUERTE DE TODOS: EL FONDO DEL RÍO, EL DESIERTO, LA CÁRCEL, LA SEPARACIÓN DE SUS HIJOS Y, AL OTRO LADO DEL OCÉANO, LOS CAMPAMENTOS DE MISERIA, EL FONDO DEL MEDITERRÁNEO, O LAS OLAS QUE ARROJAN LOS TIERNOS CADÁVERES DE LOS NIÑOS MIGRANTES SOBRE LAS ARENAS DE LA PLAYA, COMO MENSAJE DE QUE EL AMOR ERA SÓLO UNA MÁSCARA INOFENSIVA DE LA MÁS EGOISTA DE LAS CIVILIZACIONES.

Se anexan: 1) El poema *DEBAJO DEL PUENTE*. 2) La Carta de respuesta del Vaticano, y 3) Un poema (*CRUZANDO EL RÍO*) en memoria de aquellos que dejaron su vida en el intento de buscar un pedazo de tierra o un trabajo, donde se sintieran humanos.

DEBAJO DEL PUENTE

(Poema Navideño)

Ven, vamos de paseo siguiendo una
estrella,
esa supernova que en el firmamento
brilla con destellos que alumbran
caminos
para que viajemos con el
pensamiento.

Vamos a pensar que el Divino Niño
no nació en Belén hace dos mil años,
sino que ha nacido cerca de nosotros,
aquí en nuestro tiempo,
y aquí en nuestro espacio.

¿Dónde encontraríamos al pobre
José
Y a la joven Madre buscando el
albergue?
con el egoísmo del siglo veintiuno
deben hospedarse debajo de un
puente.

Se nos llena a todos la boca de
glorias,
de mil alabanzas para el Rey de
Reyes;
y se nos olvida que ha nacido pobre,
y lo convertimos en finos juguetes,
en regalos caros, y en dinero puro
que dejan la vida sin ningún sentido,
el alma vacía, el ego al desnudo,
y llenan de lágrimas al Recién
Nacido.

No cantemos gloria con tantas
mentiras,
miremos adentro de nosotros
mismos
y, luego, de frente, digámosle al Niño
si somos cristianos de nombre, o de
vida.

Ven Divino Niño, muéstranos la ruta
para dejar guerras, corrupción y
vicios,
no dejes que hagamos del mundo
basura
destruyendo todo por burdos
instintos.

Vamos que los Magos pasaron de
largo,
si nos damos prisa, llegamos
primero,
pues te buscaremos debajo del
puente,
con mucho cuidado y con amor
sincero;
con toda certeza sabremos quién
eres
porque es de la historia y del mundo
la ley:
ya no tienes pajas, no tienes pesebre
y hasta te quitaron la mula y el buey.

Ven Divino Niño, la justicia pide
tu presencia pronta, tu mensaje
duro;
ven Divino Niño, muéstranos la ruta
para ser cristianos, sin engaño
alguno.

**CRUZANDO EL RÍO
(GRANDE)**

Caminan cortando
las sombras
de la noche;
él mismo es una
sombra,
ella misma lo es,
todos lo son;
sombras que se
encontraron
sin hablarse
porque su lengua
es el silencio;
las miradas
quebradas
por los golpes del
cielo
que los deja a su
suerte,
como polvo en el
viento;
una bala perdida,
o bien certera,
de los lobos
sedientos
de sus presas,
puede dejar la
sombra
en el desierto,
yerta;
y allí,
las sombras
muertas
no se cuentan;
no es tiro al blanco,
sino al moreno y al
mestizo;
y al hambriento
de un pedazo de
mundo
donde dejar sus
huesos;
una cruz y unos
restos,
es todo su
recuerdo;
y el rastro del
coyote
que se vuelve
por su carga de
sombras,
como siempre;
con los bolsillos
llenos
de papeles verdes
con sabor a muerto,
a comenzar de
nuevo;
como siempre...
que no tiene sabor
ningún dinero
dicen, cínicamente,
nefandos
mercaderes
de la muerte;
¡todo en el mundo
es *business*
lo demás, torpeza!
claman con certeza;
*o compras o te
vendes,
es la ley suprema...*
sombras son en su
tierra,
sombras fueron;
sombras son
en el norte del río,
el país de los sueños
que los trajo
dormidos
por caminos de
miedo
y los ha congelado
con los ojos abiertos
mirando, fijamente,
unos cielos ajenos;
sombras fueron
en su propia tierra,
en su terruño;
sombras, cruzando
el río
sombras mojadas,
cazadas

en caminos
de los dueños del
mundo;
caminos
construidos
y empedrados
con ruinas del
pasado,
cuando fueron
sacados
o, acabados,
sus ancestros,
sus padres;
los padres de las
sombras,
y, sin recato alguno,
borrada su
memoria;
ancestros, padres,
hijos,
la zaga toda del
olvido
y la tristeza,
ha quedado
grabada
con cinceles
de oprobio
y de vergüenza;
y, ahora,
en el desierto
o en el río,
o, en esa historia
eterna
de lágrimas
y penas,
sólo quedan
sombras muertas;
y allí,
las sombras
muertas
no se cuentan…

REFLEXIONES TEORICO – PRACTICAS DE UN MAESTRO UNIVERSITARIO DE CIENCIAS SOCIALES

Al hablar de docencia universitaria, nos encontramos con un campo cuya amplitud   nos lleva a hacer una reflexión holística sobre la temática que tiene que ver con los aspectos pedagógicos, didácticos, el trabajo práctico y, en nuestro caso concreto, con problemas de la enseñanza de las Ciencias Sociales.

Escribir hoy sobre pedagogía, se ha puesto tan de moda como las reinas de   belleza. Montones de libros salen todos los días al mercado, publicitando la   temática con nuevos nombres o temas o, a veces, con los mismos. Podríamos   decir que está fomentándose un *"consumismo pedagógico"* que explicita el hecho de que maestro que no haya adquirido y leído la última obra en el mercado, se queda desfasado en el proceso educativo e ignora los últimos descubrimientos sobre la materia, o las respuestas a la problemática vigente en ese campo.

Creemos que esto obedece también a un neoidealismo rampante que, basado en la asunción incuestionable de que los fundamentos del actual orden social, vigente a nivel planetario, son inamovibles. Pretenden pensar la educación como un en- te autónomo de las relaciones de poder económico – sociales globalizadoras y, por lo tanto, como un espacio para mejorar la calidad de vida y disminuir la conflictividad social, por medio de la enseñanza de un conocimiento con fines instrumentales individualistas, adornado con una pátina de valores universalistas.

Lo anterior se suma a la *"novofilia"* instaurada por la sociedad posmoderna y que considera que hay que renovarlo todo, porque lo nuevo es lo que cuenta, por ser nuevo, y que lo viejo o lo tradicional, debe desaparecer por caduco, sin darse cuenta de que si hay algo claro que enseñe la historia, es que **lo nuevo es la   manera como se disfraza lo viejo, para seguir teniendo vigencia.**

Con la onda de este pensamiento posmoderno, Alberto Pardo, siguiendo a Vatimo, afirma que "se viene intentando pasar a reconocer y a poner en vigencia otras formas de vida y de comprensión que permitan la expresión de dimensiones olvidadas por el pensamiento de la modernidad"[1]. Y más adelante agrega, refiriéndose a las ventajas que nos ofrece la posmodernidad con su nueva antropología.

El reconocimiento de la diversidad y por ende de la pluralidad, para contrarrestar la masificación aniquilante del individuo y rescatar el fundamento de la integración humana planetaria, es una de las direcciones del así entendido pensamiento postmoderno. La recuperación del sentido de la cultura y de los procesos culturales, como medio ambiente natural en el que se construya el desarrollo, es otra de las líneas de avance del pensamiento contemporáneo. La superación del concepto exclusivista de casualidad y de acción instrumental, medio – fines aplicada principalmente a la interacción social humana en un mundo de frío objetivismo, para abrirse al reconocimiento de los mundos subjetivos y social en donde las nociones y criterios de validez son

---

[1] PARDO, Alberto. "Concepciones y Prácticas en la Pedagogía Universitaria Contemporánea", en Mejorar la Docencia Universitaria. Tomo II, Bogotá, UPN; 199. P. 33.

de un orden diferente, es también otra senda por donde se ha comenzando a transitar.[2]

Lo afirmado por el autor citado, podría ponerse en cuestión afirmando que, justamente, el reconocimiento de la diversidad y de la pluralidad, fue una de las expresiones de la modernidad y que el concepto de "universal", en ese contexto, jamás significó "una versión" sino la totalidad de las versiones existentes. Ahora bien; desde luego que siempre se trató de imponer la visión europea, como la encarnación del universalismo, por los valores que sustentaba como fundamento de la vivencia ("todos los hombres nacemos libres e iguales…"). Pero, no hay que olvidar que, en la descarnada vivencia de los seres humanos, una cosa son los valores, la filosofía que es, mayoritariamente, práctica de escritorio, o práctica celeste y, otra, las relaciones de uso y de cambio que se dan entre los hombres, convertidos, ellos mismos, en mercancías. Con razón, afirmaba Juan Bautista Vico en una época tan temprana como son los principios del siglo XVII: "La filosofía considera al hombre como debe ser y así no pueden disfrutar de ella sino el escaso número de los que quieren vivir en *La República* de Platón y no arrastrarse entre la hez de Rómulo".[3] Por otra parte, los reconocimientos de las diversidades culturales, étnicas, de género, de creencias religiosas, etc., que la llamada posmodernidad ha venido reconociendo, "en el papel", no ha conllevado la respectiva igualdad en esos campos, sino una mayor discriminación que ha producido protestas de todo tipo. Las diferencias, en su dinámica social, crean desigualdades de clase, cada vez mayores. Fue lo que pasó en Roma con la lucha entre patricios y plebeyos: al grupo de arriba solo entraron los plebeyos ricos y, abajo, quedaron los proletarios, (dueños de su prole, solamente), condenados a vivir de las limosnas de los

---

[2] Ibidem.

[3] Vico, Juan Bautista, Una ciencia nueva sobre la naturaleza común de las naciones, Madrid, Aguilar, 1964, Vol. IV, p. 205

ricos (que los usaban como clientela política), o del subsidiariedad del Estado con su *"Pan y circo"*, que ha cambiado en nuestros días por el *"Circo (fútbol) sin pan"*, porque muchos de los que asisten (clases medias y altas), tienen, o llevan el pan con ellos.

En cuanto a la parte epistemológica de crítica a las "causalidades exclusivistas", donde caben las Ciencias Sociales y el Materialismo Histórico y Dialéctico, se desemboca en la Multicausalidad que va a mostrarnos que el mundo es *complejo*, como dice la etimología, es algo de estructura complicada, trenzado en múltiples relaciones muy difícil de aprehender. Es curioso: de ahí viene la palabra *perplejo*. Es como nos quedamos cuando vamos a analizar un mundo *complejo*. *Todo influye en todo.* Bonita respuesta que permite no tocar la economía como base de la vivencia social, ni la política como instrumento para salvaguardar los valores económicos. Ni la ideología como la historia, o la narrativa del ser social, contadas o escritas desde los intereses económicos y políticos, para que el sistema social sea visto como un orden natural, eterno. Y su análisis, muy complejo… *demasiado complejo para sacar conclusiones que impliquen su cambio…*

Los universalismos particularistas, no surgieron de la modernidad como tal, sino   de la necesidad del nuevo grupo dominante, la burguesía, de expresar sus   intereses con valores universalistas, para hacer de su mundo, un algo incuestionado y, por otro lado, de la necesidad de los seres humanos de tener referentes universales firmes. Para la posmodernidad, en cambio, "ya no hay verdad filosófica, sino verdades; no existe un sentido de la historia, sino que cada   cual debe inventar el suyo, y la razón, el viejo instrumento filosófico que había creado el pensamiento griego, deja de tener vigencia…"[4]

---

[4] Colom, Antoni, J. Y Joan – Carlos, Mélich, "Después de la Modernidad". *Nuevas Filosofías de* la *Educación*. Buenos Aires, Paidos, 1994, p. 48.

Esto es sumamente grave, tratándose de la educación, campo que trabaja con el   deber ser y que, por lo tanto, se convierte en un campo eminentemente referencial. La ausencia de fundamentos axiológicos es, en la posmodernidad, una de las tragedias de la educación, puesto que allí "el concepto de superación   queda… completamente fuera de combate. Lo mismo sucede con las viejas categorías del pensamiento europeo tradicional. Ya no existe el progreso, ya no tiene sentido pensar en el sentido".[5]

Lo mismo ocurre con la valoración posmoderna de la pluralidad cultural, del   respecto a las diferencias ya que, en el marco del capitalismo globalizado, como hemos dicho arriba pero, en lo que hay que hacer énfasis, las diferencias se convierten en desigualdades, cada vez mayores, y las diversas culturas abandonadas a su suerte por la desaparición del Estado – Nación, en cuya base estaban, se diluyen aceleradamente por la imposición del *American way of Life*, a través de los medios de comunicación monopolizados, *comunicando ahí si, la verdad única*, como ocurre con los acontecimientos del   World Trade Center, de Afganistán y de Irak. El mundo del *sujeto* (el *sujeto* es moderno ya que se constituye como tal, en las relaciones sociales que se consideran históricas), queda ahogado frente al mundo del *ego* antisocial, fiel expresión de la posmodernidad.

No hay pues, aquí criterio de validez referente, sino que *"todo vale" y al valer   todo, no hay puntos de referencia*. ¿Cómo reconstruir, entonces, la educación, en un mundo posmoderno? No sería posible. Nos encontraríamos ante una aporía   ya que pasaríamos del absolutismo relativo de la modernidad, al relativismo   absoluto de la posmodernidad. Creemos que esta aparente digresión se justifica por cuanto debemos dejar claros nuestros planeamientos sobre el tema, que es un tema educativo, en el cual la   pedagogía juega un rol primordial.

---

[5] Ibidem. P. 49.

Al hablar de pedagogía, nos referimos a la reflexión que se lleva a cabo sobre los   fines últimos de la educación, y esta reflexión puede ser hecha por filósofos o por los maestros, sobre su práctica docente.

El pensar la educación da origen a los llamados modelos pedagógicos. Y cuando hablamos de modelos, hacemos referencia a esquemas mentales que se inventan los seres humanos para aprehender y hacer comprensible la realidad. Los modelos pedagógicos hacen referencia, por supuesto, a la manera como   entendemos esa actividad llamada pedagogía y que es la reflexión que hacemos sobre el sentido de la educación y, por lo tanto, sobre los fines de su expresión institucionalizada y sistematizada que es la enseñanza.

Los modelos tratan de reglamentar y normativizar el proceso educativo, definiendo, ante todo, qué se debería enseñar, a quienes, con qué procedimientos, a qué horas, bajo qué reglamento   disciplinario, para moldear ciertas cualidades y virtudes de los   alumnos.[6] (véase cuadro Anexo).

Pero, para hacer lo enunciado anteriormente, se necesita tener una visión del ser humano que a grandes rasgos podemos esquematizarla en dos vertientes:

a) Una tradicional, conservadora, fundamentada en la
   creencia de que el serhumano es un ser acabado,
   terminado, que se realiza viviendo a cabalidad el *ethos*
   vigente debidamente institucionalizado. La enseñanza
   estaría orientada a   transmitir, por parte del profesor, las
   epistemologías, creencias y saberes que   exige la
   organización social "ética" y, el alumno, estaría obligado a

---

6 FLORES OCHOA, Rafael, Hacia una pedagogía del Conocimiento, Colombia, D¨Vinni Editorial, 1997, p. 161.

recibirlas, internalizarlas y practicarlas, como requisito para la permanencia de ese orden   social, considerado "natural", y para la realización del individuo, como socio pleno y aprobado del mismo.

b) La otra visión que podemos denominar, en términos generales, progresista o dialéctica, parte de un fundamento evidente que es la historicidad del ser humano, es decir, de su esencia como construcción permanente.

Esta visión implica aceptar la relatividad, la fugacidad de los órdenes sociales, ya que se consideran como la manifestación de los intentos del ser humano, de satisfacer sus necesidades de todo tipo, en un espacio y en un tiempo dados, lo que conllevaría una visión pedagógica muy diferente de la resultante de la primera visión.

Características \ Modelos	Metas	Maestro- Alumno	Método	Contenido	Desarrollo
Tradicional	Humanismo Metafísico – Religioso Formación del carácter	M ↓ A Relación Vertical	Transmisionista Imitación del Buen ejemplo. Ejercicio y repetición	Disciplina y Autores clásicos; Resultados de la Ciencia	De cualidades innatas (facultades y Carácter) a través de la disciplina.
Conductista	Moldeamiento de la Conducta Técnico - productiva, Relativismo ético	Programación del alumno. Maestro Intermediario ejecutor	Fijación, refuerzo y control de aprendizajes (objetivos Instruccional)	Conocimientos técnicos: códigos, destrezas y competencias observables	Simulación de aprendizajes
Romántico	Máxima autenticidad, espontaneidad y libertad individual.	Alumno ↓ Maestro (Auxiliar)	Suprimir obstáculos e interferencias que inhiban la libre expresión	Ninguna Programación: Sólo la que el Alumno solicite	Natural, espontáneo Y libre
Desarrollista	Acceso al nivel Superior de Desarrollo intelectual, según las condiciones biosociales de cada uno.	Niño ↓ Maestro (facilitador de estimulador de experiencias)	Creación de ambiente y experiencias de afianzamiento según cada etapa. El niño "investigador".	Experiencias que faciliten acceso a estructuras superiores de desarrollo. El niño construye sus propios contenidos de aprendizaje	Progresivo y secuencial a estructuras mentales, cualitativas y jerárquicamente diferenciadas.
Socialista	Desarrollo pleno del individuo para la producción socialista (material y cultura)	Maestro ↓ Alumno	Variado según el nivel de desarrollo de cada uno y método de cada ciencia. Énfasis en el trabajo productivo.	Científico – técnico, polifacético y politécnico	Progresivo y secuencial pero impulsado por el aprendizaje de las ciencias.

Cuadro elaborado por mí, de acuerdo con los planteamientos de RAFAEL FLÓREZ OCHOA, op.cit

Lo que se desprende de este planteamiento, es que los modelos pedagógicos son históricos. Pero como, además la sociedad no es una entidad homogénea sino heterogénea, dado que está definida por una conflictividad social que es inherente a toda vivencia humana, por los múltiples intereses que se generan en ella, que determinan las relaciones sociales y, por lo tanto, la institucionalidad, bien como espacio de libertad o como espacio de servidumbre; los modelos pedagógicos, son también expresión de las relaciones de poder, *por cuanto la actividad pedagógica, es una actividad eminentemente política.* Insertada la pedagogía, en la segunda visión del ser humano, expuesta antes, el discurso pedagógico, para tener un sentido transformador, debe romper con los modelos tradicionales, como lo expresa Feldman:

> El ímpetu innovador le es necesario al discurso pedagógico como parte de una operación de construcción de su propia identidad. Por eso el discurso pedagógico, es siempre discurso de lo nuevo frente a lo tradicional y se caracteriza por su vocación fundacional. Discurso de la idealidad, el discurso pedagógico es en cada época el discurso vehemente de la pedagogía "nueva", que hace tabla rasa de los principios y las prácticas anteriores[7]

Este discurso pedagógico debe expresarse en una didáctica con la cual interactúa dialécticamente. Por eso estamos de acuerdo con Alberto Pardo cuando afirma "toda didáctica, general o particular, ha de estar además inspirada o fundamentada en concepciones pedagógicas explicitas y sistematizadas, cualquier didáctica sin pedagogía parece inconcebible"[8]

---

[7] FELDMAN, Daniel. Ayudar a Enseñar, Buenos Aires, Aique ,1999, p. 124.

[8] PARDO, Alberto, op. Cit. P. 31.

Pero ¿qué entendemos por didáctica? Feldman nos dice que en el contexto en que estamos hablando "aquello que llamamos 'teoría', consiste en una actividad especializada denominada 'didáctica' (y sus productos: teorías, programas,   normativas) y aquello que llamamos 'práctica', corresponde a la acción de los maestros en clase, la enseñanza"[9]. *Así pues, la didáctica es la teoría de la   enseñanza y la enseñanza es la práctica de los maestros.* Pero el término 'didáctica', es polisémico. Según Camillioni, se ha entendido por didáctica:

a)   Una teoría de la enseñanza
b)   La psicología educacional
c)   El currículo[10]

Litwin, la define como "la manera particular que despliega el docente para favorecer los procesos de construcción del conocimiento "[11]

La didáctica ha sido considerada como una disciplina que "produce una gama variable de conocimientos y abarca principios teóricos, modelos comprensivos, reglas prácticas, métodos y estrategias articuladas a distinta índole"[12]

Sin embargo, algunos autores afirman que la didáctica es una teoría práctica, que   por ser una disciplina prescriptiva, no tiene carácter científico. Para ellos, la   ciencia es desinteresada y la didáctica está llena de valores. Es la posición del

---

[9] FELDMAN, Op. Cit. Pg. 9 – 10.

[10] CAMILLIONI, ALICIA DE, y Otros. *Corrientes Didáctica Contemporáneas*, Buenos aires, Paidós, 1999, p. 22

[11] LITWIN. Edith, *Las configuraciones didácticas*. Buenos Aires, Paidós, 1997, p. 13.

[12] FELDMAN, Op. Cit. P. 25

positivismo científico que trata de separar, rigurosamente el ser del deber ser.   Pero, en relación con la didáctica, ello significa querer aplicar a las Ciencias Sociales la neutralidad valorativa, lo cual es imposible. No hay ningún conocimiento libre de valores, porque cuando el ser humano conoce, se relaciona con el mundo (natural o social), con una intención. Es decir, hay de por medio un   interés: máxime en el campo de las relaciones sociales donde la conflictividad es la regla y el consenso, la excepción. Es más: el consenso puede ser una solución a una conflictividad particular, o puede ser una "detente", un "por ahora", dada la relación de fuerzas en equilibrio.

Desde una teoría crítica se ve la realidad social como un proceso total y dinámico, por lo antagónico. Es racional e irracional, al mismo tiempo. *De manera   que no pueden separarse interés y conocimiento*. La crítica y la solución son inseparables. Alrededor de la reflexión, expresión fundamental del ser humano,   ética y ciencia, se integran[13]

En el caso de la universidad, la didáctica es una función de la comunidad científica.[14] Ricardo Lucio nos explica cómo se construiría la Didáctica en la universidad, cuando dice que el problema de la Universidad no se reduce al saber científico que se produce, que se transmite y que se aplica, sino al cómo y en qué circunstancias se produce, se transmite y se aplica. Tenemos que admitir igualmente que producir, transmitir y aplicar saber científico dejan de ser tres momentos aislados, que se manejarían en tres aparatos orgánicos diferentes de la

---

[13] Véase, Camillonl, Alicia de. "Epistemología de la Didáctica en el Quehacer Universitario" Varios, Didáctica de las ciencias Sociales. Buenos Aires, Paidos, 1994, p. 25 sigts.

[14] LUCIO, Ricardo. "la Pedagogía y la Didáctica en el Quehacer Universitario", en Revista Opciones Pedagógicas N, 4. Universidad Distrital, 1990.

universidad, uno de investigación, uno de docencia y uno de extensión. Transmitir saber es también re-crearlo, en cierta manera producirlo; en la extensión se investiga, y tanto en la extensión como en la investigación se aprende, esta es la problemática de una didáctica del conocimiento científico que explicita o implícitamente, tiene que asumir toda comunidad científica al interior de la universidad[15]

Así pues, la didáctica universitaria, está orientada a la recreación y socialización del conocimiento, y si buscamos mejorar la enseñanza debemos tener en cuenta que, en definitiva, el único que puede mejorarla, es el profesor y que "el acto de mejorar la enseñanza, depende en primer lugar y sobre todo de que comprenda esto"[16]

Sin embargo, un problema serio que se presenta al intentar hacer cambios, es tratar de imponer modelos didácticos universales, que son elaborados fuera del aula de clase por expertos que no tienen que ver con el trabajo concreto del maestro, o que no entienden que el trabajo de enseñar no puede enmarcarse en una normatividad rígida, ya que como dice Feldman "no hay práctica sin incertidumbre"[17]. Por eso recomienda trabajar, con principios, no con reglas, ya que estas son rígidas y los principios pueden ser contextualizados, y dado que la didáctica es un conocimiento que opera en términos situacionales, recomienda cuatro principios que son:

1) Contextualizar las propuestas
2) No tener demasiadas expectativas
3) Tener en cuenta la posibilidad del fracaso

---

15 Ibidem.

16 FELDMAN, Op. Cit. P. 70

17 Ibidem. P. 126.

4) Tener en cuenta la práctica, no el modelo de práctica[18]

De acuerdo con lo anterior y considerando que el papel fundamental del maestro
es crear espacios en los cuales el estudiante puede aprender a pensar, para comprender y aplicar los conocimientos a nivel profesional y en distintas situaciones de la vida diaria, he seguido un método sencillo de estudio, al que llamo *estudio productivo*.

¿Por qué comenzar con el estudio? *Porque la mayoría de los alumnos no saben estudiar.* A veces, ni siquiera leer. Entonces hacen un gran esfuerzo, pero es en vano.

Partimos de un principio: **"Estudiar es leer críticamente"**.El estudio productivo requiere de una metodología y de la concepción que tengamos de aprendizaje. Éste a su vez depende de la concepción que tengamos de educación y ésta del concepto de hombre. El método está orientado a desarrollar y manejar:

- El análisis
- La comprensión
- La explicación y
- La aplicación

de los términos, conceptos e ideas, encontrados en los textos de estudio o de consulta. Para lo más elemental, el estudiante debe servirse de los diccionarios (español, inglés, francés, alemán, latín y griego) cuyo manejo se les enseña en clase. Sólo después de agotar esa instancia, el estudiante consulta al maestro.

Buscamos obtener un aprendizaje significativo que es aquél que se logra cuando el estudiante le encuentra sentido a lo que

---

[18] Ibidem, p. 30

aprende, o sea que puede confrontarlo con sus experiencias y aplicarlo a la vida diaria.

Los pasos a seguir, en el estudio productivo son:

1) Orientación General. Se hace una lectura panorámica, para darse cuenta qué trata el texto. A vuelo de pájaro, se leen párrafos completos. En caso de un libro, comenzando por el índice.

2) Lectura Activa. Aquí está el trabajo de fondo y se hace lo siguiente:
   a) Se sacan y se ponen por escrito los conceptos e ideas importantes
   b) Lo que no se entiende
   c) lo que hay que ampliar
   d) Aquello con lo que no estamos de acuerdo.

3) Se elabora un resumen del texto, para lo cual sirve el trabajo anterior. Esto se hace siguiendo el vocabulario del autor.

4) Se hace una explicación escrita, con nuestras propias palabras, sobre el conocimiento adquirido.

5) Finalmente, se hace una reflexión, sobre las preguntas:
   - ¿Qué aprendí?
   - ¿Cómo lo aprendí?
   - ¿Cómo incorporo el nuevo conocimiento a mi manera de ser?[19]

Como vemos el proceso educativo como un proceso de formación integral, en el aula de clase, tenemos en cuenta los

---

[19] Véase el interesante trabajo de TEJADA VALENCIA, Arnold, Metodología para el estudio de las Ciencias Sociales.
Barranquilla, Universidad del Atlántico, 1998.

aspectos pedagógicos, disciplinarios y didácticos, ya que los estudiantes cursan licenciatura. Se les exige permanentemente, interrelacionarse con un sentido humano, tener claridad conceptual, saber comunicar, escribir, leer y hablar en público, sin texto. Se les corrige lo pertinente.

Se trata de crear ambientes de aprendizaje agradables a través de una relación de amistad con los estudiantes, llevando el material adecuado, a veces haciendo breves descansos que se dedican a la lúdica y trabajando individualmente y por grupos, ya que la construcción del conocimiento es al mismo tiempo, individual y social.

El trabajo, se desarrolla así: partiendo de las guías de estudio que lleva el maestro,

1) Cada alumno trabaja individualmente el material,
2) Luego se forman grupos de dos o tres estudiantes para que pongan en común sus puntos de vista,
3) Finalmente se realiza la plenaria.

En el trabajo individual cada quien saca lo que le llamó la atención y las preguntas que tienen. En el grupo, debate lo que entendió, argumenta y trata de resolver lo que no entendió. Cada grupo, tiene un coordinador y un relator. El coordinador es responsable de la participación de todos. Los relatores escriben lo que se tratará en la plenaria.

Lo interesante del trabajo en grupos es que es pedagógico, disciplinar y didáctico, a la vez.

Pedagógico porque implica acostumbrarse a respetar al otro, sus ideas diferentes, la posibilidad de aprender de él. En lo disciplinar, porque pude aprender cosas, resolver dudas, problemas que no puede resolver solo. Y en lo didáctico, por todo lo anterior, porque es una estrategia para construir socialmente el conocimiento.

Con ese tipo de trabajo se desarrolla la responsabilidad individual, y la conciencia social, puesto que el estudiante no puede faltar a las reuniones, ya que el tipo de trabajo que se desarrolla, no le permite "ponerse al día". Además, debe llegar al grupo con aportes, porque de lo contrario, el grupo lo verá como un elemento negativo y el coordinador se lo hará saber. Llegar sin nada, sería un irrespeto consigo mismo y con los demás.

Todo este trabajo, está enmarcado en los objetivos que, a nuestro criterio, deben ser diseñados para la enseñanza de las Ciencias Sociales y que son, de acuerdo con el discurso traído hasta aquí:

1) Objetivos de Actitud: Tiene que ver con el desarrollo de la conciencia histórico-social que se manifiesta en los siguientes aspectos:

a) El desarrollo de la conciencia psicológica que conduce al individuo construirse a sí mismo, a partir de estímulos característicos de la vida social, cívica, política o ética, en los niveles escolar, familiar, urbano regional, nacional e internacional.

b) El desarrollo de la conciencia moral que tiene que ver con el hecho de asumirse con responsabilidad frente a esos estímulos, mediante actos de conocimiento – juicio – elección y acción comprometidas.

Son los objetivos más importantes y, de hecho, los propiamente pedagógicos.

2) Objetivos de Metodología. Tienen que ver con el desarrollo de las ciencias Histórico-sociales y se manifiestan en:

a) La observación, que lleva al manejo de métodos para obtener datos ciertos de las fuertes históricas y con las técnicas objetivas y testimoniales propias de las Ciencias Sociales.

b) La interpretación, que conduce a manejar métodos para obtener ideas claras y poder aplicarlas.

Para ello es necesario que el estudiante tenga precisión del dominio de las diferentes ciencias y disciplinas sociales, de los conceptos, hipótesis, leyes y teorías de las ciencias económicas, sociales, políticas y culturales.

3) Objetivos de Información. Tienen que ver con el hecho de conocer los resultados de las ciencias histórico – sociales ya logrados y con los proyectos que están en desarrollo. Son los objetivos menos importantes.

Pero no podemos terminar sin hacer una breve reflexión sobre lo que se está pensando el en mundo y sobre las implicaciones que ello tiene en el proceso educativo.

Uno de los problemas con que generalmente tropezamos en los estudios universitarios, es la concepción que se tiene de la cultura, a nivel general y de la Universidad, a, nivel particular, como entidades autónomas, o con alto grado de autonomía, con respecto a las relaciones sociales dominantes. Y ello a pesar del axioma que a cada rato se reconoce como principio, de la relación existente entre sociedad y cultura y sociedad y universidad.

Con esa concepción autonómica, es posible llegar a pensar que la cultura, como el conjunto de símbolos con los cuales aprehendemos y valoramos el mundo, y la universidad como la institución que produce, reconstruye, transmite y aplica el conocimiento; pueden elaborar esos símbolos y ese conocimiento, a partir de la actividad de los intelectuales, con independencia de las relaciones de poder que fundamentan la estructura social y que, por lo tanto, informan los contenidos de los símbolos culturales, y la veracidad u objetividad de los conocimientos científicos.

Pero ello es sólo una manera de ver el mundo, de ver la cultura y de ver la actividad universitaria; manera que contrasta con las vivencias sociales que ha impuesto un capitalismo globalizador, y dentro de las cuales, la cultura, a nivel general y, el conocimiento científico, a nivel particular, se han convertido en meros instrumentos de una racionalidad consumista acrítica, que no tiene otra lógica que la tasa de ganancia del capital, sin importar la degradación social y ecológica a que nos ha conducido.

Así pues, para hablar, en este contexto, de una didáctica universitaria y, sobre todo, de una nueva didáctica o didáctica de compromiso social, es imprescindible hacer referencia a estas relaciones sociales que determinan, aunque queramos ignorarlo, cada instante de nuestra vida.

La globalización, fundamentada especialmente en su carácter económico (creación de un mercado mundial, regulador de todas las relaciones sociales, con dominio científico y tecnológico). Pero con consecuencias políticas (la desaparición del Estado -Nación en su papel de regulador de los conflictos sociales), e ideológicas (la homogenización de la cultura, siguiendo los patrones del *American Way of Life*), nos impone una educación de carácter instrumental, con unos contenidos científicos y tecnológicos, y con unos resultados que son vistos y enseñados, como parte del orden natural de la vivencia humana.

En el anterior orden de ideas, la educación tiende a convertirse solamente en la transmisión eficaz, eficiente y acrítica, de unos contenidos culturales y operativos, que son expresión de la citada lógica del capital, por medio de una didáctica ajena a cualquier concepción pedagógica que entienda la educación como la formación integral del ser humano, es decir, a la vez individual y social.

En este sentido, podemos afirmar que la Universidad, como institución, es decir, como parte de las relaciones del poder social, con un papel especifico, no puede ejercer una función pedagógica dentro de la sociedad, porque la función que cumple como productora, divulgadora y "aplicadora" de conocimientos, obedece a intereses particulares y no a intereses colectivos.

Con relación a lo anterior, los resultados saltan a la vista: la Universidad ha tenido que convertirse en una institución exclusivamente profesionalizante, y los contenidos científicos que produce (aunque no sea ella la única que los produce), desembocan en tecnologías que reemplazan la mano de obra, en todos los niveles de preparación, agudizando los conflictos sociales y, a la vez, deteriorando las relaciones económicas, al disminuir cada vez más la demanda y, con ello, al desequilibrar las relaciones de mercado.

Es en este contexto, donde se presenta el desafío de crear una nueva didáctica dentro de la práctica educativa universitaria. Pero, por lo visto hasta aquí, no es posible renovarla sin que se le vincule con una pedagogía y ésta, a la vez, no puede existir sin una concepción del hombre que, para nuestro caso, tiene que constituirse en la concepción de un ser que se crea permanentemente en el ejercicio de la libertad y de la responsabilidad, es decir, como ser, al mismo tiempo, individual y social.

Concebida así la didáctica, no se convertirá en la transmisión acrítica de unos contenidos de conocimiento, sino que esos contenidos serán vistos en su dimensión histórica y social, con las posibilidades que tiene el hombre de crear conflictos y de dar soluciones; todo ello dentro de un marco axiológico que debe tener como referencia, la realización de todos los seres humanos y no de unos pocos.

Siendo conscientes de los desafíos que nos presenta el capitalismo globalizador, una didáctica inspirada en una pedagogía crítica, debe tener como objetivo, promover el desarrollo de estudiantes y maestros pensantes, capaces de sentirse no sólo productos sino también productores de la historia; con voluntad para analizar y cuestionar estas relaciones sociales destructivas y para proponer proyectos humanos, dentro de los cuales los hombres valgan porque son tales, y no por las mercancías que poseen, o por la capacidad que tienen para convertirse ellos mismos en mercancías.

BIBLIOGRAFÍA Y HEMEROGRAFÍA REFERENCIALES

Autores Varios, **Ensayos de pedagogía Crítica**, Caracas, Editorial Laboratorio Educativo, 1997.

AUTORES VARIOS, **Didáctica de las cCiencias Sociales**, Buenos Aires, Paidós. 1994.

BECK, ULRICH. **¿Qué es la globalización?,** Barcelona, Paidós, 1998.

CAMILLIONI, Alicia de, y Otros, **Corrientes Didácticas Contemporáneas**, Buenos Aires, Paidós, 1999.

COLOM, Antoni y Joan Mélich, **Después de la Modernidad** – Nuevas Filosofías de la Educación, Buenos Aires, Paidós, 1994.

FELDMAN, Daniel, **Ayudar a Enseñar,** Buenos Aires, Aique, 1999.

FLORES OCHOA, **Rafael, Hacia una Pedagogía del Conocimiento**, Colombia. D'vinni Editorial, 1997.

LITWIN, Edith**, Las Configuraciones Didácticas. Una Nueva Agenda para la Enseñanza Superior, Buenos Aires, Paidós, 1997.**

LUCIO, Ricardo, "La Pedagogía y la Didáctica en el Quehacer Universitario", **Revista Opiniones Pedagógicas No. 4,** Bogotá, Universidad Distrital, 1990.

PARDO, Alberto, **"Concepciones y prácticas en la Pedagogía Universitaria Contemporánea"**, **Revista para Mejorar la Docencia Universitaria Tomo 2,** Santaféde Bogotá, Universidad Pedagógica Nacional, 1999.

TEJADA VALENCIA, Arnold, **Metodología para el Estudio de las Ciencias Sociales,** Barranquilla, Universidad del Atlántico, 1998.

ROSTRO Y RASTRO DE MUJER*

(DEDICATORIA ESPECIAL)

*Mujer: "Perdónanos nuestras
ofensas, así como nosotros…"*

A todas las mujeres, y a todos los seres humanos capaces de amar. Y, aunque parezca una redundancia el explicarlo, no todos los humanos son, o somos, capaces de amar.

Porque, para amar no basta el físico; es mucho más que eso, hay que tener corazón, es decir, sentimientos. Y espíritu. No necesariamente en un sentido religioso, pero sí en el de una trascendencia, en el sentido de eternización momentánea que podemos vivir, pero no, explicar. Podemos decir que el Amor es un sentimiento teñido de Divinidad.

Este escrito, se sale de "lo normal". Pero, en los tiempos que vivimos, si es que vivimos en el tiempo, "lo normal", si no ha caducado, sí muestra, múltiples arrugas de caducidad. En el mundo moderno, "lo normal", es "lo racional", así esto sea más el esqueleto de una utopía, que una práctica de vida. Es el mundo ilusorio de "La Razón" que se desmorona cuando esta encuentra que, en su propio vientre, se han generado, o, mejor, hecho visibles, "otras razones", que habían permanecido ocultas, o humilladas, por el *Imperium* (autoridad, mando supremo, dominio) de aquella. Caen las certezas y, con estas, las "Verdades Universales". Esta caída tiene que ver con el llamado y, a veces, tan criticado "fin de la historia". Y claro que estamos asistiendo al fin de la historia, no como el fin de la acción humana (que tampoco parece que vaya a durar mucho), sino como el fin de la narrativa que elaboró y enseñó Occidente, acerca de su evolución: un movimiento en sentido lineal. De atrás hacia adelante, en ascenso continuo. Era, al mismo tiempo, la evolución de "La razón". La visión judeo-cristiana del mundo. Pero, la *dis-función* entre el mundo teorético y la práctica existencial, llevó, como hemos dicho, al derrumbe de la narrativa histórica, y al cuestionamiento radical de "La Razón", con sus correspondientes "Universales" (verdades o leyes absolutas). El resultado de este desastre de la práctica humana (capitalismo incontrolable) y del pensamiento, ha sido la aparición de relativismos y fundamentalismos, que se cruzan con enorme facilidad. TODO ES RELATIVO (salvo esta afirmación). O, LA VERDAD ESTÁ EN LA ESCRITURA. Pero, el proceso hermenéutico nos mostrará que habrá tantas verdades como lectores. Así la hermenéutica, negándose a sí misma, ponga reglas de interpretación. O, el último absoluto: LAS LEYES *(NATURALES)* DEL MERCADO, SON LAS LEYES DE LA VIDA. Con esto, se ha establecido una "biología mercantil". La compra-venta es nuestro espacio vital. Y esto nos ha permitido transformar el cuerpo en un medio de producción, cuando no hay más. Podemos vender sexo, un brazo, o un riñón. O los dos, y más órganos si hacen falta para salvar la familia.

Hecha esta aclaración, vuelvo a hablar de las mujeres, condenadas y excluidas por la historia. La mayoría, no todas, por supuesto. Cualquier "universal", tiene su dosis de falsedad. Porque toda realidad, tiene dos caras: la que vemos, y la otra. Como cuando nos vemos en el espejo. Allí, nos acostumbramos tanto a ser "nosotros = YO", o "nosotros= YO + LOS MÍOS" que llegamos a pensar que este "nosotros", es el mundo. El mundo verdadero.

Pero ese mundo es variado, poliformo, es decir, que tiene sus propios rostros, con sus propios "nosotros". Esto vale tanto a nivel individual, como colectivo. Hay yos que se hacen colectivos, como hay colectivos o plurales, que se usan individualmente. Eso es claro en las relaciones de poder: "Aquí mando YO". O "NOS (OTROS), con base en la autoridad concedida por el Todopoderoso…" Y, las MUJERES, los hijos, los sirvientes y los esclavos, o sea, la familia, quedan sometidos al "Paterfamilias", fiel representación del Dios-varón (*Theos* = *Zeus*= *Deus*=Dios), negación de la Diosa Madre (Deméter= *Theá méter*) hermana mayor de Zeus.

Así que el *Páter* (griego y romano), es dueño de la "servidumbre" que eso significa "familia" (de *fámula*= esclava, sirvienta). Es el patriarcado (de páter y arxé=arjé= principio, fundamento, poder). El poder del padre que viene de la naturaleza, o con el origen del mundo. O con la imagen del Padre Eterno. Por lo tanto, indiscutible, inamovible . "Soy tu padre"; "lo dijo tu padre". Y la esposa y madre, se dirige a su esposo con las frases: "sí mi señor"; "como ordene mi señor". KYRIOS (Señor, en griego); DOMINUS (Señor, en latín); señores, dueños de esclavos.

Y ese patriarcado se manifestó, a través de milenios, en todas las esferas del vivir. Y se manifiesta en la exclusión, en la discriminación, o en la segregación. O, en tantos *ET CAETERA* (=etcétera). No derecho a herencia, no derecho al trabajo, menores salarios, no derechos políticos, o menos espacio político, menor estatus social, sometimiento a violencia intra-familiar sin derecho a reclamo, o con el precio de la muerte. Y algo asqueroso: condena a la prostitución que, si eximimos a las elegantes "pre-pagos", quienes "trabajan" en esto, lo hacen por necesidad de sobrevivir y con una condena moral que es la marca de la degradación humana: son "Las putas" y sus hijos, real o simbólicamente, "hijos de puta". Porque, en una sociedad patriarcal, hay "putas" pero no hay "putos"; hay "hijos de puta", pero no hay "hijos de puto". Se dice que es el oficio más antiguo del mundo y, claro, refiriéndose a las mujeres. Pero, si tengo razón en lo que afirmo, que la mujer ejerce la prostitución por necesidad, también puedo afirmar que el varón llega allí, por instinto. Por lo cual puedo decir que el *puto-comprador* sí que es el oficio más antiguo y más degradante del mundo.

Decía, al respecto, la inolvidable Sor Juana Inés de la Cruz (con palabras más decentes que los *puto-compradores* no se merecen), en su primera estrofa del poema

Hombres Necios que Acusáis

Hombres necios que acusáis
a la mujer sin razón,
sin ver que sois la ocasión
de lo mismo que culpáis…

Por aquí deberíamos comenzar la valoración de las diferentes "humanidades". Porque, como pasa con las drogas, es peor el que demanda que el que surte. Pero, siempre el castigo es para el que surte. Y peor, si surte poquito. Porque, el grande negocia. Y va a tener grandes ventajas, cuando se negocia la ley. Y, aunque ustedes no lo crean, porque es algo *Ad absurdum*, hay leyes que permiten negociar la ley… Sólo que, para negociar, no hay que tener ruana o poncho; no hay que ser de abajo; de los "desheredados de la Fortuna".

Ahora, continuemos con estas "anormales" palabras; con lo fundamental acerca del tema de que estamos hablando. Y es la relación que hay entre la mujer y el campo o espacio, de lo religioso. Y ahí que nos encontramos con una cuasi-verdadera *aporía*, como dirían los griegos. Aquí, y en lo que hace a las religiones monoteístas, o sea, las "del Libro" (o, mejor, las de "los Libros", que eso significa Biblia en griego), la mujer se encontró en un callejón sin salida.

El cristianismo heredó, y profundizó el pensamiento hebreo y greco-romano, sobre la inferioridad de la mujer, bien fuese por su origen, según el Génesis (y las interpretaciones de él derivadas), o por la naturaleza de las cosas, según los griegos y romanos. De todas maneras, en esta, como en otras cuestiones, Divinidad y Naturaleza, se confunden, o se entrecruzan, con el fin de evitar el cambio. Lo bueno, es lo que permanece, asimilándolo al Ser. El SER ES, y el no ser, no es, de Parménides. O YO SOY EL QUE SOY, y "polvo eres y en polvo te convertirás", del Antiguo y del Nuevo Testamento. O, en palabras más sencillas: "el" Espíritu, y "la" materia. El SOPLO DIVINO que procede del Padre Eterno, elemento masculino, y la "mater-ia", elemento femenino que procede de la madre. (En griego, *méter;* en latín *mater*). Ahora, pueden entender el contraste que, en nuestra cultura, se ha formado entre dos vocablos: espiritualismo, lo sublime, lo celestial, lo apolíneo y, materialismo, lo intrascendente, lo dionisíaco, lo inmundo *(in-mundo,* literalmente, "en el mundo", fuera de los espacios de santidad, en términos medievales).

Se dice que la palabra mujer viene del latín popular *mulier,* derivado de *mollitia,* molicie, pereza, debilidad, flexibilidad. Y no tiene nada de raro ya que han llegado a llamarla "el sexo débil". Débil en todo sentido. Física y espiritualmente. Aunque hoy, la ciencia está tratando de mostrar que fueron sus fuertes brazos los que estuvieron en la base de la Revolución Agrícola. Pero, la narrativa del Génesis, impregnó toda la cultura occidental cristiana de misoginia. En la investigación que hace el Creador en el Paraíso, sobre la desobediencia, Adán que estaba escondido, al oír su nombre, sale y se presenta. Y dice el relato:

Y el hombre respondió: la mujer que me diste por compañera me dio del árbol,
Y yo comí. (Gen.3,12).

Es decir que, en vez de hacerse cargo de la situación y poner la cara, cobardemente, se lavó las manos. La mujer (todavía no tenía nombre), sorprendida con la acusación de Adán, le echó la culpa a la serpiente, a la cual Dios maldijo, por ser astuta e incitar a la rebelión:

... maldita serás entre todas las bestias y entre todos los animales del campo; sobre tu pecho andarás y polvo comerás todos los días de tu vida. (Gen. 3,14).

Y lo que más nos interesa, el castigo para la mujer:

A la mujer le dijo: multiplicaré en gran manera los dolores, en tus preñeces; con dolor darás a luz tus hijos; y tu deseo ["voluntad", en la nota de pie de página] *será para tu marido y él se enseñoreará de ti.* (Gen. 3,16).

Creo que la parte más fuerte del castigo, cayó sobre Eva. Así la llamó Adán, como sinónimo de madre de todos los vivientes. Pero, me pregunto: ¿Por qué estaban en el Paraíso el árbol de la ciencia y la serpiente que, justamente, eran la negación del Paraíso? Y mi respuesta es: porque tenían que cumplir con un papel que les había asignado el Creador en su Plan Divino que, como dice San Agustín, estaba en su cabeza desde siempre; desde los tiempos en no había tiempo.

En cuanto a la serpiente que, antes del castigo debería haber sido un lagarto, se convirtió en un animal admirable: sin brazos y sin piernas, salió adelante. Aprendió a desplazarse velozmente sin ayuda, sin muletas, sin silla de ruedas. Nunca tuvo una queja, ni puso un reclamo…

En cuanto a la mujer, no sólo tuvo que aguantar todos los dolores inherentes a su condición, sino que la cultura, como hemos dicho, se impregnó de misoginia que tuvo como resultado una discriminación en todos los ámbitos de la vida. Y más en lo que tiene que ver con "lo sagrado". La tradición judía; y los pensadores griegos y romanos, fueron tomados por los padres de la iglesia para sustentar esta discriminación. Aristóteles sostenía que la mujer era un hombre incompleto y que tenía que comer la mitad de lo del varón, entre otras tantas cosas. Los romanos tenían la palabra *Virtus* (virtud), palabra referencial dentro de nuestra cultura. Pero, *Virtus* está compuesta de del sustantivo "vir", (varón)y del sufijo *tus*, es decir, algo así como "lo propio del varón". Lo inherente a la esencia masculina. Así que hubiera sido, no sólo una contradicción absoluta, sino casi un insulto, hablar de "mujer virtuosa".

No voy a discutir con quienes, desde el cristianismo institucional (léase iglesia-Vaticano), sostienen que la Iglesia ha defendido siempre la igualdad de la mujer. Dicen con relación a ella que somos diferentes pero iguales. No es cierto: esa diferencia ha creado una desigualdad. Una discriminación de la mujer. Discriminada para enseñar la Doctrina (aunque suene a redundancia), y marginada absolutamente del orden sacerdotal, ahora con flexibilidad en la Iglesia Anglicana, pero con gran escándalo de la mayoría de los mismos y de Roma que, les ha ofrecido a los escandalizados fugitivos, una Prelatura (Sección para que sigan los sacerdotes y obispos anglicanos, practicando su anglicanismo dentro del catolicismo, con esposas y todo) que es un premio por haberse opuesto a la ordenación de mujeres.

La Iglesia Católica, siguiendo la tradición, continúa oponiéndose a que las mujeres sean sacerdotes. El argumento es que Jesucristo lo quiso así. La realidad es que, a partir de esto y con base en la misoginia que impregna la cultura, la Iglesia ha creado la más grande de las desigualdades, a partir de una discriminación que no tiene ninguna razón de ser, menos si vemos una afirmación del Génesis, hecha un poco antes de la metáfora de la costilla que en alguna forma, implica dependencia:

Y creó Dios al hombre a su imagen, a imagen de Dios lo creó; varón y hembra los creó. (Gen. 1, 27).

Aquí vemos algo claramente: los términos "varón" y "hembra", son una expresión plural del singular "hombre". Es la especie, "con-formada" (o sea, formada en igualdad de condiciones; con el mismo valor), por los dos géneros. El concepto de "hombre", tiene el significado de ser-humano. Podemos aclararlo más, con una frase latina, tomada del Diccionario

Ilustrado Latino-Español de Ediciones Spes:

virum te putabo si Sallustii Empedoclea legeris, hominem non putabo (p. 222).

(si lees el Empédocles de Salustio, te consideraré todo un hombre; no un simple mortal).

Creo que se ve, con toda claridad, la diferencia entre género *(virum)*, y especie *(hominem)*. Así que no hay disculpa. A veces se dice que las expresiones misógenas (generalmente, este término no es aceptado) en los textos (ver Santo Tomás, por ejemplo) que se usan para fijarle a la mujer "su lugar", distinto al del varón, se deben al contexto en que fueron escritos. Pero, los textos, sobre todo cuando son expresiones de carácter religioso, se descontextualizan, para hacerlos vigentes a través del tiempo y del espacio, por su supuesto carácter sagrado, como expresión de la voz de Dios. Creo que este es el caso que tenemos con relación a la negación del sacerdocio a las mujeres. Es más: la Iglesia Católica, incluidos los católicos del rito oriental (donde los sacerdotes pueden casarse), la Iglesia Ortodoxa Rusa y la Iglesia Anglicana (quizás se me queden una o dos minoritarias por fuera), son las únicas expresiones religiosas que tienen un sacerdocio con un carácter super-especial: la ordenación sacerdotal, imprime carácter. Es decir, una vez ordenado, se es sacerdote PARA SIEMPRE *(Sacerdos in aeternum)* porque Dios hizo sacerdote a su Hijo, y Él, lo transmitió a algunos de sus seguidores. No ocurre esto en las otras dos religiones del Libro. Básicamente por la idea que tienen de la Divinidad. Ni en el Judaísmo (salvo el caso del sacerdote Melquicedec que, al no aparecer datos sobre su muerte, se le consideró sacerdote para siempre), ni en el Islam. En ellas, el oficio religioso, es una administración de lo sagrado. En el Islám, no hay sacerdocio. Quizás, una especie de clero. Pero no hay nadie "dotado con lo sagrado" *(sacer-sacrum* y *dotare)*. Y, ello se aplica a los diferentes estados del sacerdocio: Diaconado, Presbiterado ("el padre") y Episcopado.

Se dice que antiguamente, la palabra sacerdote no significó lo que acabo de exponer. Y es cierto, por lo que dije arriba. Pero, así como las palabras pueden permanecer, los conceptos, o sea su significado, van cambiando con las mutaciones humanas.

Un sacerdote (diácono, presbítero, obispo) puede convertirse en exclérigo y ser reducido al estado laical, por castigo, o por voluntad propia pero, de acuerdo con la doctrina de estos sectores del cristianismo, JAMÁS dejará de ser sacerdote.

En unas sociedades como las nuestras del occidente cristiano, en donde la religión penetra todas las esferas de la existencia, así sea, solamente, como creencias y rituales (a veces puramente sociales), y no como práctica de vida, la desigualdad de la mujer, se transforma, prácticamente, en una discriminación *esencial*, porque es, en mi opinión, una desigualdad teológica. ¿Qué otra cosa puede ser, negarle a la mujer el "dotarse con lo sagrado? Recordemos: "VARÓN Y HEMBRA LOS CREÓ". Y los creó así, para que se complementaran en sus diferencias anatómicas, fisiológicas y demás a que haya lugar, con valores de igualdad, y no con la dependencia o servidumbre de la una para el otro. Si no logramos esta igualdad para la mujer, difícilmente lo logrará en otros planos. Muchos obstáculos se presentan: la sociedad patriarcal, en todas sus expresiones, políticas, económicas, ideológicas, etc., se resiste a ceder; a muchas mujeres no les interesa luchar por esta igualdad y, a muchas, les encanta la sociedad patriarcal, porque se han acostumbrado, en el actuar y en el pensar, a ver esa situación como natural. O, como si fuera de orden divino.

Hay quienes dicen que de qué se quejan nuestras mujeres si, de todas maneras, están mejor que en otras culturas. Esto, creo, es una consideración cínica. Primero porque, aún si así fuera, ese no sería un sabio consuelo y, segundo, porque, si llegase a ser cierto que están mejor, eso no se lo deben a la iglesia o al estado, sino a la Modernidad que llegó destruyendo lazos sociales y pensamientos pero, sobre todo, a sus luchas con sabor a sangre y sufrimiento para tratar de lograr algo. Algo como el derecho al voto (que es muy poco lo que sirve hoy), el derecho a la educación, el derecho, en la mayoría de los casos, necesidad, de salir al trabajo. Y, sin embargo, ¡cuánta violencia contra ellas! Esto, después de más de 300 años de la Ilustración. Y de más de 200 de la Revolución Americana y de la Revolución Francesa que consagraron como principio fundamental el "TODOS POR NATURALEZA NACEMOS LIBRES E IGUALES…" ¡Qué ironía!

Hay mujeres que fueron, o son, emperatrices y reinas, ministras, magistradas, gerentes, dirigentes de todo orden, y, envueltas en su egocentrismo, no hicieron ni hacen absolutamente nada por las otras mujeres. Hay algunas, muy pocas, que han hecho mucho. Otras que algo han hecho. Y la mayoría que sufren el mundo como lo han heredado de siglos, por no decir de milenios. Para las que han ayudado y para las que han sufrido la exclusión, la discriminación y la violencia de todo tipo, es este pequeño homenaje-recordatorio. Esto no quiere decir, y deseo explicitarlo, que la exclusión, la discriminación y las violencias, sean sólo contra las mujeres. Desde luego que no. Hay discriminación racial (no me gusta el término "raza", porque es racista), social propiamente dicha, por opciones sexuales, por ideas políticas, religiosas, etc. Nuestras sociedades modernas, son insensibles máquinas de discriminación. Pero aquí, estamos hablando de un sector, quizás el más fuertemente discriminado: el de las mujeres. Pero, ellas están levantando su voz de protesta y de denuncia. Estoy con ellas. Y deseo que, ojalá, su voz se levante como manifestación de un feminismo omnicomprensivo, "omnihumano"; es decir que esa voz que se levanta, se haga sentir en la denuncia y condena de todas las discriminaciones sociales…

Para terminar, no puedo dejar de manifestarles que, con relación al tema, me siento atraído por la mitología griega (en la versión de Hesíodo), en cuanto al origen de lo existente: lo primero que sale del Caos, esa nebulosa del "no-ser", es Gea, madre de todo lo que existe. Ella, sin ayuda de nadie, engendra a Uranos, (el *Caelus* romano), el Firmamento o Cielo. Gea y Uranos, engendran a Rea, la *Magna Mater* romana, y a Cronos. Rea y Cronos engendran a Deméter (Diosa Madre), identificada también como Cibeles a quien los romanos llamaban *Mater nostri* (nuestra Madre). Es claro que Gea y Rea, se personificaron en Deméter. Hermano menor de Deméter, es Zeus (Deus=Dios), el "padre de los dioses y de los hombres…". De acuerdo con lo anterior, la materia (mater-ia), clara u oscura, el universo todo, tiene un principio femenino: la Madre (Gea), la Magna Madre (Rea) o la Diosa Madre (Deméter). Por eso me gusta.

En lo que se refiere a la palabra *mulier* (mujer), derivada de de mollitia (así con doble ele) molicie, blandura, debilidad; no olvidemos que salió del habla popular, y creo que pudo ser una degradación de otra palabra que "pudo" existir: *molier* (con una sola ele y, por eso, más parecida a la palabra *mulier*), derivada del verbo *Molior-molieri*, que quiere decir "construir fuertemente, fortificar", pero que, como está en voz pasiva, se refiere a algo que ha sido construido para resistir; algo muy fuerte como un muro, una pirámide, una muralla. Esa es *MOLIER*, la mujer de mi poema "Joya Divina". Ella, debe participar en el Derecho Divino a estar consagrada. No en el sentido de dedicada, sino de "portadora de lo sagrado", con el carácter que imprime (*cum sacrum*, de una vez para siempre. Es decir, debe poder ser sacerdote). Y, por lo tanto, debe poder consagrar el pan y el vino. Y administrar todos los sacramentos. La vocación, como llamado, otorgado como un don de Dios, no puede seguir reducido al género masculino. Si todos y todas, somos hijos de Dios, todos y todas, participamos de "lo divino", Y esto nos da acceso a "lo sagrado", no solo en forma pasiva, sino en forma activa.

Como he dicho, parte de la Iglesia Anglicana, abrió las puertas a la igualdad. Todos los seres humanos, sin importar su opción sexual, si llenan unos requisitos, que no tienen que ver con lo anterior, tienen acceso al sacerdocio. Por eso tenemos mujeres sacerdotes y mujeres obispos.

La Iglesia Católica, continúa con las puertas cerradas. Frente a las reclamaciones de teólogas, monjas y grupos de católicas y católicos, el papa Juan Pablo II, con toda la influencia que llegó a tener en la iglesia, en su Carta Apostólica ORDINATIO SACERDOTALIS del 22 de mayo de 1994, después de argumentar por qué no se admitía a las mujeres al sacerdocio, afirmaba tajantemente:

> *… en virtud de mi ministerio de confirmar en la fe a los hermanos (cf. Luc. 22,32), declaro que la iglesia no tiene en modo alguno, la voluntad de conferir la ordenación sacerdotal a las mujeres, y que este dictamen debe ser considerado como definitivo por todos los fieles de la iglesia.*

Es decir, usó su poder papal para cerrar DEFINITIVAMENTE la puerta al sacerdocio femenino. ¿En qué se basó el papa? En la tradición; en las Sagradas Escrituras, en la escogencia, sólo de varones, como apóstoles, por parte de Jesucristo, en la prédica constante de la iglesia sobre el mismo tema y, finalmente en algo con un sabor teológico de fondo: la afirmación de que las enseñanzas del Magisterio sobre la exclusión de las mujeres del sacerdocio, están de acuerdo con el plan de Dios para su iglesia.

Como se ve, esto es, prácticamente, una tautología, basada en la tradición. O, porque así lo ordenó Dios. Pero lo que Dios ordenó, y el conocimiento de su plan, nos llegó por la tradición. Pero, si hubiésemos respetado la tradición, la historia jamás hubiese despegado. Es más: tradiciones, y normativas hubo en la iglesia que fueron desapareciendo pero que, en su momento, fueron incuestionables. Por ejemplo, la confesión pública de pecados graves como el adulterio, la fornicación, el homicidio y la idolatría ante el obispo, el Jueves Santo y frente a la comunidad a la que se pedía perdón. Confesión que podía hacerse SÓLO UNA VEZ en la vida. El matrimonio de los sacerdotes. Recordemos que varios apóstoles eran casados, y así los escogió el Maestro. Pero, en contra de ese ejemplo, la iglesia impuso el celibato. Hasta el Concilio Vaticano II, a las mujeres, por tradición, no se les permitía acceder al presbiterio. Menos aún, ser acólitos, leer las epístolas o los evangelios, o dar la comunión. En el templo, las mujeres estaban separadas de los hombres. No podían entrar con falda corta o blusas ligeramente escotadas. Y tenían que cubrir su cabeza. Ya lo había dicho San Pablo en su Epístola a los corintios:

Porque si la mujer no se cubre, que se corte también el cabello; y si le es vergonzoso a la mujer cortarse el cabello o raparse, que se cubra. (11,6). Porque el varón no debe cubrirse la cabeza, pues él es imagen y gloria de Dios; pero la mujer es gloria del varón. (11,7). Porque el varón no procede de la mujer, sino la mujer del varón (11,8), y tampoco el varón fue creado por causa de la mujer, sino la mujer por causa del varón (11,9).

Hoy vemos que las mujeres entran al presbiterio, no se cubren la cabeza, son acólitos, leen la palabra de Dios, dan la comunión, etc. Pero, en el etc., no está el ser sacerdotes.
Como vemos, han caído tradiciones. Pero no por bondad de la iglesia, sino por la presión de las mujeres, y de muchos varones, en el contexto de la sociedad moderna.

En cuanto a las Sagradas Escrituras, por supuesto que no se hace referencia al sacerdocio de las mujeres: ¡ningún libro de la Biblia fue escrito por una mujer! El Evangelio de María Magdalena, fue considerado como apócrifo y quedó fuera del canon. Pero, en tratándose de Escrituras, es bueno recordar lo que decía San Pablo sobre la igualdad de la mujer, esta sí igualdad teológica y que, por lo tanto, es mucho más importante que lo que decía con relación a cubrirse la cabeza. Y, con ello, San Pablo, universalizó el cristianismo:

Ya no hay judío ni griego; no hay esclavo ni libre; no hay varón ni mujer; porque todos vosotros sois uno en Cristo Jesús. (Gal.3,28).

En cuanto a la práctica de la iglesia y al Magisterio, se fundamentan en la tradición excluyente y discriminatoria. La mujer no ha sido excluía por voluntad de Dios, sino por el contexto patriarcal que ha sometido la mujer al varón.

No hay texto sagrado que deje a la mujer fuera del sacerdocio. Sería una injusticia divina con la mitad de "lo humano". Y, de existir ese texto, la Iglesia ya hubiese declarado dogma, la exclusión de la mujer. Pero no ha podido hacerlo. Lo de Juan Pablo II, es una Carta Apostólica, no un dogma enunciado "Ex cátedra", es decir, con el protocolo que implica la VERDAD ABSOLUTA. Por eso se le pidió al papa Francisco que retomara el tema del sacerdocio femenino. Pero él, fácilmente, se lavó las manos, diciendo que la última palabra sobre eso ya la había tenido Juan Pablo II y que no iba a cambiar. Que las mujeres ya desempeñaban importante papel en la iglesia. Que ahí estaba la Virgen María y que la iglesia era femenina. Lo que no dijo es que la Virgen María tampoco podría ser admitida al sacerdocio y que la iglesia es un femenino donde "lo sagrado", es privilegio de varones. Y, a partir de ahí, ejercen un control casi total sobre la mujer. Le controlan el alma y el cuerpo. A este último se lo administran. Se lo "legislan" como si, nada más, fuese, una máquina de procreación, sometida a la voluntad de los machos. Han brillado las mujeres en todos los campos del saber y del actuar. Heroínas que han luchado en los ejércitos y en los contra-ejércitos; en todas las artes; en la filosofía y en la ciencia. Han soportado la maternidad con amor y con estoicismo. Con eso les bastaría y les sobraría, para que los varones les rindiéramos permanente tributo de gratitud. Porque, para ese "oficio", no tendríamos ni la fuerza, ni el coraje, ni la constancia, para soportarlo. Pero, para la iglesia patriarcal, son sólo "mujeres".

Y, ahí estamos…

Se dirá que tengo que estar loco para decir estas cosas. Lo acepto. Como dije al principio, esto no es normal. Loco es el que se sale de lo aceptado como real; como incuestionable, para decir y hacer otras cosas. Para decir y hacer locuras, porque considera, o siente, que la locura, o los momentos de locura, es lo que le da, o le dan, a la vida un sentido. No hay duda de que cuando Eva comió del árbol de la ciencia, su curiosidad la llevó a convertirse en la primera investigadora pragmática. Fue un momento de locura, pero un momento de locura que fundó la historia. Admirable, en verdad, la "madre de todos los vivientes". Con eso nos puso a ser. Y a ser nosotros mismos. No fuimos dioses pero, con dioses o sin dioses; humanizándolos, o endiosándonos a nosotros mismos, nos pusimos a la tarea de buscarle a la historia un sentido. Ese es el papel de toda cultura. Y, aunque se le ha negado a la mujer el acceso al sacerdocio que, por justicia, espero que se logre más temprano que tarde, por esas cosas misteriosas de la vida, a los católicos nos enseñaron a decir: "Santa María, MADRE DE DIOS…". Eh ahí una expresión cristiana de lo que, en la visión griega fue, el principio femenino del mundo.

A las mujeres les han achacado casi todas las desgracias de la humanidad, comenzando por la pérdida del Paraíso Terrenal. Nada más injusto. Si somos creyentes, tenemos que aceptar que eso estaba en el Plan Divino, desde "el comienzo", de la eternidad misma.   Y, ¿el libre albedrío?   Bueno, este estaba incluido en el Plan, como parte fundamental. Es el elemento divino que contribuye con Eva a la fundación de la historia. Nada queda fuera de la Providencia…

Si de algo puede acusarse a la mujer, es de haber sido y de ser, una maravilla incomprendida.

Y cierro esta Dedicatoria con unos sencillos versos que tienen que ver con el tema:

MUJER

La locura es mujer,
lo dijo Erasmo;
de esto hace ya
como quinientos años...

Genio admirable el de aquel Maestro,
fabuloso y grande, todo su saber;
porque locura eres tú, querida,
¡quinientos años después!

Y mira: seguí tu rastro,
para estar loco, también...

*El libro 40 POEMAS DE AMOR, publicado por AMAZON, está dedicado a las mujeres. Pero, esta DEDICATORIA de aquí, extendida en unas breves páginas y puesta en otros libros, trata de mostrar la otra cara: la de la mujer negada.

CIENCIAS SOCIALES Y MATERIALISMO HISTÓRICO*

* Inédito

Imaginemos el siglo XI después de Cristo. Es el primero de los tres siglos que van del 1000 al 1300 cuando se presenta en Europa Occidental un resurgimiento en todos los aspectos sociales y que se manifiesta en un aumento de población, un crecimiento agrícola, y en una expansión de la actividad manufacturera y del comercio.

La Edad Media, en decadencia, ha establecido tres órdenes sociales: el clero, encargado de la salvación de las almas; la nobleza, cuyo trabajo es hacer la guerra para proteger los cuerpos, y los campesinos, siervos o libres (la diferencia no es mayor), cuyo papel es trabajar la tierra para alimentar a los protectores de sus cuerpos y a los salvadores de sus almas, así para ellos mismos no quede casi nada de su producto, pues los campesinos no eran más que almas ingenuas en cuerpos hambrientos, el cuadro que Jean de La Bruyère pintaría siglos más tarde en vísperas de la Revolución Francesa, se podía aplicar en esta época, pues el tiempo de la sociedad feudal, es decir, su estructura vital, no se mide en años sino en siglos. Decía el autor citado:

Se ven ciertos animales huraños, machos y hembras, esparcidos por el campo, negros, lívidos y quemados por el sol, ligados a la tierra que remueven y labran con su tesón invencible, suena una voz articulada, y cuando se levantan sobre sus pies, muestran una faz humana; en efecto, son hombres. Por la noche se retiran a sus cubiles donde viven de pan negro, de agua y de raíces: ahorran a otros hombres el trabajo de sembrar, de labrar y de recoger para vivir, y por ello merecen que no les falte ese pan que han sembrado.[1]

En el siglo XI del cual estamos hablando, un campesino francés costaba en 38 sous (sou = un centavo francés), y un caballo, cien sous[2]

La iglesia, reina y señora de ese mundo, ha consagrado ese orden social como expresión del Plan Divino, de la soberana voluntad de Dios. El sufrimiento de los campesinos será interpretado como consecuencia del pecado original.

En ese contexto, siervos fugitivos, campesinos libres, artesanos y, hasta vagabundos, van reuniéndose alrededor de los castillos, de los **burg**, las fortalezas desde las cuales los señores explotan sus feudos, es decir, las tierras con los campesinos adscritos a ellas; en forma inmisericorde. Allí, alrededor de los burgos y a orillas de los caminos, instalarán sus toldos y comenzarán a comprar y a vender, los excedentes de los señores y de los campesinos, los productos de los artesanos y toda clase de cachivaches que produjeran algún tipo de ganancia. Comenzarán abriéndose un espacio geográfico y luego, les costará más trabajo, un espacio social, ya que eran intrusos en una sociedad que no tenía sitio para ellos, pues el comercio era considerado una actividad anormal y su ejercicio un pecado. El jurista Graciano, principal canonista de la época. Había sentenciado que "El mercader no puede – o difícilmente puede – agradar a Dios". Los documentos eclesiásticos, que proporcionan listas de profesiones prohibidas, o de oficios deshonrosos, incluyen en ellas, casi siempre el comercio.

---

[1] DeLa Bruyere, Jean, citado por A. Mamfred, **La Gran Revolución Francesa,** México; Grijalbo, 1964, p. 27.

[2] Huberman, Leo, Los Bienes Terrenales del Hombre, Buenos Aires, Merayo Editores, 1969, p. 17

El papa León el Grande, había dicho:

"Es difícil no pecar cuando se hace profesión de comprar y vender", y Santo Tomás subraya que "El comercio, considerado en sí mismo, tiene cierto carácter vergonzante"[3]

Pero la ganancia pudo más que la vergüenza, y los burgueses se lanzaron a conquistar el mundo, fundaron ciudades, viajaron cada vez más lejos, sobre todo al oriente a traer los fino productos de consumo de esas tierras y convirtieron a los señores feudales en adictos a los mismos, lo que fue imponiendo la economía montaría y, como consecuencia, la destrucción de la servidumbre.

Para realizar sus actividades y poder adaptarse sin problemas al mundo feudal, **los comerciantes vinculan a Dios como socio**. Así nos lo dice el historiador Jacques Le Goff:

…en Italia, cuando se constituye una sociedad comercial, Dios recibe una participación en la empresa. Como asociado, dios tiene una cuenta abierta y recibe su parte de los beneficios, que constan en los libros con el nombre de "Mi señor el Buen Dios: **Miser Domeneddio",** y en caso de quiebra tiene prioridad en el cobro de la liquidación.

Agrega, además el citado historiador, que con ocasión de la firma de un contrato, se acostumbra a tomar a Dios como testigo y a darle en agradecimiento una ofrenda llamada **"Dinero de Dios"**[4]

------

[3] Véase, Le Goff, Jacques. Mercaderes y Banqueros de la Edad Media. Barcelona: Oikos-tau, 1991, p. 75

[4] Ibid. , Op. Cit P. 94.

Así, con Dios por delante, sin confrontar al feudalismo, la burguesía va construyendo su propio mundo. Comenzará con una nueva vivencia que implicará una nueva economía, otra estructura social, una manera diferente de generar y utilizar el poder político, basada en la soberanía popular y, como consecuencia de todo esto, una manera radicalmente diferente de pensar el mundo: el racionalismo. Pero, para llegar a esto, tendrán que pasar algunos siglos.

De todas maneras, frente al mundo estático del feudalismo, la burguesía crea un mundo móvil, un mundo cuya naturaleza será el cambio permanente. Esto, desde luego, afectará profundamente las relaciones sociales, como lo afirma José Luis Romero, especialista en la época: "Una estructura socioeconómica creada por el hombre, es inestable, y el signo de su inestabilidad es la movilidad social: no hay en la sociedad un sitio preestablecido para cada hombre; éste es el fruto del esfuerzo y la fortuna de cada uno"[5].

La burguesía envía al oriente a Marco Polo; inventa la imprenta que romperá con el monopolio de la lectura del Libro Sagrado y permitirá divulgar los nuevos conocimientos; inventa la brújula que contribuirá en el desarrollo de los descubrimientos geográficos, con los cuales los diferentes mundos se convierten en uno solo; coloca la pólvora al servicio de los reyes cuyos cañones volverán pedazos el poder político de los señores feudales para dar paso, a través de las monarquías absolutas, a la creación de los incipientes estados nacionales. Inventará el humanismo colocando al hombre en el centro de la historia y, con los descubrimientos científicos, convirtiéndolo en el amo (destructor) de la naturaleza.

---

[5] ROMERO, José Luis. Estudios de la Mentalidad Burguesa. Madrid: Alianza Editorial, 1987, p. 334

Con el gran Renacimiento de los XV y XVI, Pico de la Mirandola, el gran humanista italiano, dirá que el hombre es "Gran milagro y maravillosa criatura".[6]

La burguesía va instaurando un nuevo poder que ya no se basa en la tierra sino en el capital. El Capital irrumpe en la modernidad como el nuevo sujeto histórico. Es la nueva **Entidad** que da a los hombres su identidad. Estos van a ser medidos y valorados según el capital que tienen, lo que implica, de hecho, una diferenciación substancial en la base de la organización social. Paralela a este proceso, se da también una nueva valoración en los fundamentos de la sociedad: la base no será más la comunidad sino el individuo, y no cualquier individuo, sino **el individuo propietario, el individuo poseedor de capital.**

Como el capital es la entidad que da identidad a los individuos, toda la nueva organización social es decir, el sistema en todos sus niveles (económico, social, político y cultural), comienza a funcionar con la lógica del capital.

Como consecuencia de lo anterior, el cristianismo, ideología del régimen medieval, queda reducido a un conjunto de rituales externos, no a una conducta como mandaba el mensaje original.

Ahora el problema religioso, no es un problema social, comunitario, sino un problema de conciencia individual. El individuo habla solo, con Dios en el fondo de su conciencia. Ya no importan las obras externas, o la conducta, sino la fe. En este sentido se expresó la Reforma Luterana, y esta fue la

---

[6] Pico de la Mirandola, Juan. "Oración sobre la dignidad del hombre", en Autores Varios. Lecturas Universitarias. México: Universidad Autónoma, 1972, p. 232

manera como el cristianismo comenzó a adaptarse al nuevo orden social. El calvinismo irá más allá, en el mismo sentido, con su doctrina de la predestinación, al dar una respuesta contundente sobre la salvación a los nuevos varones del dinero: quien tenga éxito en ente mundo, está destinado al cielo, quien fracase, no está entre los elegidos de Dios.

El catolicismo fue aún más reacio a aceptar doctrinalmente al capitalismo, pero, de hecho, y de derecho, fue acomodándose al orden burgués. Acabó condenando sus abusos pero no sus fundamentos, y esto fue sostenido en toda la Doctrina Social de la Iglesia. Para recordar sólo un documento, digamos que *el Papa Juan XXIII en su encíclica* **Mater et Magistra,** *afirma que la propiedad privada,* ***aún la de los medios de producción****, es un derecho natural, lo cual significaba, al mismo tiempo, consagrar al capitalismo como un orden natural, pero con la bendición papal.*[7]

Con esto, el cristianismo eclesiástico, dio un giro de 360º con relación al cristianismo original para el cual el derecho natural era el derecho que tenían todos los hombres a todos los bienes del mundo, como herencia del Padre Celestial.

Los conocimientos científicos se profundizan a través de la llamada Revolución Científica del Siglo XVII que dará origen a la Revolución Industrial, a nuestro juicio, y desde una perspectiva profana, el acontecimiento histórico más importante de la historia de la humanidad. Con ella, la burguesía se afirma como clase dominante, a nivel mundial. El taller domiciliario es reemplazado por la fábrica, y el trabajador, despojado de sus instrumentos de producción, tiene

---

[7] Bigó Pierre. Doctrina Social de la iglesia. Barcelona: Instituto Católico de Estudios Sociales, 1967, p. 263

que vender su fuerza de trabajo, es decir, todo su ser, para poder sobrevivir. Eso, cuando se trata de los más afortunados, los que tienen el privilegio de ser explotados. Los otros, los que son reemplazados por las maquinas, quedarán por fuera de la sociedad y de la historia, convertidos en *"desechables"*, un adjetivo que indigna pero que nos abarca a todos, en la medida en que seamos conscientes, de que todos somos la humanidad.

Mientras esto ocurría, las burguesías iban asaltando el poder político. Las bastillas monarcofeudales fueron cayendo una tras otra, con el apoyo de los descamisados o "sanculottes como se le llamaba en Francia a la plebe urbana, plebe que ingenuamente soñó que la revolución burguesa era su propia revolución y que los ideales de libertad, igualdad y fraternidad eran los valores de un mundo popular que estaba por nacer. ¡Que desengaño¡ cuando se dieron cuenta que el mundo que estaban ayudando a construir, no era el de ellos, sino el de los dueños del capital.

La revolución Industrial produjo grandes problemas a nivel interno y a nivel externo   Dejemos que el especialista Walter Montenegro nos hable acerca de los primeros con cita que se justifica en su longitud, por el contenido: La tierra que se empleaba para producir comestibles resulta ahora mucho más lucrativa como campo de pastoreo, para el ganado lanar (las fábricas de tejidos demandan cantidades de materia prima cada vez mayores para saciar el apetito voraz de los telares mecánicos). Hay escasez de alimentos. Los labriegos se ven desplazados ("donde había centenares de campesinos hay ahora alguna decena de pastores y millares de ovejas"). Los labriegos empujados por la miseria afluyen a las ciudades, tanto porque ya no tienen nada que hacer en el campo, como porque van en busca de los salarios de las fábricas, pero las fábricas no son suficientes para recibir esta afluencia, hay desocupación, hambre, problemas de habitación y de higiene. Las ciudades quedan infestadas por una masa flotante de fantasmas que han perdido para siempre el sitio que ocupaban en la tierra y en la historia y que no encuentran todavía un nuevo acomodo; hay revueltas de campesinos. En las fábricas y en las minas de carbón (las máquinas devoran combustibles) las situación es literalmente inhumana. Hay empresarios que creen que los adultos ofrecen demasiados problemas y prefieren contratar niños desde los siete años de edad; para evitar que se alejen del lugar de su tarea, los niños son encadenados a las máquinas y hasta se llega a limarles los dientes para que coman menos.

En las minas hay hombres que no conocen el sol: fueron concebidos y nacieron y mueren dentro de las galerías. Una de las ocupaciones que se considera adecuada para las mujeres es la de arrastrar las vagonetas en que se saca el carbón. Pero ingeniosos empresarios han descubierto que es más barato hacer galerías de apenas un metro de altura: las vagonetas son también bajas, las mujeres que las arrastran deben, pues, ir caminando a gatas.

Por supuesto, no hay leyes sociales. La abundancia de gente que busca empleo permite a los empresarios rebajar constantemente los salarios (basta con echar al obrero que gana más y tomar a otro por menos, salvo que el primero se avenga a la rebaja).[8]
A nivel extremo, la Revolución Industrial produjo la división del mundo en dos bloques: por un lado los países industrializados, productores de maquinaria y de productos industriales; serán luego los países desarrollados. Y, por otro, los países productores de materias primas para los países

---

[8] Montenegro, Walter, Introducción a las Doctrinas político-económicas, México, Buenos Aires, F.C.E. 1965, p.
29-30

industrializados. Serán luego los países subdesarrollados. Porque el subdesarrollo es la otra cara del desarrollo. Pero este tema daría para otra conferencia.

La burguesía que, por menos a nivel ideológico y para combatir al feudalismo, había prometido un futuro lleno de progreso, o sea de perfeccionamiento técnico y moral y de equilibrio social, es decir de pleno uso de los factores del capital y del trabajo, no cumplió; por el contrario, comenzó a crear grandes desequilibrios como lo ha mostrado Walter Montenegro, y como lo hemos visto, por la división internacional del trabajo. Entonces trató de racionalizar su mundo, fenómeno que comienza en el siglo XVIII, y sigue en el siglo XIX, como lo expresa el ya citado José Luis Romero:

En el siglo XVIII, y también con el idealismo del XIX; se afirma que la razón ha sacado de la nada una cantidad de principios, que en realidad han nacido de la experiencia. Racionalizar es precisamente borrar el origen experiencial, siempre contingente, y afirmar su valor eterno y universal.[9]

Es decir, con el advenimiento de la burguesía, el hombre burgués fue elevado a la categoría universal de hombre y el mundo fue definido a su imagen y semejanza.
Lo anterior se dio, porque el pensamiento burgués se caracteriza por un reconocimiento de la igualdad natural de los hombres, su derecho a la libertad y a la felicidad, la concepción de la propiedad privada como un derecho natural y, por lo tanto, la concepción de la sociedad y del Estado, como generados en un pacto social común y subsidiarios de la propiedad.

---

[9] ROMERO, José Luis, Op.Cit, p. 59

La sociedad burguesa justifica su existencia, en el hecho de estar basada en la naturaleza de las cosas, es decir en La Razón. En su concepto límite llegará a afirmarse como la única y la última sociedad racional de la historia. Según la concepción que esta sociedad tiene de sí misma, más allá de ella sólo es posible la barbarie.

Aparece así toda una ideología que coloca intereses particularistas (los de la burguesía), en un marco universalista (los del pueblo o de la nación toda).

El pensamiento burgués surge, además, como un pensamiento crítico de las sociedades anteriores a las que considera basadas en la fuerza bruta y en los mitos, y no en la razón y en el derecho.

La nueva clase social, con su nueva sociedad montada sobre estos "a priori" ideológicos, impulsará una nueva manera de conocer y valorar el mundo natural y social: el conocimiento científico.

Este conocimiento reemplazará a la teología del orden medieval para explicar y legitimar el nuevo orden. Los científicos reemplazarán a los sacerdotes en la construcción del conocimiento y en la justificación del nuevo orden "natural" y "racional".

En este contexto surgen las Ciencias Sociales. Pero no aparecerán como legitimadoras de un orden social particularista, sino que, basadas en el concepto de ciencia, como un conocimiento universal, neutral y apolítico, dejarán de lado los marcos ideológicos del sistema, para concentrarse en su funcionamiento.

Toda su crítica se orientará a detectar algunas "disfunciones" para que el sistema continúe su perpetuación porque, **visto en esa forma, el sistema u orden social capitalista, es el final de la historia.**

Así pues, las Ciencias Sociales surgen como una relación social de un sistema que funciona con la lógica del capital. Desde esta perspectiva, el conocimiento científico no puede construir su objeto como una cosa "en sí", independientemente de las condiciones reales en que viven los hombres que construyen. Porque el trabajo intelectual-como dice Patricio Biedma, a quien seguimos en estos apartes- no se da en ninguna forma ni en ninguna sociedad, de una manera independiente de las relaciones sociales que, si son relaciones de clase, son por lo mismo relaciones de poder, que van a objetivarse en el conocimiento construido por los intelectuales para negar la realidad de clase de las relaciones sociales y tratar así de mostrarlas, como relaciones de igualdad. Por lo anterior ocurre que:

"Entonces el problema del conocimiento, no es un problema de métodos o de laboratorios, por cuanto los parámetros del método y la actividad de los laboratorios, están previamente determinados, por las relaciones de poder de clase que sirven como base a la estructura social.

La cuestión es paradójica, mientras que el conocimiento científico se orienta a buscar la verdad de las relaciones sociales, son esas relaciones las que determinan la verdad de ese conocimiento.

El resultado es que las Ciencias Sociales, determinadas por unas relaciones de poder, construyen una realidad que no es la expresión de lo existente.

Niegan las relaciones de dominación y hacen aparecer intereses particularistas, como intereses Universalistas".[10]

Contra la estructura y la racionalización del mundo burgués, aparecerá el Materialismo Histórico y Dialéctico, como su crítica más radical. En efecto, el marxismo no es una crítica a sus desequilibrios temporales sino a sus estructuras. No es una propuesta de reforma sino de cambio de sistema.

El marxismo, pues, no tiene nada que ver con las Ciencias Sociales porque es su antagonista. Si las Ciencias sociales, como hemos visto, aparecen para legitimar el orden burgués, mostrándolo como un orden racional de final de la historia, el marxismo aparece para criticarlo y para buscar su destrucción, mostrándolo como otra sociedad de clases de explotadores y explotados, es decir, con una vigencia histórica, y tratando de organizar políticamente a la clase trabajadora que, supuestamente había de enterrarlo, para lograr la sociedad sin clases, es decir, ahí sí, el final de la historia o, como pensaba Marx, el comienzo de la verdadera historia.

El marxismo nace como lo hemos visto, de una situación histórica: los conflictos sociales que ha provocado la Revolución Industrial, en algunos países de Europa Occidental. Y también de tres fuentes intelectuales: la filosofía clásica alemana, la economía política inglesa y el socialismo francés. Marx tomará algo de ellos y los criticará también. Elaborará, junto con Engels, el materialismo dialéctico, el materialismo histórico y la

---

[10] Véase, Viedma, Patricio, "Ciencia Social y Racionalidad Capitalista", Cuadernos de la Realidad Nacional N° 5, Santiago de Chile, Universidad Católica, septiembre. 1970, p.p. 140-142.

teoría de la plusvalía, y sustentará el papel histórico del proletariado como la única clase capaz de destruir a la sociedad burguesa y de fundar la sociedad sin clases, el concepto límite del desarrollo histórico la sociedad comunista. El materialismo dialéctico, dimensión epistemológica del materialismo histórico, se basa en las leyes de la dialéctica que son tres: ley de la penetración de los opuestos, ley de la negación de la negación y ley de la transformación de la calidad en cantidad y de la cantidad en calidad.

El materialismo histórico es la teoría marxista de la historia y hace referencia a la casualidad de los acontecimientos históricos y al funcionamiento de la sociedad. Marx lo explica en su célebre párrafo del **Prólogo a la Contribución a la Crítica de la Economía política:**

El resultado general al que llegué y que, una vez obtenido, sirvió de hilo conductor a mis estudios, puede resumirse así: en la producción social de su existencia, los hombres contraen determinadas relaciones necesarias e independientes de su voluntad, relaciones de producción que corresponden a una determinada fase de desarrollo de las fuerzas productivas materiales. El conjunto de estas relaciones de producción forma la estructura económica de la sociedad, la base real sobre la que se eleva un edificio (uberbau) jurídico y político y a la que corresponden determinadas formas de conciencia social. El modo de producción de la vida material determina (bedingen) el proceso de la vida social, política y espiritual en general. No es la conciencia del hombre lo que determina su ser sino, por el contrario, el ser social es lo que determina su conciencia.[11] Hasta aquí ha explicado el funcionamiento de la

---

[11] MARX,Carlos, Introducción General a la Crítica de la Economía Política, Buenos Aires: Siglo XXI, 1974, p.35-36

sociedad. Ahora explica su teoría del desarrollo histórico de la siguiente manera: "Al llegar a una determinada fase de desarrollo, fuerzas productivos materiales de la sociedad, chocan con las relaciones de producción existentes, o, lo que no es más que la expresión jurídica de esto, con las relaciones de propiedad dentro de las cuales se han desenvuelto hasta allí. De formas de desarrollo de las fuerzas productivas, estas relaciones se convierten en trabas suyas. Se abre así una época de revolución social".[12]

El Marxismo ha ocasionado así toda una revolución en la concepción del funcionamiento de la sociedad y del desarrollo histórico.

El "modo de producción de la vida material", será el concepto fundamental para estudiar el funcionamiento y cambio de los sistemas sociales, y la forma como se produce el conocimiento.

A la idea de **evolución**, Marx responderá con el concepto de **revoluci**ón. A la concepción idealista del conocimiento, entendido como algo independiente de la realidad social, Marx responde con otra concepción que entiende el conocimiento como parte de la realidad social misma y, en el caso del conocimiento científico, como resultado de una práctica reflexionada a la que Marx denomina **praxis.**

Lo anterior hace posible el surgimiento de los conceptos de **ciencia** e **ideología** dentro del Marxismo. La ciencia, en el caso de estudiar "lo social", es un conocimiento que nos permite llegar a la esencia del sistema, es decir a desvelar sus

---

[12] Ibid.

relaciones de poder cimentadas, *en última instancia,* en la propiedad privada de los medios de producción, que permite a unos hombres explotar a otros, produciendo el fenómeno de la **alienación**, concepto que tiene que ver con el de **ideología**. Esta es un conjunto de ideas universalistas con que se disfraza un sistema de relaciones sociales que es enajenante.

Así pues, la ideología, pretendiendo ser un conocimiento científico, produce, en realidad, un ocultamiento de las relaciones de dominación que son inherentes a cualquier sistema de clases. En el caso del capitalismo, este papal lo cumplen las Ciencias Sociales. Así lo expresa Pierre Fougeirollas.

La ilusión ideológica de las Ciencias Sociales", desde sus orígenes consiste en haber aislado las instituciones y las "formas de conciencia social", de las relaciones de producción que constituyen su base real. Así, después de haber creído ver en las instituciones los fenómenos centrales y fundamentales de la vida social, han sido condenadas a buscar sus principios de explicación o de comprensión en esa "formas de conciencia social", reducidas a fenómenos de mentalidad en cierto modo originales.[13]

Para el orden burgués, la institución es la herramienta por medio de la cual la sociedad desarrolla su libertad. Pero, para el Marxismo, la institución es, un cualquier nivel de la estructura social, un instrumento de opresión de la clase trabajadora. Es la forma como las clases dominantes organizan sus intereses. Las instituciones no son pues, campos

---

[13] Fougeirollas, Pierre. Ciencias Sociales y Marxismo, México: F.C.E. 1979, p. 190

universales donde todos los asociados realizan su libertad, sino camisas de fuerza que regulan y, por lo tanto, oprimen la conducta humana, basada en la división social del trabajo generada, a su vez, por la propiedad privada de los medios de producción.

Por lo anterior, el marxismo no podía ser una "Ciencia Social", ya que apareció para negar las Ciencias Sociales, acusándolas, en general, de ser ideologías y para negar el sistema mismo que les dio origen, acusándolo de ser otra sociedad de clases, es decir, un sistema irracional al cual las Ciencias Sociales le dan la racionalidad que él mismo no tiene. Marx hace la crítica radical al sistema capitalista, cuando trata de demostrar que el trabajador vende en el mercado su fuerza de trabajo y no su trabajo, porque éste no le es pagado en su totalidad. Sólo se le paga una parte. La otra parte, el valor no pagado, al que Marx denomina **Plusvalía**, es algo de lo cual se apropia el capitalista por el hecho de ser dueño de los medios de producción. **La Plusvalía es lo que hace posible la existencia del capital, porque éste no es más que la acumulación de Plusvalía.**

Con este descubrimiento, Marx echa por tierra todos los valores igualitaristas y justicialistas de la sociedad burguesa y trata de demostrar cómo esta sociedad, a través de sus valores, disfraza una desigualdad y, por lo tanto, un desequilibrio estructural, que la constituyen en una organización social condenada a desaparecer por sus propias contradicciones.

En efecto, la teoría de la Plusvalía le permite a Marx, afirmar que el sistema capitalista es otra sociedad de clases; que está generando una clase antagónica que es el proletariado y que éste proletariado enterrará a la burguesía expropiándole sus medios de producción.

Marx lo expresa en esta forma:

El monopolio del capital se convierte en grillete del régimen de producción que ha crecido con él y bajo él. La centralización de los medios de producción y la socialización del trabajo, llegan a un punto en que se hacen incompatibles con su envoltura capitalista. Esta salta hecha añicos. Ha sonado la hora final de la propiedad privada capitalista. Los expropiadores son expropiados.[14]

Se comienza, entonces la marcha hacia la sociedad comunista que para Marx y Engels no es una utopía. Así lo manifiestan en la Ideología Alemana: "Para nosotros el comunismo no es un estado que debe implantarse, un ideal al que haya de sujetarse la realidad. Nosotros llamamos comunismo al movimiento real que anula y supera al estado de coas actual".[15]

Para llegar a la sociedad comunista es preciso pasar por un proceso revolucionario de lucha de clases que Marx y Engels exponen en su obra clásica **Manifiesto del Partido Comunista o Manifiesto Comunista,** como se le conoce normalmente.

Al postular la necesidad de una revolución para cambiar el régimen capitalista, Marx y Engels refutan el socialismo utópico que proponía únicamente teorías encaminadas a crear

---

[14] MARX, Carlos. El capital, Op. Cit, p. 648-649

[15] MARX, Carlos y Federico Engels. La Ideología Alemana. México: Cid Ediciones S:A; p.37

asociaciones ideales que debían ser ejemplo de armonía social. Para los socialistas utópicos, la reconstrucción social estaba basada en la bondad del hombre a quien suponían dispuesto a aceptar lo justo, con sólo mostrarle la justicia.

La importancia del **Manifiesto**, tan citado y tan desconocido a la vez, nos obliga a referirnos a él, extensa y cuidadosamente siguiendo el orden de los expositores, para apreciar cómo es el análisis y la condena que hacen Marx y Engels, de la sociedad burguesa.

La obra comienza con las frases que sustentan el análisis sociohistórico marxista:

La historia de todas las sociedades que han existido hasta nuestros días, es la historia de las luchas de clases. Hombres libres y esclavos, patricios y plebeyos, señores y siervos, maestros y oficiales, en una palabra: opresores y oprimidos, se enfrentaron siempre, mantuvieron una lucha constante, velada unas veces y otras franca y abierta; lucha que terminó siempre con la transformación revolucionaria de toda la sociedad o el hundimiento de las clases beligerantes.[16]

La sociedad capitalista no ha escapado a esta ley; no es más que la continuación de las sociedades anteriores: "La moderna sociedad burguesa, que ha salido de entre las ruinas de la sociedad feudal, no ha abolido las contradicciones de clase. Únicamente ha substituido las viejas clases, las viejas condiciones de opresión, las viejas formas de lucha por otras

---

[16] MARX, Carlos y Federico Engels. Manifiesto del Partido Comunista. Santiago de Chile: Austral, 1965, p.40

nuevas".[17]

Pero, a diferencia de otras épocas, la burguesía ha simplificado las contradicciones de clase puesto que la sociedad va dividiéndose solamente en dos clases: la burguesía y el proletariado. La burguesía moderna es fruto de un proceso de desarrollo que comenzó con la manufactura y continuó con la gran industria moderna, la cual ha creado el mercado mundial ya preparado por el descubrimiento de América. El mercado mundial aceleró prodigiosamente el desarrollo del comercio, de la navegación y de todos los medios de transporte por la tierra. Este desarrollo influyó a su vez, en el auge de la industria, y a medida que se iba extendiendo la industria, el comercio, la navegación y ferrocarriles, desarrollábase la burguesía multiplicando sus capitales y relegando a segundo término a todas las clases legadas por la Edad Media.[18] Es entonces, cuando la burguesía se apodera del poder político, controlando el Estado moderno. Y para Marx y Engels, **"El gobierno del Estado moderno no es más que una junta que administra los negocios comunes de toda la clase burguesa"**[19]

Los autores del **Manifiesto** valoran luego el papel desempeñado por la burguesía en el surgimiento y afirmación del mundo moderno:

La burguesía ha desempeñado en la historia un papel altamente revolucionario. Dondequiera que ha conquistado el poder, la burguesía ha destruido las relaciones feudales,

---

[17] Ibid.,p.40.

[18] Ibid. , p. 41 – 42

[19] Ibid. , p. 42 – 43

patriarcales, idílicas, las abigarradas ligaduras feudales que ataban al hombre a sus "superiores naturales" las ha desgarrado sin piedad para no dejar subsistir otro vínculo entre los hombres que el frío interés, el cruel "pago al contado". Ha ahogado el sagrado éxtasis del fervor religioso, el entusiasmo caballeresco y, el sentimentalismo del pequeño burgués, en las aguas heladas del cálculo egoísta. Ha hecho de la dignidad personal un simple valor de cambio. Ha sustituido las numerosas libertades escrituradas y bien adquiridas por la única y desalmada libertad de comercio. En una palabra, en lugar de la explotación velada por ilusiones religiosas y políticas, ha establecido una explotación abierta, descarada, directa y brutal."[20]

Uno de los aportes básicos de la burguesía, es el hecho de haber logrado extender a todo el planeta, en una forma u otra, las relaciones capitalistas, con lo cual, a nuestro juicio, ha hecho posible el surgimiento de una verdadera historia universal. Pero, la burguesía no tiene el futuro abierto indefinidamente a su reinado, porque en este fabuloso proceso de desarrollo de los medios de producción, las fuerzas productivas de la sociedad entran en conflicto con las relaciones burguesas de producción y se produce una situación revolucionaria porque, dicen ellos, "La burguesía no ha forjado solamente las armas que deben darle muerte; ha producido también los hombres que empuñarán esas armas: los obreros modernos, los proletarios".[21] Porque − continúan diciendo − "De todas las clases que hoy se enfrentan con la burguesía, sólo

---

[20] Ibid. , p. 43 − 44

[21] Ibid. , p. 48

254

el proletariado es una clase revolucionaria".[22]El proletariado establecerá la sociedad comunista, aboliendo la propiedad privada burguesa. Esto aterroriza a los burgueses pero Marx y Engels contestan:

Os horrorizáis de que queremos abolir la propiedad privada. Pero en vuestra sociedad actual la propiedad privada está abolida para las nueve décimas partes de sus miembros. Precisamente porque no existe para esas nueve décimas partes, existe para vosotros. Nos reprocháis, pues, el querer abolir una forma de propiedad que no existe sino a condición de que inmensa mayoría de la sociedad sea privada de la propiedad.[23]

El Manifiesto termina proclamando los objetivos de los comunistas, y llamando a la unión mundial de los obreros: "Los comunistas – dicen Marx y Engels – consideran indigno ocultar sus ideas y propósitos. Proclaman abiertamente que sus objetivos sólo pueden ser alcanzados derrocando por la violencia el orden social existente. Las clases dominantes pueden temblar ante una revolución comunista. Los proletarios no tienen nada que poder en ella más que sus cadenas. Tienen, en cambio, un mundo que ganar ¡PROLETARIOS DE TODOS LOS PAISES, UNIDOS".[24]

El éxito práctico del **Manifiesto Comunista** parecía culminar en la Revolución Rusa de 1917. Hoy ya hemos visto lo que aconteció con esa revolución. Se ha derrumbado el socialismo real y se ha desintegrado la Unión Soviética.

---

[22] Ibid. , p. 54

[23] Ibid. , p. 63

[24] Ibid. , p. 91

Si bien se veía venir una crisis era difícil creer que una sociedad que durante 70 años, se había construido con base en un partido único, todopoderoso; con una de las mejores fuerzas armadas de la tierra; con el mejor aparato policíaco y con una ideología absolutamente excluyente, pudiera venirse abajo, de la noche a la mañana, en uno de los acontecimientos más sorprendentes, a lo largo de la historia.

Pero ocurrió. Y ocurrió porque el sistema que se afirmaba como democrático e igualitario, no lo era. La revolución conformó una elite burocrática que controló el Estado y, a través de él, los medios de producción, para su propio provecho.

El resultado fue una separación entre el estado burocratizado y las clases trabajadoras, lo cual llevó al estancamiento de la sociedad y, por consiguiente, a una situación de "callejón sin salida". El socialismo, al burocratizarse dejó de lado la democracia, es decir, la participación de las masas trabajadoras, en la creación y orientación de un proyecto social realmente colectivo. Los resultados están a la vista y la historia no perdona…

Con la crisis del socialismo burocrático, se pregona ahora, desde el capitalismo, la ideología del fin de las ideologías y del "final de la historia", con lo cual quiere decirse que el socialismo ya no es alternativa, que han caducado todas las utopías, y que la historia, hasta donde vaya, será capitalista (¡democrática!, se nos dice irónicamente).

Pero, lo anterior nos parece una conclusión apresurada que nada tiene que ver con la realidad. Primero, porque el socialismo que se derrumbó, no correspondía a la utopía que habían propuesto los fundadores del Socialismo Científico:

crear una sociedad realmente igualitaria y democrática. Y, segundo, porque con la desaparición del socialismo Burocrático, no han desaparecido las contradicciones sociales que genera el capitalismo, a nivel mundial, ahora en acelerado proceso de globalización. Es más, creemos que ahora esas contradicciones están haciéndose más evidentes.

En efecto, lo que estamos viendo, es una mayor concentración de la riqueza y del ingreso, con un dominio planetario de las transnacionales que arrasan el medio ambiente natural y social, sin que ningún poder político pueda establecer una mínima racionalidad colectiva; con ello, incluso,
puede ponerse en peligro la existencia de la especie humana.

El "fin de historia" no sería, entonces, la permanencia perenne del capitalismo, sino la extinción del hombre sobre la tierra y el fracaso del proyecto humano.

CAPITALISMO Y MARXISMO
VISIÓN ESQUEMÁTICA COMPARATIVA
AUTOR – Jorge R. Mora Forero

1. El capitalismo según la visión liberal - burguesa

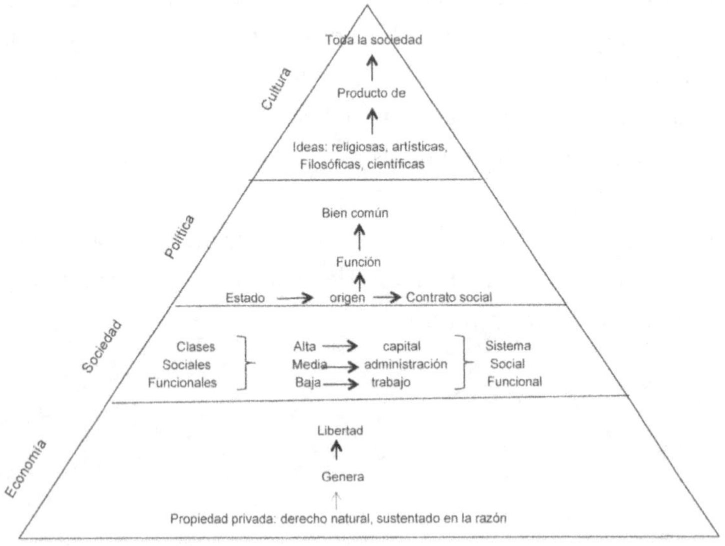

Al ser la propiedad privada un derecho natural fundamentado en LA RAZÓN, se constituye en la base del orden social. La sociedad, el Estado y la cultura, no son naturales sino históricos, por la tanto, deben estar al servicio de la propiedad. Como la propiedad es el único elemento que genera LIBERTAD, el orden social constituido se convierte en el único orden racional, o sea, en el final de la historia.

2. El capitalismo según la visión marxista

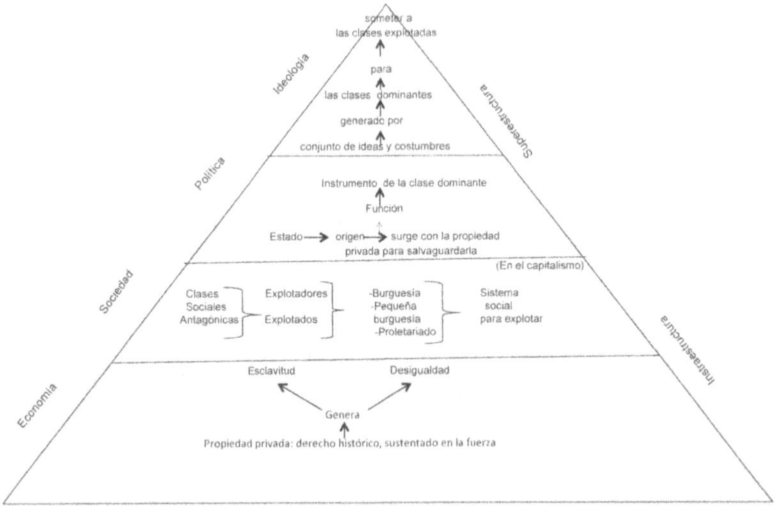

Al ser la propiedad privada un derecho histórico fundamentado en la fuerza, da origen a un sistema irracional desde el punto de vista colectivo, de tal manera que la estructura social toda, es un instrumento de explotación de la clase dominante. El Estado garantiza por la ley y por la fuerza, si es necesario, las relaciones de propiedad privada. La ideología internaliza en la conciencia de los dominados la idea de que el orden social es natural y de que la autoridad del estado es legítima.

3. El Socialismo según la visión liberal - burguesa

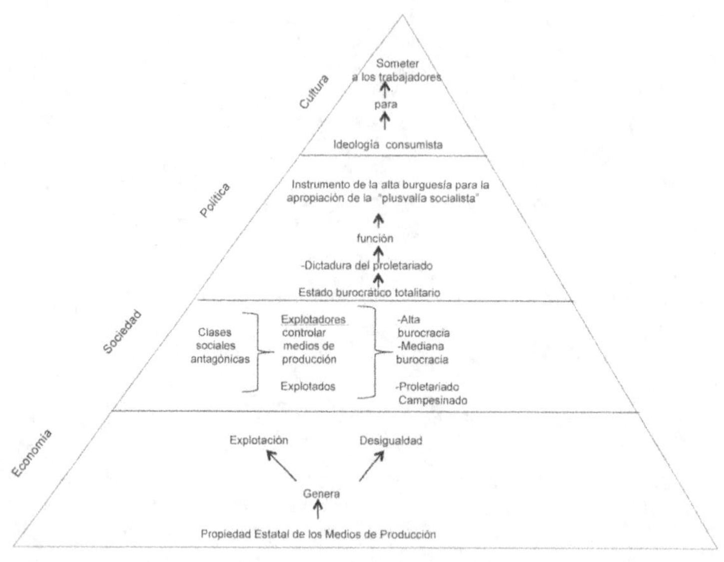

Es un sistema antinatural porque suprime la propiedad privada. Se genera una burocracia que controla los medios de producción a través de un Estado de carácter totalitario que sirve para extraer la "plusvalía socialista" para el provecho de la casta burocrática convertida en clase dominante. Esto se fortalece con la recitación continua de la ideología comunista que trata de ocultar la apropiación, y de justificar el proceso. Es el socialismo soviético. Cuando cayó la URSS, la alta burocracia se apropió los medios de producción. La "Dictadura del proletariado" concebida por Marx como una etapa de transición, se convirtió en una estructura permanente. Solo que el proletariado no llego al poder.

4. El modelo de Marx

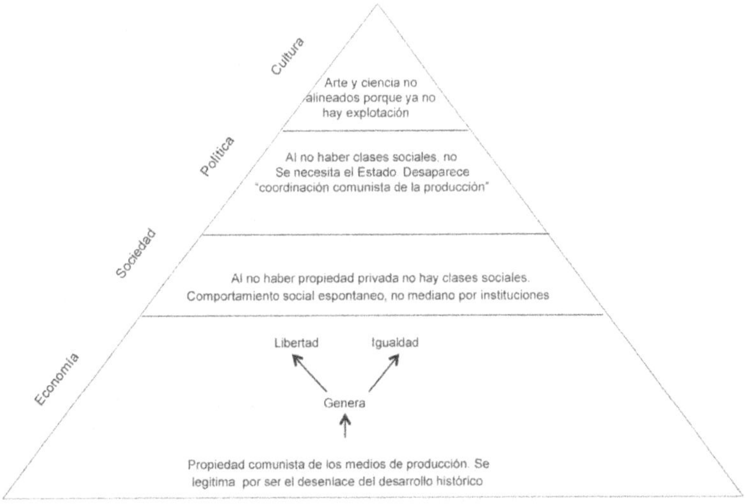

Realmente Marx no desarrolló la idea de la sociedad comunista para explicar cómo funcionaria.

Acostumbrados como estamos a pensar la sociedad como una red de instituciones, no podemos imaginar una sociedad a-institucional ya que para Marx toda institución es represiva y el comunismo es el reino de la libertad y la igualdad.

QUEMANDO CORANES: LAS HOGUERAS DE LA ESTUPIDEZ*

* Publicado en www.jorgemoraforero.com/blog/

Estaban, prácticamente, ebrios de triunfalismo. Buena parte de las masas alemanas gritaban detrás de él, o se enardecían con su presencia.

Aquel austríaco que había peleado en la Primera Guerra Mundial, y cuyas supuestas hazañas están siendo hoy desmitificadas por haber sido una construcción del Partido Nazi, había logrado movilizar a los desempleados, y descontentos en general, con las promesas de reparar las ofensas y humillaciones generadas por el Tratado de Versalles que dio fin a la guerra, sobre el papel, porque, en la realidad, no era más que un descanso para reiniciar la carnicería en 1939.

El cabo Hitler, convertido en Führer de un partido de fanáticos y de una sociedad traumatizada, les prometía a los alemanes, fundar un Reich que debía durar 1000 años.

Corre el año de 1933 y el ahora Canciller Adolf Hitler ha nombrado a Joseph Goebbels, personaje con elevado grado de cultura, Ministro del Reich para Ilustración del Pueblo y de la Propaganda. Fue establecida la más estricta censura y la prohibición de una serie de libros. Las bibliotecas de los Partidos Comunistas y de la Universidad de Colonia, fueron incendiadas.

Para sorpresa de muchos, aunque no de los conocedores de la condición humana, ese importante filósofo que fue Martín Heidegger, Rector de la Universidad de Friburgo y miembro del Partido Nazi, participó en la quema de libros que hubo allí, dentro de los desórdenes ocurridos el 8 de mayo (1).

Nos encontramos ahora, en la Biblioteca W. von Humboldt donde miembros de la Asociación de Estudiantes Alemanes, han recogido las obras prohibidas y las han juntado con las de otros institutos y con las de judíos capturados. Y las han llevado a Operplantz donde han encendido la hoguera. Goebbels se dirigió a su público y, después de hablar de la búsqueda de la verdadera esencia del ser alemán, dijo, entre otras cosas: "Las revoluciones que son genuinas no se paran en nada. Ninguna área debe permanecer intocable [...].

Por tanto, ustedes están haciendo lo correcto cuando ustedes, a esta hora de media noche, entregan a las llamas el espíritu diabólico del pasado [...].

El anterior pasado perece en las llamas; los nuevos tiempos renacen de esas llamas que se queman en nuestros corazones [...] "(2).

Las llamas de Hitler, Goebbels y compañía, crecieron tanto que, sobre las miserias del pasado, prendieron la mecha de la Segunda Guerra Mundial...

Qué lejos estaba de imaginar Promoteo, el Ladrón Olímpico, que el fuego que les restituía a los hombres (y que Zeus les había arrebatado por tramposos) con el precio de su tortura diaria en el Cáucaso, no lo utilizarían solamente para usos domésticos, sino también para achicharrar seres humanos y para pulverizar libros, a veces, en nombre del amor.

La civilización habría de ser, casi siempre, una continua hoguera...

Unos dicen que está loco; él dice que cree que no lo está (3). Yo le creo al pastor. De haber estado loco, hubiera quemado El Corán, sin anunciarlo tanto. Y, sin retroceder en su intento. Pero uno diría que todo estaba "fríamente calculado" en un juego dialéctico, mutuamente beneficioso: búsqueda de notoriedad por parte de un individuo y su pequeña iglesia; el show-raiting de los medios de comunicación y, la crispación de la sociedad por parte de los planificadores del miedo.

El pastor se hizo   conocer por todo el planeta y se dio, también, el lujo de que personalidades de nivel mundial, le pidieran, o casi le suplicaran, que no lo hiciera. Y no lo hizo; no porque se hubiera convencido de que estaba en un error, sino porque se lo pidieron. Y quienes se lo pidieron, lo hicieron, no porque estuvieran convencidos de que era un atentado moral contra uno de los mejores valores de la racionalidad moderna como es el respeto al Otro, sino, básicamente, por las consecuencias de la fogata, jugándose en estos forcejeos, distintas éticas de la modernidad, como dice Hernando Gómez Buendía (4). O, lo que yo he llamado una ética flexible inspirada, sobre todo, en el pragmatismo.

"Idiota y peligroso", denominó el Fiscal de Estados Unidos, Eric Holder, al proyecto del pastor.

"Vergonzoso", la Secretaria de Estado, Hilary Clinton.

"Asestaría un duro golpe a la imagen de los Estados Unidos", declararon en Egipto Al Ashar, una institución suní, y los Hermanos Musulmanes (¡quién lo creyera!).

Por supuesto, el presidente Obama también llamó al pastor. Pero lo que más pesó fue la intervención del general Petraeus, Comandante en Afganistán, quien advirtió que "el acto propuesto […] pondría en peligro las vidas de las tropas estadounidenses fuera del País".

El Vaticano no se quedó atrás y denunció el plan como "indignante y grave" (5).

"Indignante y grave", ¿a la luz de qué?   ¿De la conciencia secular moderna que nos exige una ética basada en el respeto a los demás? Es posible. Porque en el año 1537, El Corán fue destruido por instrucción del Papa (6). Y, ya antes, también, en 1500, el cardenal Jiménez de Cisneros, confesor de Isabel La Católica, había mandado quemar 5.000 ejemplares de ese libro sagrado (7).

Los medios de comunicación, por su parte, no ahorraron despliegues; "ha sido el número uno en los telediarios de cable de los Estados Unidos toda esta semana " (8). Y,¡cómo no! Los medios de comunicación están a cada instante a la caza de noticias para subir su rating que les significa sostenerse o morir, en medio de la feroz competencia por atraer la publicidad.

Así que la noticia puede ser hoy, una bomba que deja decenas de muertos en un hotel, o un terremoto que deja miles. O un diluvio que deja 20 millones de damnificados; o un numeroso grupo de mineros atrapados dentro de las oscuras entrañas de la tierra por la desidia de sus patronos; o, tal vez, la caída de un antiguo, violento y demonizado jefe rebelde cuyo cuerpo es presentado como un trofeo, mientras se celebra su muerte, casi al estilo de las mejores épocas de la Roma circense.

O, quizás los medios de comunicación muestren, descarnadamente, las víctimas descabezadas en algún país de la periferia, que produce o que envía las drogas que satisfacen la sed de mundos ilusorios de millones de consumidores, en los países desarrollados.

Las noticias-bomba de Irak y de Afganistán, por rutinarias, ya no son noticias. Entonces hay que esperar otras con ansiedad; casi que fabricarlas y, cada vez, con mayor impacto porque los "notiadictos" a la violencia y los desastres, esperan su ración cada vez más fuerte.

Y, se establece un mercado de imágenes "calientes" que van subiendo la temperatura con las entrevistas televisivas y la explicación de los expertos de siempre que, cual oráculos de sabiduría, nos dicen que lo que es susceptible de empeorar, empeorará.

Qué bueno, entonces, para ellos (los medios de comunicación), que aparezca ahora un pastor fanático (uno que no lo sea, no sería noticia) que nos diga que el Islam es el diablo y que va a quemar El Corán, con sus mentiras.

¿Lo hará? ¿No lo hará? De pronto sí. De pronto no. Desde el show, mejor que lo hiciese. Y el mundo se pone al borde de un ataque de nervios. Muchos le envían Coranes para quemar. Un impulso más: otras entrevistas. Mueren en Oriente musulmanes enardecidos que protestan amenazantes... Se pospone la quema.

El personaje ya se ha cotizado. Pero seguimos a la espera...
Los planificadores del miedo hacen su agosto. Mantienen a la sociedad crispada: con los nervios de punta, esperando el ataque de un monstruo que, cada vez, cambia de nombre. O, al que le cambian el nombre. Pero el resultado es el mismo y está ahí: necesidad de armarse, o de armar a nuestros amigos; hasta los dientes.

Compañías de seguridad, cámaras de vigilancia y muros electrificados, o de hormigón, pululan por todas partes. Máquinas que miran los intestinos; satélites que leen los pasos, las voces y, ya casi, el pensamiento, de todos y cada uno de los habitantes del planeta, forman parte del cuadro agónico.

Y, necesidad de más guardianes para guardar nuestra seguridad, sin que tengamos tiempo de preguntarnos acerca de quién podrá resguardarnos de los guardianes...

Muchos miran al personaje y creen que está loco. Eso porque no miran a la sociedad que lo produce, lo rodea y lo alimenta. Una sociedad polarizada, cada vez más agudamente, en medio de sus contradicciones sociales. El racismo ramplón, entre ellas. Que cae, también, como una peste bíblica, sobre las naciones de Europa.

Inmigrantes y gitanos; diferentes, de cualquier especie que no sea el hombre blanco "puro" (aunque sea como imaginario), o el nativo, se convierten en el chivo expiatorio de la crisis, imparable, a que ha llevado la "financiarización" especulativa de la vida, a escala planetaria.

La "teapartyzación" creciente de la política americana, está mostrándonos rostros nefastos de un pasado no muy lejano, como lo deja entrever Antonio Caño cuando nos dice: "El movimiento conservador en desarrollo en los últimos meses en Estados Unidos, alimentado por el rencor de una clase media empobrecida y por la ambición de una nueva clase política post-partidista, rompe los moldes del radicalismo tradicional y evoca el carácter racista, nacionalista y fanático del fascismo". Y agrega Caño que este aroma de Tea Party, "siembra dudas, trae malas sensaciones, asusta" (9).
Y, a todas estas, ¿qué es El Corán?

Para la absoluta mayoría de nosotros, "un libro cerrado", como dice Carolina Sanín. Un libro sobre cuya quema se discute pero, superficialmente, dado que, en buena parte de los casos, los periodistas que hablan de él, no saben de qué trata (10).

"Nosotros te relatamos la más hermosa de la historias al revelarte este Corán, si bien antes de él eras de los desatentos" (XII, 3).

Y el Profeta que puso atento su corazón, lo recibió y lo transmitió. Quienes creyeron en él, se llamaron muslines, o sea, musulmanes. Esa lectura recitada (qur'ân), con una tonalidad muy especial, es su libro. Es decir, "El Libro" sagrado; la referencia vital, de 1.300 millones de personas que profesan el Islam (11), palabra derivada de la raíz árabe s-l-m que transmite la noción de entrega y de paz (12), en el sentido de "sumisión a Dios", pero no una sumisión ciega, sino con base en la fe, determinada por la justicia divina. Pertenece a la misma raíz morfológica de la palabra salam que quiere decir "Paz" (13).

El Islam es una de las religiones del Libro (sagrado), como pasa con el judaísmo y el cristianismo. Así que "Para sus adeptos, El Corán es el Libro" (13). Pero, no cualquier libro, sino un libro dictado directamente por Alá, de Al-Lah, palabra árabe que debe ser traducida por "Dios", no como el dios del Islam (14). Por esto mismo, no es un libro de inspiración sino de revelación divina. "Para el musulmán, el Corán es el libro constituido total y exclusivamente por la revelación hecha al profeta Mahoma [Muhammad], y cuya integridad representa" (15). Por eso, como dice Sanín, con toda razón, refiriéndose a un aspecto de suma importancia, es un error llamar "mahometanos" a los seguidores del Islam ya que éste es "una religión monoteísta que rechaza la idea de identificar a un hombre con Dios" (16).

El Corán fue transcrito, originalmente, en lengua árabe y, por eso, los musulmanes creen que sólo en esa lengua se puede percibir la majestuosidad de Dios (17).

Las revelaciones eran transcritas, bajo la supervisión del Profeta, por jóvenes alfabetizados que usaban pergamino o cuero, "pero muy a menudo materias menos apropiadas: omóplatos de camello, hojas de palmera, piedras planas, etc." (18).

Al morir el Profeta (632), sus discípulos trataron de organizar sus escritos. El primer califa ("sucesor"), Abu Bakr (632-634), hizo constituir un primer manuscrito "Testigo". El tercer califa Utmân (644-656), hizo establecer la versión "oficial": el libro de referencia. Se elaboraron seis copias que fueron enviadas a las provincias (19).

El Corán está compuesto por 114 suras o azoras ("capítulos") y un número de aleyas ("versículos") que varían, según la manera de detallarlos (20).

Mientras la Biblia fue impresa, por miles, con la aparición de la imprenta en el siglo XV, en el caso de El Corán se presentó un problema: los ulemas o especialistas religiosos, decían que sería un sacrilegio hacerlo. Que debía copiarse a mano. Es más: el sultán otomano ("sultanato" entre los turcos, "califato", entre los árabes) de Constantinopla, publicó un decreto por medio del cual condenaba a muerte al musulmán que intentase aprender las técnicas de impresión (21).

El Corán fue traducido al latín por el monje Roberto de Ketton en 1143. De ahí fue traducido al italiano por Andrea Arrivabene en 1547. Juan de Segovia (1400-1458) publicó una versión trilingüe en latín, castellano y árabe. Por la misma época, se publicó una versión en catalán. El texto latino de Ketton fue impreso en Basilea en 1543 (22).

Un mensaje fundamental del Corán es proclamar la trascendencia, la grandeza y la unicidad de Dios. Esto se ve claramente en la azora CXII:

"En el nombre de Allah, Clemente, Misericordioso. Dí: Él es Allah, la única divinidad. Allah es el Absoluto. No engendró ni fue engendrado. No hay nada ni nadie que se asemeje a Él".

Lo anterior conlleva que el Islam considere al politeísmo y a la idolatría como faltas gravísimas contra Dios. Tampoco se considera que el hombre tenga filiación divina. Por eso, "las doctrinas de la Trinidad y la Encarnación resultan incomprensibles y desagradables. ¿Qué puede ser un Dios que en cierto modo es 'divisible', un dios que puede convertirse en un hombre, una paloma o un cordero, sino una forma de politeísmo y de idolatría, creencias insistentemente condenadas por el Corán?" (23). Por eso, Jesús es, para el Islam, un gran profeta, pero no hombre-Dios. Y no hay sacerdocio en el Islam. No hay personas consagradas o dotadas con lo sagrado. Hay religiosos reconocidos como maestros, como guías espirituales. Nada más. Tampoco hay Iglesia "en el sentido de una institución religiosa separada del mundo seglar, con financiación, personal, costumbres y organización propios. La autoridad es indivisible dentro del Islam; no hay ninguna separación entre lo sagrado y lo secular" (24).

El Corán es, como ya lo hemos dicho arriba, la guía de vida para el musulmán, en sus relaciones familiares, profesionales y sociales. "Extirpar de él el conocimiento del Corán sería como arrancarle el alma" (25).

En El Corán encontramos, como en la Biblia, mensajes de paz y de combate. El yihad (la palabra árabe es masculina), por ejemplo, hace referencia a un esfuerzo espiritual por alcanzar el camino de Dios. Y, eso implica combatir en defensa del Islam si se es atacado. Dice EL Corán :

"[…] absteneos de las obscenidades, tanto en público como en privado, y no matéis sino con justa razón, al ser que Dios prohibió matar. Eso es lo que Dios os preceptúa para que razonéis" (IV, 151). Y, en otra azora ya ha dicho: "Y combatid por la causa de Allah a quienes os combatan, pero no seáis agresores, porque ciertamente Allah no ama a los agresores" (II, 190).

Ha habido polémica en cuanto a si el yihad es un esfuerzo meramente espiritual o si es la expresión de un mensaje de combate. Yo creo que lo uno y lo otro, como ocurre también con pasajes de la Biblia que, a veces, son mucho más fuertes en la parte guerrera (Ver, por ejemplo, Deut. 7,5 y 20, 10-20). Ya hemos visto que EL Corán, autoriza el combate defensivo, pero una cosa es lo que dice la letra, y otra la vida real. No puedo creer que la construcción y expansión de lo que se puede llamar el Imperio Islámico, desde el Siglo VII en adelante, hasta dominar tierras del Cercano Oriente, Asia Oriental, África y Europa, fuera una lucha meramente defensiva.

Siempre hay quienes hacen un esfuerzo por mostrar a sus religiones como religiones de paz. Los enemigos respectivos las verán, a su vez, como enemigas y perseguidoras.

Toda religión, a mi juicio, está condicionada por dos aspectos: el primero, el contexto histórico en el que surge. Y, el segundo, y más importante, son sus Principios o Verdades, elaborados, o "recibidos", en el caso de los creyentes, en un ámbito cultural muy concreto que, viéndolo con ojos religiosos, adquiere visos de universalidad.

Comencemos por el segundo:
En religión, un Principio es una Verdad Absoluta. Es decir, LA VERDAD. Y, es LA VERDAD sobre todo lo que existe: sobre el ser y la nada; sobre el principio y el fin, sobre el amor y el odio; sobre la vida y la muerte… De ahí a combatir para imponerla, o para suprimir a los "incrédulos" o "infieles", hay un paso muy corto.

Eso pasó con el cristianismo; tal vez, en menor medida, con el Islam; y no pasó con el judaísmo. En el caso de este último, porque los judíos se consideraron, siempre, "el pueblo escogido" y, por ello, no combatían para adoctrinar sino para sustentar un espacio.

En cuanto al contexto histórico, las religiones del Libro aparecieron en un ambiente de conflictividad. Los judíos luchando por su supervivencia territorial y cultural con los pueblos vecinos y con los grandes imperios que dominaron lo que hoy llamamos el Cercano Oriente.

El cristianismo, al convertirse en religión del Imperio, en el siglo IV, unió religión y política con lo que eso implicaba al proyectarse la unificación ideológica del imperio: perseguir a todos los que no aceptaran la ortodoxia político-religiosa de Roma. Es decir, a los paganos, a los herejes, a los infieles, a los cismáticos, a los incrédulos, a los apóstatas, a los ateos, etc. O sea: a todos los "anormales" del mundo a quienes se trató de cristianizar, en una forma u otra.

El Islam, por su parte, aparece luchando en espacios con distintas religiones pero, sobre todo, contra el Papado y los imperios y reinos cristianos. Esa lucha explicaría, por lo menos en parte, los contenidos de su Libro Sagrado donde hay un mensaje de amor o de justicia para "los de adentro, y de combate para "los de afuera". Otra cosa es que, llegada la modernidad, con la creación de Estados Nacionales seculares y organismos supranacionales, la mayoría de los creyentes no esté pensando en subyugar a otros pueblos para imponerles la religión. Desde luego que, en distintos ámbitos, hay minorías radicales que quieren hacerlo.

A pesar de que las tres grandes religiones monoteístas tienen un origen oriental (hablando "occidentalmente"), para el cristianismo, que luego identificaría al llamado Occidente, el Islam fue "el otro"; parte del "Espejo del Diablo", como diría el historiador Josep Fontana. Fue el primer enemigo contra quien se predicó la Cruzada. Veía al Islam como una "falsa religión", y a Mahoma "como un enviado del diablo" (26).

De por sí, ya los romanos habían visto en los árabes parte de esos pueblos diferentes que "no son como nosotros". Y el que no es "como nosotros", es el bárbaro que siempre es inferior, con todas las consecuencias que se deducen de esto, la esclavitud, entre ellas, como bien nos lo enseñaron los griegos. El gran historiador Amiano Marcelino se refería, en el Siglo IV a los árabes pre-islámicos en forma despectiva cuando los consideraba "un pueblo destructivo, que caían como aves de rapiña para apoderarse de lo que no podían encontrar" (27). Claro que el expansionismo musulmán, en su expresión árabe, golpeó a los pueblos cristianos e hizo presencia en Europa. Pero, al hacerlo, entró a formar parte de la cultura europea.

El Califato de Córdoba fue, tal vez, el mayor centro cultural de su tiempo; en este aspecto, dejó un monumento que va, desde la traducción de los clásicos griegos, pasando por la invención del álgebra, el uso de baños frecuentes (ya que los europeos se bañaban una o dos veces al año), mejores técnicas de agricultura y nuevos alimentos, hasta el cante jondo y el amor romántico representado en la poesía árabe (28).

Es más: hasta esas instituciones que algunos han considerado como las primeras universidades, ya que aparecieron un siglo antes que éstas, las madrasas que eran, literalmente, "lugares de estudio", donde se estudiaban "Ciencias Islámicas" (religión y escuelas jurídicas), complementadas fuera de ellas con estudios de filosofía y ciencias naturales "que podían incluir la medicina, las matemáticas, la geometría y la astronomía, y de las Artes Literarias que incluían, la lengua árabe, la prosodia, la gramática y la poesía"(29).

Así que el Islam no es una religión extranjera en Europa. Quemar el Corán no es solamente una estupidez desde el punto de vista de los valores de la modernidad, que se sustentan en la igualdad de los seres humanos y, en su derecho a expresarse con sus diferentes culturas (dentro de las cuales "lo religioso" tiene un peso especial), sino que es, también, quemar parte de la tradición y de la cultura europeas. En todo caso, es como quemarnos a nosotros mismos como cultura particular temporo-espacial, pero, por sobre todo, como conciencia humana que trasciende en el respeto al Otro (concreto, histórico; no solamente conceptual).

Las hogueras con EL Corán, o con cualquier libro sagrado (deberíamos decir, con cualquier libro), sólo pueden ser expresión de un neofanatismo que se presenta en sectores radicales del cristianismo, y que es producto de un desencanto destructivo de la modernidad. Este desencanto sucede después de haber tenido acceso a los valores de la Ilustración. No es, pues, una involución, sin más, para regresar a un época pre-moderna. La historia, así se la mire en una forma lineal, no involuciona. El ayer, como repetición, está muerto.

Lo que está ocurriendo es algo peor: es la quema de cualquier sentido histórico.

¿Por qué?

Por un miedo absurdo que se apodera de nosotros. Desde la mañana hasta la noche. Y, en medio de la noche misma. Las pesadillas permanentes que entran por nuestros ojos, o por nuestros oídos, y se quedan dentro, borran la frontera entre la vigilia y el sueño. Estamos despiertos en medio de las pesadillas, o dormidos frente a ellas.

La globalización de la economía, con las formas de comunicación instantánea, han globalizado la vida con todos los miedos que esto conlleva.

Nadie se siente seguro porque ya no estamos frente al peligro para el cual uno podía prepararse, sino que estamos frente a la incertidumbre (30). Incertidumbre que genera miedo. Incertidumbre y miedo pueden ser los nombres de los nuevos fantasmas que recorren el mundo.

Mario Vargas Llosa nos dice que los medios de comunicación nos presentan los reality shows "donde verdad y mentira se confunden igual que en la ficción" (31). Pero, lo que ocurre es que, siempre, desde la mentira, ésta parece verdad. Y, la mentira que parece verdad, está dispuesta, en cualquier momento, a encender las hogueras.

El mismo escritor da a entender que el pastor incendiario está en la categoría de los fanáticos y de los bufones. Y se refiere, además, a él, como "un pobre infeliz" (32).

En cuanto al fanatismo, hay que decir que es una enfermedad propia de la inmadurez humana. En cuanto a lo de "pobre infeliz", pudiéramos decir, si tuviésemos una dosis de mordacidad, que ésta es una definición preciosa del hombre posmoderno. A mi juicio, mejor no la habría.

En cuanto a lo de los bufones, debemos reconocer que todos, o casi todos, andamos en las bufonadas: sea como actores, o como "bufo-espectadores". Pero, no sólo hay bufones entre los pastores, entendida esta palabra en un sentido religioso plural. También hay bufones entre los políticos. Y, entre los economistas, ¡ni hablar! Los primeros nos hacen reír con sus promesas y, los segundos, con sus diagnósticos. Promesas incumplidas, o cumplidas sólo como cuota inicial. Diagnósticos errados de los gurús "oficiales", porque los no oficiales, nunca son escuchados.

Pero, no están solos, como hemos dicho. Nosotros estamos ahí: aplaudiendo y riendo a carcajadas; tolerando, con una sonrisa, o sufriendo impotentes las bufonadas, con la risa amarga de sentirnos como el trompo de poner.

Justo es reconocerle a Vargas Llosa la explicitación de la co-responsabilidad colectiva en la bufonada ardiente del pastor Terry Jones: "Puede ser un fanático, un loco, o un mero payaso. Pero, en cualquier caso debe quedar claro que no actuó solo. Todos fuimos sus cómplices"(33).

O sea, ¿podría pensarse que todos estamos locos? Es posible. De todas maneras, pareciera que la locura se nos está convirtiendo en la condición normal de la vida…

Por lo que hemos visto a través de la historia, y su desenlace en este momento histórico, se ve que el mensaje de los libros sagrados, no le ha hecho mayor mella al ser humano en el sentido de moralizar, de hacer más decente su vida. Pero, tampoco los discursos de la razón o de la ciencia, lo han logrado.

Los libros sagrados tienen partes que me atraen como son los valores de justicia y de confraternidad, y partes que me aterran como cuando afirman las falsedades de los otros y la necesidad de combatirlos y, en algunos casos, de suprimirlos.
Y, hay que reconocer que, tanto en la Biblia como en El Corán, se han inspirado, y se inspiran, cruzados y yihadistas, de todas las especies. Pero, como se ha dicho, inteligentemente, ni todos los cristianos son cruzados, ni todos los musulmanes son yihadistas.

Pero, no por eso tenemos que quemarlos. En la medida en que los humanos somos una contradicción dialéctica, llevamos dentro, al mismo tiempo, el cielo y el infierno. En general, el primero, como imaginario; y, el segundo, como vivencia. Frente a las hogueras hay que domesticar la vivencia y fortalecer el imaginario.

¿Quemarlos en nombre de un fanatismo absurdo?

Ha ocurrido y puede seguir ocurriendo. Pero es desastroso. De todas maneras, si lo hiciésemos, volverían de sus cenizas, como dice William Ospina, porque "Las manos que escribieron esos caracteres volverán a escribirlos, la mente que soñó esas historias volverá a soñarlas". (34).

Y quienes pronosticaron los apocalipsis, volverán a hacerlo, agregaría yo.

Además, porque al quemarlos, nos quemamos a nosotros mismos en el Otro. En ese Otro Diferente que nos define y que hace posible la palabra Nosotros.

La hoguera; ese tipo de hoguera, es una de las más refinadas expresiones de la estupidez humana, ya que como decía Heinrich Heine : "[…] allí donde queman libros, acaban quemando hombres[…]" (35). Ese es el momento más expresivo de la negación de la identidad humana.

Es cuando, realmente, "LA VERDAD" se convierte en MENTIRA.

REFERENCIAS

(1) Báez, Fernando, Historia Universal de la Destrucción de los Libros, Buenos Aires, Sudamericana, 2005, p.220

(2) Ibíd. pp. 220-221

(3) Carlin, John, "Todos locos por un solo loco", ELPAIS.COM, 11/09/2010

(4) Gómez Buendía, Hernando, "Religión y Convivencia", www.razonpublica.com, 9/12/2010

(5) ELNUEVOHERALD.COM, 9/9/2010

(6) Báez, Fernando, ob. cit. p.141

(7) Ibíd. pp. 127-128

(8) Carlin, John, Art. Cit.

(9) Caño, Antonio, "El nuevo conservadurismo americano ", ELPAIS.COM, Washington, 12/02/2010

(10) Sanín, Carolina, "Un libro cerrado", ELESPECTADOR.COM, 11/09/2010

(11) Martínez, Pedro, El Islam, Barcelona, Salvat, 1985, p.14

(12) Bloom, Jonathan M. y Sheila S. Blair, Islam. Mil Años de Ciencia y Poder, Barcelona, Paidós, 2003, p. 34

(13) Martínez, Pedro, ob. cit. p.14

(14) Guellouz, Azzedine, EL CORÁN, México, Siglo XXI, 2003, p. 48

(15) Ibíd. p. 12

(16) Sanín, Carolina, art. cit.

(17) Bloom y Blair, ob. cit. p. 40

(1 8) Guellouz, Azzedine, ob. cit. p.27

(19) Ibíd. p. 28

(20) Ibíd. 25

(21) Fletcher, Richard, La Cruz y la Media Luna, Barcelona, Península, 2005, p. 157

(22) Bloom y Blair, ob. cit. p. 41

(23) Fletcher, Richard, ob. cit. pp. 19-20

(24) Ibíd. p. 19

(25) Balta, Paul, (Comp.), Islam. Civilización y Sociedades, México, SigloXXI, 2006, p. 10

(26) Fontana Josep, Europa ante el Espejo, Barcelona, Crítica, 1994, p. 57

(27) Fletcher, Richard, ob. cit. p 23

(28) Goody, Jack, El Islam en Europa, Barcelona, Gedisa, 2004, pp.80-82

(29)Bloom y Blair, ob. cit. p. 108

(30) Innerarity, Daniel, "El Miedo Global", ELPAIS.COM, 19/09/2010

(31)Vargas Llosa, Mario, "La era del bufón", ELPAIS.COM 19/09/2010

(32)Ibíd.

(33) Ibíd.

(34) Ospina, William, "La ceniza de Alejandría", ELESPECTADOR.COM, 09/11/2010

(35)Heine, Heinrich, citado por Fernando Báez, ob. cit. p. 218

LA ÉTICA FLEXIBLE*

"*The world is dancing on its debris*"; el mundo danza sobre sus ruinas. Éste podría ser el título de una canción, ojalá a golpe de rock, para visualizar la decadencia de un imperio. No del Imperio Romano de Occidente durante los siglos IV y V de nuestra Era, porque hubiera tenido que escribirse en latín, y el rock no existía entonces. No; el título está en inglés porque se refiere a esta crisis planetaria que se generó, básicamente, en inglés. *Crisis*, un eufemismo con que se denomina a este tremendo **vacío*** en que nos encontramos. Mientras tanto…

Un afroamericano (semi-blanco, por supuesto), ha llegado a la presidencia de la primera potencia de la tierra.

Y se han dicho, además, tantas cosas en estos días, sobre el nuevo presidente que, tal parece que ahora, la potencia no ejercerá poder (léase *dominación*), ni el presidente será como los otros presidentes. (Éste será *buena gente*).

Los medios de comunicación (que, a veces, parecen más de atolondramiento), poseen el poder de convertir la realidad vivencial, crítica, dolorosa y vergonzante, en paraísos ilusorios; en fantásticos mundos por venir.

Escritores de casi todas las tendencias, han sido atraídos por el *efecto Obama*. Algunos se atreven a disentir de la creencia en los paraísos; otros, manifiestan cierta duda, dado el tamaño de los problemas mundiales y, finalmente, un buen número, nos dice que estamos, casi a pocos pasos, de "la tierra prometida".

Estos últimos, parecen no darse cuenta de que "la tierra prometida" se está deshaciendo ante nuestros ojos, moral y ecológicamente. Lo segundo, por lo primero.
La crisis económica, generada por la búsqueda de la ganancia sin límites a que nos ha llevado un capitalismo especulativo

(consecuencia de la crisis del capitalismo productivo), ha conllevado el deterioro profundo de los lazos sociales, bien sea por el creciente clásico desempleo, dada la destrucción acelerada del trabajo inherente a ese tipo de relaciones sociales, o bien, por la degradación de los salarios y por la existencia de relaciones laborales bárbaramente esclavistas, estas últimas, dibujadas en un mapa que va desde la China *común-capitalista* (el famoso "socialismo de mercado", logrado por el gato que, sin importar su color, siempre caza ratones), pasando por la Italia en rejuvenecimiento mussoliniano, hasta llegar al Brasil *socio-neoliberal* de Lula, subdesarrollado y con ínfulas de para-potencia**.

Y, en el campo de la ecología (lo que tiene que ver con el **hogar,** en el mejor sentido de la palabra): la destrucción del planeta, sin contemplación alguna.

Convertida la naturaleza en mercancía, capaz de ayudar a cuadrar las cuentas de las empresas voraces en competencia; nada mejor que echar mano de los recursos no renovables, hasta el límite de su agotamiento. Nada mejor. Nada mejor, también, que conectar a los ríos, a los lagos y a los mares, las cloacas pestilentes de las fábricas cuyos desperdicios son arrojados a esos lugares acuáticos, sin control alguno por parte de la sociedad, porque "la sociedad" no es más que una ficción para someter al trabajo y para legitimar políticas particularistas. Sin control alguno, tampoco, por parte del Estado, porque en la mayoría de los casos, éste funciona como una dependencia de las empresas, nada más.

Es éste el contexto en que asume el presidente Obama.

El presidente, en sus primeras reuniones de gabinete, con una idea que había dejado entrever, también, en su campaña por la presidencia, pidió a sus funcionarios comportarse éticamente. Pero esta exigencia no se correspondía, con el nombramiento de algunos funcionarios que habían evadido el pago de impuestos, engañando al Estado, con todo lo que esto implica.

Ahora, en alusión a las bonificaciones dadas a algunos ejecutivos del quebrado y financiado estatalmente, American Internacional Group (AIG), el presidente se mostró escandalizado y afirmó públicamente que había que tener alguna ética y "sentido de la responsabilidad".

Alguna ética, cierta ética, o un poco de ética. Es lo mismo. "El presidente es un pragmático, no un ideólogo"; lo ha dicho uno de sus asesores. Y pragmático, leído en términos políticos, significa actuar por resultados, sin fijarse mucho en los medios para lograrlos.

La ideología (no entendida en términos marxistas), en el contexto en que estamos hablando, en cambio, permitiría actuar de acuerdo con ciertos fines y utilizando unos medios, sustentados ambos, en un referente axiológico que tiene que ver con el *télos* humano. Eso conllevaría la afirmación de la ética en la conducta pública y en la vida ciudadana, en general. Pero, desde el pragmatismo, se corre el riesgo de que la ética sea sólo una referencia verbal o escrita.

 Porque la ética tiene que ver con lo que no debe hacerse, así la ley lo permita. Y también tiene que ver con el cumplimiento de la ley, por convicción, no por obligación. Es la conciencia moral impulsando el actuar social. Pero en la ensambladora política, se diluye la ética y se aplana la ley. Con el argumento de la famosa *Razón de Estado*, o de servicio al pueblo.

En nuestro caso, nos encontramos con una *ética discursiva*, por un lado y, con una realidad política, por otro. El resultado es una *ética flexible*, tan propia de nuestros días postmodernos y que nos permite ser *más o menos éticos*. O afirmarlo y dejar de serlo, a conveniencia. Así resulta que lo que no puede hacer la conciencia moral, lo puede el poder. Pero queda el discurso como manifestación de la conciencia moral. Testamento para la historia oficial y producto de consumo para los creyentes en "la tierra prometida".

Pero, las consecuencias de usar la *ética flexible*, es que, al final, acabamos ignorando la necesidad de la ética como conducta. Nos queda como una estatua; como la estatua de la libertad que ilumina al mundo con una luz densamente opacada en la vivencia, por la lógica del capital, contraria a la lógica de la vida.

Pensar, la educación en general y, la universidad en particular, implica un enorme desafío, mental y ético, para tratar de desentrañar sus funciones, sobredeterminadas por múltiples intereses, en el seno de una civilización moribunda que pudo crear máquinas y espacios inteligentes, pero no un ser humano inteligente que se comportara como humano.

Creo, sinceramente, que cualquier reflexión que hagamos sobre la educación y la universidad, debe, desde este contexto agónico, comenzar por la pregunta sobre la humanidad del hombre.

Podría pensarse que los planteamientos anteriores expresan una posición pesimista. Pero no. La situación de **vacío** que no de crisis como se referencia a diario, en que nos ha puesto la muerte de la Historia, como narrativa existencial de Occidente, nos da la posibilidad de reinventarnos al hombre, de reinventarnos la vida, con una ética *vivencial*, no con una ética *discursiva*, como la que nos permitió vivir la ilusión de la Historia como progreso.

*   Publicado en www.razonpublica.com
** La herencia que Lula y Rousseff nos han dejado en el nuevo presidente, es la mejor caricatura del poder perverso. Y todo, ¿por qué? Por dar la espalda al pueblo y jugar a la política sin ética o, por lo menos, con sus éticas flexibles.
(NOTA agregada por el autor: 29/11/18)

SUJETOS Y EXCLUSIÓN*

*Publicado en www.jorgemoraforero.com/blog/, respondiendo un cuestionario de de la Psicóloga y Magister en Educaci;on Especial, profesora Marietta Alarcón.

(Respuestas a un cuestionario sobre el tema)

Pregunta:

Estoy tratando de elaborar un pequeño documento acerca de la constitución del sujeto, en la mirada de la Educación Especial, porque así me lo pidieron. Pero yo no quiero hacerlo desde esa concepción de la persona discapacitada vista como "incapaz". Más bien quisiera verlo desde la mirada de cualquier sujeto que, además, es un ser socio-político, con derechos y con deberes.

Tengo muchos reparos frente a la llamada inclusión de la que tanto se habla en la Pedagógica y quisiera enmarcar ese tema de la constitución del sujeto dentro de la concepción de la inclusión y de la práctica de la inclusión.

¿Puedo pedirle su orientación y su guía sobre cómo podría desarrollar esto?

Respuesta:

En cuanto a lo del sujeto: no es un tema fácil. Creo que ese discurso que, a mi juicio, era resultado de una reflexión filosófica, se desmoronó con las críticas de la postmodernidad. Porque no fue más que eso, un discurso sobre un ente abstracto, **"El Sujeto"**, discurso que no tenía nada que ver con la vida real que contenía en su ser (el ser de la vida real) la negación del sujeto discursivo. "...sujeto...ser socio-político, con derechos y con deberes". Basta mirar a la Europa que construye ese discurso (porque, además, no hubiera sido posible construirlo fuera de Europa), destruyendo mundos. Allí, en ese campo, los dominadores y los dominados, en términos "freireanos", se niegan como sujetos.

Tanto en el mundo capitalista como en el del socialismo real, para nombrar las dos grandes expresiones vivenciales de la modernidad, los seres humanos fueron "cosificados", convertidos en mercancías o en vulgares instrumentos de producción. No se podía construir sujetos reales con las diferencias sociales que surgieron. **Esa conciencia autónoma, libre y responsable**, era una ilusión filosófica, como eran ilusión política "Los Derechos del Hombre y del Ciudadano". Claro, para algunos, ahí siguen como ilusión. Para los maestros con formación política, por ejemplo, y entendiéndolos como **derechos sociales**, porque maestro que no sea iluso, no merece tal nombre. Pero un maestro iluso con formación política, no es un bobo, sino alguien que trabaja conscientemente, con algún tipo de sentido transformador.

Lo de la inclusión y la exclusión, podría abordarse desde dos aspectos: uno sociológico, viendo el sistema social como un instrumento de satisfacción de necesidades de todos los humanos, donde todos somos relación social necesaria y, por lo tanto, nadie puede quedar excluido. Justamente, aquí hay que hacerse   preguntas acerca de por qué, si esto es así, hay "asociados" que van quedando excluidos. Qué pasa con el sistema; dónde está fallando. Para quiénes funciona y para quiénes no, y por qué. Sobre esto me oiste hablar en clase, muchas veces.

El otro aspecto es el filosófico-metafísico o trascendental, para llamarlo de alguna forma, donde haríamos una reflexión acerca de lo que es el ser humano y su negación cuando niega a otros. Sobre este tema ayudan las lecturas de Pablo Freire.

Después de reflexionar sobre eso, yo pondría sobre el tapete, al final del escrito, el caso concreto de las personas físicamente limitadas, diferentes, o como se las llame.

Ahora bien, hay cosas que hay que tener en cuenta: la discriminación o exclusión por limitaciones físicas, no es la única. Se encuentra discriminación por motivos socio-económicos, políticos, ideológicos, étnicos, de género, sexuales, de estatura... Bien podríamos decir que las culturas son máquinas de discriminación, y eso por una razón: porque es a través de la cultura como nos metemos en la cabeza, la naturaleza y la "naturalidad" del mundo que se fijan en nuestro sistema neuronal, como lo ha explicado el profesor Humberto Maturana.

La cultura occidental no es ajena a este proceso. Comenzó con la valoración distinta entre griegos y bárbaros como lo muestra el maestro Fontana en su libro **Europa ante el Espejo.** Pero lo que caracteriza a esta cultura es que va a desarrollar, a través de su desenvolvimiento, una idea de igualdad. De igualdad "entre iguales", entre los mismos griegos, al principio. Después, de igualdad ante Dios (tal vez por una herencia estoica), según el cristianismo. Luego, de igualdad ante la ley, según el pensamiento burgués. Finalmente, de igualdad ante la vida, según las perspectivas de Marx.

Ahora, ante el ocaso del pensamiento igualiatario, por déficit vivencial, nos encontramos, creo yo, ante dos grandes respuestas: una que comienza a afirmar, abiertamente, que la igualdad humana es imposible (lo había sostenido el historiador griego Tucídides) y que sirve como "filosofía" del capitalismo salvaje, y otra, con apariencia tierna y, por lo mismo, más peligrosa, que nos dice que "somos diferentes". (¡ Y qué diferentes!). A decir verdad, en el fondo llevan a lo mismo.

Pero, desde un punto de vista práctico, y teniendo en cuenta que **somos pedagogos,** tal vez podamos retomar el ideal de igualdad de la modernidad y preguntarnos: ¿con base en qué, una sociedad que se pretende fundada en valores igualitarios, discrimina? En términos más concretos, ¿por qué discrimina a personas con limitaciones físicas si ellas se preparan para desempeñarse adecuadamente en la vida diaria?

Ah, y no hay que olvidar que, desde una situación muy concreta, Colombia es una de las sociedades con mayor grado de exclusión, en el mundo. Nuestros excluídos lo son, en este espacio concreto. En esto no podemos ser etéreos pues, como lo sabemos, la palabra puede servir para des-velar pero, también, para diluir.

Consideración: es tarea **radical** de los **educadores,** luchar contra todo tipo de discriminación

Pregunta:

Para *manejar este tema de la constitución del sujeto se podría hacer un recorrido en la Historia y ver cómo más que constituirlo lo que se ha hecho es "destituirlo" (no encuentro otra palabra) de su condición ¿Le parece que podría hacerse así?*

Respuesta:

Destituirlo, ¿de dónde? ¿o de qué?   Me parece que la construcción del "Sujeto", se da a la par con la deconstrucción (para usar un término de Derrida, si mal no estoy) de la idea de "cristiano", con su significado de *dependiente de la Voluntad Divina.*

Ahora hay una visión **secular** del mundo y se piensa que cada **in-dividuo** tiene una **Conciencia Autónoma** que decide sus acciones.   Y que, por lo tanto, podría ser ética, si el individuo se percibe como "**átomo social**".

De todas maneras, no olvidemos que las ideas son expresión de las relaciones sociales y que, por más bien intencionadas y filosóficas (tomado este último término en un sentido de validez universal) que sean, siempre mostrarán la paternidad de esas relaciones.

La construcción del sujeto se da en un contexto de afirmación del capitalismo, sistema que toma como fundamento la **propiedad privada** como un **derecho natural.** A partir de esta ***entidad-eje,*** habrán de tejerse las relaciones sociales en términos amplios y, en términos concretos, el derecho, el Estado (éste, generado por y, a su vez, generador de sujetos) y todo el conjunto de ideas aparecidas como **razones**

legitimadoras, dentro de las cuales están las que se ocupan de la construcción del **"Sujeto"**.

Como lo escribí en otro lado, sin ser original, por supuesto, **el "Sujeto" de la sociedad moderna no es otro que el "Capital"** que da **id-entidad** a los "sujetos", y estos son los individuos propietarios que, además, compiten, a veces ferozmente, para aumentarlo o, en última instancia, para no dejarse quebrar. Esta competencia lleva, por un lado, a convertir el trabajo en una nueva servidumbre y en un infierno la vida de muchos por falta de empleo, porque, en esta sociedad, ser explotado ("ser empleado", en términos funcionales o aceptables), se ha convertido en un privilegio. Privilegio cada vez más escaso como lo son el agua, y el aire puro.

 Por otro lado, esta competencia lleva a dominar continentes enteros, imponiéndoles la modernidad como *modernización*, es decir, como un barniz a través del cual los engancharon al dominio mundial del **"Capital"**. *Modernización* es el nombre que se da al proceso de sufrir la modernidad.

Este proceso conllevó la creación de una sociedad (término que podemos entender más en un sentido económico que social) altamente estratificada y diferenciada por la tenencia o no tenencia de propiedad: por un lado, el grupo de propietarios estratificados y, por otro, el de los no propietarios, también estratificados, a su vez.

Aquí, en lo últimamente planteado, se da la vida real que nos mostraría la existencia, también real, de distintas **"sujetividades"**, es decir, la existencia de **unos sujetos que son más sujetos que otros.** Eso lo resolvió la construcción del **"Sujeto"**, categoría abstracta y universal que representa a todos y **a nadie.** Pero que dejaba a salvo la conciencia filosófica moderna, como la había dejado a salvo políticamente la "Declaración de los Derechos del Hombre y del Ciudadano", arriba citada, y que, desde el punto de vista de la historia real, podemos apreciar como una declaración de cinismo.

¿De dónde arrancar, entonces, la reflexión? Mi sugerencia sería partir de la deconstrucción que ha hecho el pensamiento postmoderno, teniendo en cuenta que esa decontrucción no se hace porque la idea o la categoría de **"Sujeto"** fuera, mala o absurda "en sí", sino porque no tenía asidero en la realidad vivencial. La gran pregunta sería: ¿Por qué no tuvo asidero en esa vida real?

Pregunta:
¿Hablaríamos de constitución o de construcción del sujeto? ¿Cuál sería la diferencia entre estos dos términos?

Respuesta*:*
Yo creo que el debate sobre el sujeto se está dando, fundamentalmente, en términos conceptuales. En este sentido sería preferible utilizar el término "constitución", del verbo latino **constituere** que entre sus significados tiene dos que nos atañen: **fundar, instituir.**

Instituir el **Sujeto** es establecerlo como categoría de análisis, con perspectiva filosófica, creo yo. Pero también como categoría de filosofía política. (Además, hoy se habla de **"Sujetos Sociales"**). Esto nos permite verlo como una entidad viva, autónoma, capaz de vivificar discursos. El problema es que los discursos van por un camino y la vida real, por otro.

El verbo construir, del latín **construere**, podemos dejarlo más bien para el proceso teórico-práctico de la **paideia,** o sea, de la formación. Pero entendida como **co-contrucción** (a pesar de que pueda sonar etimológicamente redundante), es decir, no en una forma unilateral ("El maestro sabe"), negadora de una posible **"sujetividad".**

El comentario final que podría hacer, desde una perspectiva histórica, es que la modernidad instituyó el sujeto antes de construirlo. A eso, a mi juicio, apuntaría uno de los ataques de la llamada postmodernidad que, tal como la entiendo, no es más que la misma modernidad, expresada en su negativa a realizar los sueños con que había ilusionado al mundo.

Post Scriptum

Pregunta: ¿en esa vida real que usted menciona, ser unos sujetos más que otros, entraría la reflexión de la exclusión, o se refiere a la propia sujetividad?

La **sujetividad*** es el atributo del sujeto como la ciudadanía es el atributo del ciudadano. **La sujetividad es algo así como la personalidad moral y ética del "Sujeto"**. La exclusión se da siempre porque el excluido, forma parte de algo: de una sociedad, de una nación, de la humanidad, etc.

La diferencia de sujetividades se da porque hay algún tipo de exclusión. Si en el capitalismo (que es mostrado como "democracia vivencial"), **el tener otorga el ser** (ser "Sujeto"), tener más, es ser más sujeto, y tener menos, es ser menos sujeto. Y no tener nada, es no ser sujeto. En otras palabras, es **no ser nadie.** Aquí la sujetividad pasa a ser reemplazada por la **desechabilidad**, categoría referida a los de abajo, pero, esa sí, universal, "impregnadora"de todo lo humano.

Veamos, a título de ejemplo, lo que corre por nuestras "venas abiertas" : **Colombia (Latín, Columba= paloma**, ¡símbolo de la paz!) es uno de los países con mayor grado de exclusión, en el mundo. En todos los aspectos. En el aspecto social, y con indicadores orientados a disminuirla, tenemos 20 millones de la población en la pobreza, de los cuales hay 8 en la indigencia. De acuerdo con lo que se ha planteado en el texto, y a modo casi de caricatura, tendríamos sujetos, sujeticos y **no sujetos.** De las dos últimas categorías salen, mayoritariamente, los **anti-**

sujetos del sistema. Es decir, la exclusión disminuye o anula la sujetividad. Y genera **anti-sujetividad**. Aquí podríamos preguntarnos si esta anti-sujetividad de los excluídos no es el resultado de una previa **anti-sujetividad** de los incluídos. De todas maneras, esto anularía cualquier sujetividad universal.

Pero, desde un punto de vista sociológico, podemos formurlarnos dos preguntas: 1) ¿Una agrupación que tiene la mitad de sus habitantes en la pobreza (habiendo, *realmente*, tanta riqueza), merece llamarse **sociedad**? Y 2) ¿Una agrupación que excluye en esos niveles, podrá, realmente (no con promesas ideológicas, de futuro) incluir? Sigamos, allí mismo, con el aspecto étnico: una élite blanca o blanco-mestiza, discrimina al resto.

Pasando la página...
Desde la humanidad: hay grupos que no consideran humanos a los negros o a los indios… Y puedes seguir en todas las áreas de discriminación. En un grupo machista, la mujer no es vista como ser humano completo. No puede ser sacerdote, por ejemplo.

A título de ejercicio veamos, ahora, los Sujetos "concretos", con su correspondientes "sujetividades" (derechos prácticos, satisfacción de necesidades de todo tipo), en Colombia y hagamos una pregunta: ¿cómo definiríamos al "Sujeto"colombiano?

Tal vez encontremos algún tipo de respuesta en la práctica de la **paideia**.

* Dejo el término **subjetividad,** para cuestiones epistemológicas.

¿LA PALOMA DE LA PAZ, O LA SAGA DE LA GUERRA?*

* Publicado en www.jorgemoraforero.com/blog/

Voy a hablar del Proceso de Paz. ¿De qué Proceso de Paz? Es justo hacerse la pregunta cuando se aborda esta cuestión. Sobre todo, en Colombia.

Y voy a hablar sin el complejo de Adán de pretender ser original ("*Nihil sub sole novum*") y, también, sin pretensiones de cientificidad. Simplemente voy a esbozar, sin mucho orden, algunas ideas con relación a un tema que tiene muchas aristas, por dondequiera que se le mire.

Ríos de tinta van y vienen, para utilizar una de las más trilladas metáforas de la escritura, llevando y trayendo ideas de apoyo y de oposición, de amor y de odio, cuando se habla del tema. Solo que en este caso se habla sobre ríos de sangre que es lo que literalmente ha corrido por los cauces profundamente agrietados de la Patria. Sangre, apropiación o despojo que obnubilan la mente y hacen surgir la pregunta, ¿de qué estamos hablando?

Porque hablar de la paz, en nuestro país, se ha convertido en una fabulación que continúa de un siglo a otro, que da el paso a un nuevo milenio con la cruel realidad de la guerra cuasi-permanente como emblema de nuestra historia. Tanto que podríamos decir que la bandera en vez de tener tres colores, debería tener sólo uno: el rojo, que según la escuela que me enseñó las primeras letras, representaba "la sangre que derramaron los patriotas para darnos libertad".

Con el paso del tiempo he caído en cuenta de que la sangre no era solo de los patriotas criollos y de sus masas acompañantes, sino también de los patriotas ibéricos y de sus ejércitos compuestos, en buen número, por nativos americanos y que peleaban por la Corona Española de la cual formábamos parte como Reinos de Indias. Tan cierto es esto que luego de la llamada Independencia, nos hemos referido a la España europea como "la Madre Patria". O sea que no es un cuento barato, ni una actitud antipatriótica.

Como es sabido, porque lo enseñaba la Iglesia de la época, la Independencia fue una rebelión contra una autoridad legítima *"Dei Gratia"*, rebelión que, por eso, conllevó las condenas de las Encíclicas *Etsi Longissimo terrarum (Aunque inmensas tierras)* de Pío VII, del 30 de enero de 1816 y *Etsi iam diu (A pesar de que ya están)* de León XII, del 24 de septiembre de 1824, con las consecuentes excomuniones de que fueron objeto los rebeldes por parte de los obispos americanos lo cual consta en los documentos de esos tormentosos años.

Pero la historia es irónica: hoy la Iglesia comulga con la democracia, un sistema de gobierno generado en la rebelión que entonces condenó. Y, es curioso, además, que esa libertad por la cual se derramó tanta sangre, no era una libertad que pre-existiera para ser defendida de un poder arbitrario (en ese sentido, los criollos en América disfrutaban de mayor libertad que la mayoría de los españoles en la Península), sino que fue una idea tomada, ni más ni menos, que de la sangrienta Revolución Francesa con su lema de "Libertad, igualdad y fraternidad", expresión de ese pueblo soberano que condujo a los reyes a la guillotina. Y fue tomada para independizar estos Reinos de Indias y alejarlos del riesgo de la influencia de las ideas liberales de los ilustrados españoles plasmadas en la Constitución de Cádiz de 1812, y las del masón y descreído Napoleón Bonaparte que por medio de su hermano, gobernaba España y amenazaba con regar esas ideas por los territorios americanos. Agravado lo anterior por las políticas "anti-criollas" de los Borbones, y que tenían que ver con impuestos, prohibición de fabricar ciertos productos y de algunos cultivos; ingreso de los "pardos" a las instituciones educativas superiores y cuidado de los esclavos, entre otras.

¿"Igualdad y fraternidad" en la América Hispánica? Para los criollos estos principios eran anatema. Considerándose herederos legítimos de los conquistadores, ¿cómo podrían sentirse iguales a los mestizos, indios, negros y "castas", en general, o sea, a todas esas multitudes (para no usar otras palabras más despectivas) de piel oscura que trabajaban para ellos, en condiciones de esclavitud y de servidumbre, en la mayoría de los casos?

Y, ateniéndonos a la Revolución Francesa, ¿cuál era el "pueblo soberano" en cuyo nombre se construían los nuevos Estados? ¿Las masas analfabetas que, por lo mismo, no tenían idea de soberanía? O, ¿fue sólo un concepto utilizado como "universal" por las élites criollas blancas o "blanqueadas" por los títulos de nobleza comprados, o por los certificados de "pureza de sangre" obtenidos con base en el soborno de quienes asentaban las respectivas partidas antes de llegar a la pila bautismal?

Así se construye en Iberoamérica una anti-sociedad que servirá como *substratum* de una vivencia pre y anti-moderna militante, a la vez que como explicación, en buena medida, para quienes la estudian, de los conflictos sangrientos y no sangrientos de eso que, eufemísticamente, se denominarán las "sociedades latinoamericanas", si a eso le agregamos las sociedades originadas en la colonización francesa en Suramérica y en el Caribe.

De otra parte, la mentada "fraternidad", venía de la masonería, condenada, también, por la Iglesia y acusada de ser la promotora de todas esas ideas libertarias infernales.

Pero, la historia sirve para todo: la escriben los vencedores para darles contenidos "verdaderos" a los hechos históricos y a sus personajes fundadores, por lo heroico y sublime de su significado y actuación, y para que sirva como didáctica (Historia *"Magistra Vitae"*) oficial para legitimar el presente (sacralizando el pasado) y asegurar el futuro, como continuación del presente, con los retoques funcionales necesarios. En el caso de Latinoamérica, legitimando la rebelión contra "la tiranía del poder español", a veces, suavemente, con base en la *Declaración de los Derechos del Hombre y del Ciudadano* (sin las mujeres ni los esclavos) de 1789, traducida del francés por don Antonio Nariño pero, después del acomodamiento de la Iglesia a los nuevos Estados, también con la Teoría del Tiranicidio de Santo Tomás y de los teólogos españoles Francisco Suárez y, sobre todo, del jesuita Juan de Mariana, estos últimos del Siglo XVI.

Pero, no era justificable usar en el caso de América esta Teoría, ni decir que en ella se había basado la rebelión. Por un lado, porque, en cuanto hace referencia a Santo Tomás, su pensamiento va enfocado, sobre todo, a un invasor que ha usurpado un poder legítimo pues, a nivel interno, para el Santo fue muy clara la exhortación de San Pablo a los *Romanos (en 13-1 y 2)*:

Sométase toda persona a las autoridades superiores; porque no hay autoridad sino de parte de Dios, y las que hay, por Dios han sido establecidas.

De modo que quien se opone a la autoridad, a lo establecido por Dios resiste; y los que resisten, acarrean condenación para sí mismos.

Y, en el caso de los teólogos españoles, la Teoría se enfocaba más contra los príncipes protestantes ya que, en ese momento, La Reforma se extendía por toda Europa.

Además: cuando el Padre Mariana habla de una tiranía, establecida originalmente como autoridad legítima, los abusos que enumera para que el príncipe se convierta en tirano, son de tal magnitud que de ninguna manera Fernando VII hubiera podido ser clasificado como tal.

Por otra parte, la misma Compañía de Jesús, prohibió las enseñanzas de Mariana; este estuvo preso y, después de su muerte la Inquisición purgó su obra.

Que haya habido clérigos que, a título personal, optaron por la independencia, es distinto, pero fueron degradados y excomulgados por la Iglesia como fueron los casos de Hidalgo y Morelos en México, para citar dos ejemplos.

Los papas y los obispos se mantuvieron fieles al rey de España y exigieron la obediencia a él, condenando la rebelión bajo cualquier argumento y, dada la unión de los dos poderes desde la época del Emperador Constantino, no se podía esperar nada distinto.

La Revolución de Independencia, debería llamarse sin más, Guerra de Independencia. En efecto: no significó, como en Europa, el paso de sociedades tradicionales con su *status* u orden jerárquico petrificado, a sociedades modernas, **sino sencillamente el traslado del poder de los españoles peninsulares a los españoles americanos, dejando inalterado el orden social, y a los indígenas en condiciones peores que antes.**

Esa inalterabilidad del orden social, y el hecho de que, por ser lo que eran las sociedades latinoamericanas, les dificultó crear un Estado como en Europa, lo que conllevó vivir en guerras permanentes, bien fuera para dirimir conflictos nacionales o regionales, o para aplastar levantamientos populares. De esa manera, la "Libertad, igualdad y fraternidad", de Francia, fue solo un lema que quedó como vago recuerdo y, la fraternidad cristiana, algo que quedó para los púlpitos, y para exigir obediencia, desde allí, a las nuevas autoridades generadas en la aparecida democracia "católica", bendecida por el acomodamiento de la Iglesia a la nueva situación; legitimada luego por el reconocimiento de los Papas a los Nuevos Estados. Allí donde la democracia "católica" quiso desviarse por obra de elementos radicales que, fieles al pensamiento de la Ilustración, implementaron o trataron de implementar la separación entre la Iglesia y el Estado y establecer una educación laica, llegó la inevitable guerra civil.

Y, ¿quiénes ponían los muertos y mutilados, las viudas y los huérfanos? El pueblo, por supuesto. Pero no el pueblo soberano, el pueblo político porque ese no existía, sino el pueblo "social", básicamente los campesinos que han sido siempre la carne de cañón, de fusil, de revólver, de bayoneta, de machete, de motosierra y demás instrumentos mortíferos utilizados en todas nuestras guerras que se convirtieron, para nosotros, en la manera natural de morir y… ¡de vivir!

Voy a poner un ejemplo imaginario: una persona que hubiera nacido en 1780 en la Nueva Granada, hoy recortada República de Colombia, tendría, en este momento, casi 240 años y le hubieran tocado 12 guerras aproximadamente. Es decir, una cada 20 años. Si lo ponemos en cuatro generaciones de 60 años, a cada persona de esa edad, le habría tocado vivir 3 guerras.

Guerras y más guerras: desde la Revolución de los Comuneros hasta la actual guerra. En el entretanto, se pasó por las guerras de la Patria Boba (¿por qué se llamará así solo a ese periodo?) entre Centralistas y Federalistas, las sangrienta Guerra de Independencia que incluyó la "Guerra a muerte" ordenada por Bolívar y los Tribunales de Sangre, Purificación y demás, establecidos por Morillo y Sámano. Hay que reconocer que ahí cayeron importantes personajes de la élite criolla.

Y continúa la saga: Guerra de los Conventos o de los Supremos, de los esclavistas contra José Hilario López; de Melo contra Obando, de Mosquera contra Ospina, de conservadores-liberales contra radicales; de liberales contra La Regeneración; de Los Mil Días, incluida la desastrosa pérdida de Panamá (la historia, por lo menos la historia oficial, no ha encontrado culpables, ni de esta, ni de ninguna pérdida); y la guerra conservadora-liberal, o de "chulavitas" contra "cachiporros", o sea la llamada Violencia que dejó 300.000 muertos.

Esta que tratamos de acabar ahora, continuación de la anterior, tiene ya una edad de 60 años. ¡Qué maravilla! Y pensar que hay grupos que quieren continuarla…

La han llamado "Guerra contra el terrorismo" pero le cabría mejor el nombre de "Guerra de los terrorismos". Distintos nombres, distintos uniformes, pero, siempre, las mismas víctimas.

Llegamos así al último intento de Proceso de Paz, después de unos intentos fracasados y de dos procesos exitosos con grupos no tan grandes ni tan antiguos como las FARC: el Movimiento 19 de abril, M-19, y con el Ejército Popular de Liberación, EPL.

Como se supone que hay suficiente ilustración sobre eso, vamos a los protagonistas: al presidente Santos y a las Fuerzas Armadas Revolucionarias de Colombia, FARC.

¿Por qué han entrado en este intento? Porque, se dice, hay condiciones (y no volverá a haberlas).

¿Cuáles son? Desde el punto de vista militar, una guerrilla muy golpeada por las Fuerzas Militares y de Policía que han eliminado a grandes jefes y mandos medios clave y recuperado gran parte del territorio antes vedado al Estado, dejando establecido que es un imposible para la guerrilla tomarse el poder.

Desde el punto de vista social hay un "cansancio de guerra" y un "cansancio de muerte" como lo muestra el hecho de que la mayoría del pueblo colombiano apoya las negociaciones de paz. A eso se suma, por parte del gobierno la implementación de la Ley de Tierras para devolverlas a quienes fueron despojados de ellas por la violencia de los grupos ilegales. Parece ser que en la práctica no se ha hecho mucho, hasta ahora. Los beneficiarios del despojo no se rendirán fácilmente como lo hemos visto con las muertes de muchos reclamantes. El resto lo harán las "leguleyadas" y la acreditación de las posesiones "de buena fe" que se ha convertido en una de las maneras más descaradas de ejercicio del despojo. Para romper estas estructuras de poder mafioso, se requerirá de una gran voluntad política y de un compromiso del Estado con todos los instrumentos a su alcance en apoyo permanente, no sólo momentáneo, a las víctimas.

Dentro de las condiciones, hay que decir, también, que hay fuerzas externas que presionan por la solución del conflicto como aceptó el presidente Santos que se llamara al enfrentamiento.

Creo que la Unión de Naciones Suramericanas, UNASUR, ha estado presionando en este sentido. Por un lado, porque el presidente Santos, desde antes de ser presidente tuvo en su cabeza esa idea y, por eso, entre otras cosas, posicionó a Colombia como miembro influyente de UNASUR. Y, por otro, porque la organización misma cuyo músculo es Brasil, ha presionado, por su cuenta, para acabar con ese problema. En efecto, a Brasil, con sus intereses geopolíticos, sus proyectos de potencia emergente (ahora con impulso a la industrialización), las riquezas energéticas recién descubiertas y uno de los mayores recursos de agua dulce del mundo como es la Cuenca Amazónica, no le conviene tener en Suramérica un conflicto que implique una intervención de Estados Unidos. [Ahora, todo esto está cambiando. NOTA del autor]

Eso explicaría, por lo menos en parte, por qué el presidente Santos no siguió adelante con el proyecto de establecer las bases americanas en Colombia. Y, también, en parte, por qué el presidente Chávez ha apoyado el proceso de negociación para lograr la paz*. Brasil, que ha respaldado a Chávez, debe haberle hecho saber que era hora de acabar ese conflicto, por el bien de todos. Incluido él mismo. Y, no solo de suspender cualquier apoyo a la guerrilla, sino de actuar sobre ella y decirle: "negocie". O sea: "se acabó". Lo anterior, teniendo en cuenta, además, las acusaciones permanentes del ex-presidente Uribe y de los americanos (y no tan calladamente del ejército de Colombia), en el sentido de que Venezuela es un santuario de la guerrilla. Con lo que eso puede implicar. Hacia esa posición que ha asumido Chávez apuntaba la política del presidente Santos cuando lo convirtió en su "nuevo mejor amigo". No era solo por las relaciones comerciales. No podemos ignorar que hay sectores radicales del chavismo que están acusando a Chávez de traidor.

A eso se suma la posición manifestada antes por Ecuador de combatir a la guerrilla si pasa a ese territorio. Y Brasil, por supuesto, lo está haciendo en sus fronteras. Entonces…

El presidente Santos, a nivel interno también se la juega toda, como se la está jugando a nivel externo. Pero los obstáculos serán muy fuertes. Tendrá que ganarse el apoyo, por lo menos de parte de sectores tradicionales poderosos: terratenientes, industriales, banqueros, comerciantes y, desde luego, de las Fuerzas Armadas. Si en la negociación no participan "los duros" de los dos bandos para poner todas las cartas sobre la mesa, no tendrá éxito. Para las Fuerzas Armadas debe quedar claro que esto realmente "se acabó". Y, para la guerrilla, es fundamental que las Fuerzas Armadas contribuyan, como los primeros, a garantizar su trabajo político y a proteger sus proyectos de inserción social.

Además de los anteriores, el presidente tendrá que ganarse el apoyo de la clase política y de las Altas Cortes. Estos últimos actores ya han manifestado su apoyo. Pero ningún apoyo se dará a cambio de nada. **Aquí, el presidente (y el país) va a pagar un precio muy alto. Él ya ha dicho que es el Congreso el que fija los límites para la paz. Y, de ahí puede salir una legislación flexible, donde quepa todo el mundo con el argumento de que la paz es lo primero, como ya lo afirmó un alto magistrado. Entonces, es de suponer que ahí pueden caber, de pronto, no sólo guerrilleros sino militares, paramilitares, parapolíticos, políticos en trance de acusación parapolítica, "bacrimes", etc. Cada uno tendrá su parágrafo, o su inciso, si no explícitamente, sí con la forma adecuada para apropiárselo. Recordemos que Colombia es "un país de leyes".** O si no, más funcionalmente, con la propuesta del "perdón presidencial". El presidente, en trance de reelección (necesaria, por supuesto, para terminar el proceso, se dirá), tendrá que aceptar (no solo la legislación flexible sino la "retribución" burocrática o de algún otro tipo, por el apoyo). Hay motivos para pensar que si no se da una legislación de ese tipo, los sectores que se sientan excluidos, se harán sentir.

De todas maneras, esa legislación tendrá que ser cuidadosa pues hay convenios e instituciones internacionales que respetar, por lo que habrá ojos observando para que todo no acabe en la impunidad.

Por el lado de la guerrilla: su pérdida de poder militar, el clamor nacional y la presión internacional (sobre todo de UNASUR), los ha puesto frente a una situación pragmática: la negociación, prácticamente, como su única alternativa (de todas maneras dirán que no es así). Tratarán de sacar de la mesa lo mejor posible pero, por las conversaciones que han sostenido hasta ahora, ya deben saber hasta dónde pueden ir en cada uno de los puntos de la agenda, y en dónde están las líneas rojas. Es posible que estas puedan correrse un poco de acuerdo con el desarrollo de la negociación y de los acuerdos entre los participantes por el lado del gobierno y sus asociados. Porque el gobierno también conoce sus propios límites. Por eso, este último estableció dos asuntos clave, desde el punto de vista operativo: el primero y fundamental, se negocia PARA ACABAR EL CONFLICTO (eso implica que ninguno se va de la mesa) y, el segundo: en un tiempo corto.

Es posible que haya sectores de la guerrilla que no entren y que se conviertan en FARCRIM, con todas las consecuencias frente al Estado.

Dicho lo anterior, no es mucho lo que se puede decir con relación a los puntos de negociación (El espectador.com, 15/09/12):

a) Desarrollo rural y acceso a la tierra. El gobierno responderá que esto lo está trabajando con su Ley de Tierras. Es posible que el Estado recupere algunas de narcos muertos o extraditados, tierras de testaferros de la misma guerrilla; que llegue a acuerdos para que quienes las poseen "de buena fe" (dedicadas a macro-cultivos de exportación), indemnicen a los despojados; que compre algunas extensiones de tierra y que utilice mayoritariamente tierras públicas para cumplir con este punto. Ahí habrá forcejeo para lograr la devolución del mayor número de tierras y para que haya una asistencia integral al campesino, que va desde la seguridad para no ser asesinado, hasta la comercialización de sus productos.

b) Garantías al ejercicio de la oposición política. Es uno de los puntos más neurálgicos porque siempre habrá quienes digan que los que tienen las manos manchadas con sangre no pueden acceder, de ninguna manera a cargos de representación o administración en el Estado.

Ahí se legislará sobre las maneras de participar en la generación del poder político y de que eso se haga con todas las garantías de la ley, sin correr el riesgo de perder la vida en esa actividad. No se querrá repetir el error de la Unión Patriótica y, para ello, el gobierno exigirá no sólo el abandono sino la entrega de las armas. Es decir, la renuncia irrevocable a todas las formas de lucha.

El gobierno tendrá que garantizar mecanismos de seguridad y, en caso de atentados, mostrar voluntad de sancionar rápida y efectivamente a los transgresores.

Por cuestión de sanciones jurídicas establecidas dentro de la negociación, por los estándares exigidos nacional e internacionalmente, habrá reinsertados que no puedan participar en política buscando cargos de representación. No, por lo menos antes de cumplir con las sanciones establecidas.

a) Abandono de las armas: como promesa, condición *"sine qua non"* para haber comenzado las conversaciones en La Habana.

b) Derechos de las víctimas. Es algo de elemental justicia. Lo exigen las víctimas, lo exige la sociedad y lo exige la Comunidad Internacional, no solo en forma general sino a nivel concreto, con instituciones y organizaciones que hagan realidad tales derechos. La ley establecerá cómo lo hará la guerrilla, a partir de la negociación, y qué compromisos adquiere el Estado. En este sentido se puede decir que el gobierno ha avanzado algo con la Ley de Víctimas.

c) BÚSQUEDA DE SOLUCIÓN AL PROBLEMA DEL NARCOTRÁFICO. Este no es un problema para solucionar en una negociación de este tipo. Tiene que ser abordado a nivel mundial, sobre todo exigiéndoles responsabilidad a los países consumidores que son los que provocan la oferta con su demanda, llevando a que los países productores libren guerras y pongan muertos de todo tipo, agregando, además, la corrupción de todas las instituciones del Estado y la degradación de la economía productiva, a cambio de la ganancia fácil con base en el "todo vale". Aquí sí que se podría afirmar que *"El Patrón del mal"* no es meramente un personaje con nombre propio de la realidad negativa colombiana que ha servido y está sirviendo como *"chivo expiatorio"* de una orgía de sangre, corrupción e hipocresía; es, ante todo, el monstruo insaciable que demanda, en forma creciente, las drogas alucinógenas que necesita para adormilar su conciencia y evadir la realidad vacía de ese mundo sin sentido que él mismo ha contribuido a crear.

Pero el análisis no puede terminar en el consumo, sin más. Hay que mirar, también, el papel de la guerra como negocio, y el papel de los dineros del narcotráfico en el sustento de la economía, en general, dada la crisis de la economía productiva. Repito: esto es para una mesa inmensa donde tengan que sentarse los pesos pesados que tienen sobre su hombros, y sobre sus conciencias, la responsabilidad de darle salida a este problema con soluciones distintas a la guerra a muerte que lo único que ha hecho es mejorar el negocio, sin que disminuyan los consumidores.

No es tema de negociación para una mesita que pretende terminar un conflicto armado en un país subdesarrollado que no deja de serlo por más que unos números ajenos a la realidad social digan que es la segunda economía de Suramérica si, al mismo tiempo, tiene los más altos índices de inequidad social y las peores cifras de desarrollo humano. Así que lo más que pueden negociar, en este punto, es cómo la guerrilla va a abandonar lo que tenga que ver con el negocio y cómo remplazar cultivos ilícitos por cultivos legales, lo cual tiene que estar, a su vez, dentro del desarrollo integral del campo que implica la presencia del Estado en todos los aspectos del vivir social, de lo contrario, se volverá al círculo vicioso de la rentabilidad de los cultivos ilícitos, frente a una agricultura de generación de alimentos, o de otros productos legales comerciables.

Si a la guerrilla reinsertada se le exige luchar contra el narcotráfico, peleando la misma guerra del Estado, no se le estará sacando de la guerra sino cambiándole la guerra. Con el riesgo de caer en el círculo del Eterno Retorno.

En cuanto a los países acompañantes:
Por lo que hemos planteado antes, era inevitable la presencia de Venezuela.

En cuanto a Cuba, es también una garantía dadas las relaciones que ha habido entre la guerrilla y ese país. Pero, también, dadas las relaciones de algunos gobiernos colombianos, buscando la ayuda para la tan ansiada paz, una vez que el país caribeño abandonó el proyecto de derrocar gobiernos por la vía de la insurgencia. Y algo más: con su política de vuelta al capitalismo (o de abandono del capitalismo de Estado, si alguno lo prefiere), así el gobierno cubano lo llame de otra forma, como los chinos, Cuba está interesada en fomentar acercamientos a otros países distintos de Venezuela (también "por si acaso"), y ello implica, con el pragmatismo que está en la base de todas las acciones políticas, un acercamiento con Estados Unidos, apoyado esto, primero, en las necesidades de la misma economía cubana, y en el hecho de que sectores del exilio, sectores de la oposición en Cuba y sectores americanos propiamente dichos, están presionando para lograr dicho acercamiento (Paul Ryan, ¡quién lo creyera!, era uno de los congresistas que presionaba a favor de dicho acercamiento hasta cuando lo nombraron candidato a Vicepresidente. Ahora dice que no, que será duro con Cuba; pero, esa es la política, y así son los políticos) buscando una transición que impida cualquier tipo de derrumbe violento o repentino, del sistema cubano, que perjudicaría a todos y lanzaría sobre Estados Unidos una oleada migratoria de tal magnitud que no podría absorber en medio de la crisis de la cual intenta salir.

A propósito: Brasil es uno de los países con mayores intereses en la isla adecuando un puerto, entre otras inversiones, para un mejor intercambio comercial de la isla con el resto del mundo.

Y ya que nombramos a Estados Unidos, creo que es imprescindible el apoyo del gobierno americano a la negociación. Les conviene a las FARC ya que están pidiendo la participación de Simón Trinidad en la misma. Y esto depende, en última instancia, de la buena voluntad del gobierno americano. Le conviene al gobierno colombiano (que es obvio debió consultarle) como socio que es del gobierno americano en la guerra contra las FARC. Más aún, cuando a la hora de la negociación se presentará el problema de qué hacer con las solicitudes de extradición que por narcotráfico tiene Estados Unidos de algunos miembros de las FARC. Así que, en algún momento será imprescindible el aval explícito de la gran potencia y, de pronto, más adelante, su participación en el proceso como garantía de resultados.

Ahora bien; estamos frente a dos procesos electorales a los cuales no es ajena la negociación: Venezuela y Estados Unidos. Para Colombia no hay problema, en principio, que gane Chávez o que gane Capriles. Salvo que ocurra una grave desestabilización de Venezuela que puede ser producida por unos o por otros. O, por todos. Cada uno de los candidatos les ha metido en la cabeza a sus partidarios que van a ganar por millones de votos. Ello ayudado por encuestas afines a uno y otro bando.

Si los chavistas llegasen a perder las elecciones y a no entregar el poder, las consecuencias irían más allá del proceso de paz de Colombia. Pero no creo que eso suceda por factores internos y externos. A nivel interno, la oposición está bien organizada como para exigir el respeto a los resultados; la *boliburguesía* tampoco está a favor de profundizar el proyecto de Chávez y la salud del mismo (único referente de la Revolución Bolivariana), no da para aventuras.

Desde el punto de vista externo, UNASUR se ha convertido en un elemento de garantía del proceso electoral y del respeto a sus resultados. Por lo dicho arriba, a Brasil no le interesa un conflicto en Venezuela y, es muy posible que para la presidenta Rousseff sea más cómodo asistir al triunfo de la oposición, una vez que Venezuela ya está en el Mercosur y que entró por vías no muy aceptables, aprovechando la suspensión (de dudosa legalidad) de Paraguay.

También, el presidente Santos dejó clara su posición en este sentido al recibir a Capriles (sin que Chávez pudiera hacer nada al respecto), el candidato de la oposición y declararse neutral en el proceso electoral. Aunque la gorra de Capriles quedó visible sobre el escritorio del presidente colombiano. Y esa posición no la ha tomado solo como vecino sino también como importante miembro de UNASUR.

La Fuerza Armada Venezolana se vería obligada a hacer respetar el triunfo, en caso necesario y con las consecuencias que fuesen.

Ahora: si Chávez gana las elecciones, hay que ver cómo se comporta la oposición. Es de esperar que también respete los resultados. Uno no puede entrar a jugar, sabiendo cómo se reparten las cartas y luego, si pierde, acabar pateando la mesa.

De todas maneras, quienquiera que sea el ganador, va a tener por delante una situación compleja por resolver: la economía y la inseguridad en caída libre. Si gana Chávez, es muy difícil que pueda seguir profundizando su modelo. Tanto por las resistencias internas, como porque al MERCOSUR le interesa un socio fuerte con una economía ordenada que no puede seguir soportando esos índices de inflación, de retención de divisas para negocios, problemas de litigios internacionales y de incumplimiento de pagos, para nombrar algunos.

Si gana Capriles, porque no va a poder llegar a hacer borrón y cuenta nueva como lo esperan muchos de sus partidarios, dadas las relaciones de fuerzas internas. Tendrá que "pisar pasito" si quiere tener gobernabilidad.

En cuanto a las elecciones en los Estados Unidos, si gana Obama la reelección, habrá una mayor receptividad a la negociación. Si gana Romney y en Venezuela Chávez, es posible que Santos cuente con menos apoyo.**

Pero bueno, hay que dejar en claro que profetizar sobre las acciones humanas, sobre todo en política, puede no ser más que un buen ejercicio de imaginación. O, a veces, pensar con el deseo.

El acompañamiento de Chile, es muy importante, como hemos dicho, porque es un gobierno de derecha y con alto peso en el continente. Y, el de Noruega, significa la presencia de Europa y de un país que tiene una magnífica experiencia en resolución de conflictos.

¿Obstáculos? El camino está sembrado de ellos. Sobre todo a nivel interno, si bien, hay voces externas muy influyentes en Washington que se oponen también.

Un intento de la guerrilla de querer alterar las estructuras del Estado, daría al traste con el proceso. El gobierno ya ha advertido que no se negocia para eso.

Otro, es lo que pase con el Ejército de Liberación Nacional, ELN, que ya ha dicho que el proceso comenzó mal porque no están representados los actores sociales. Pero eso no se va a dar, o va a ser algo muy restringido y se dejará para una etapa avanzada porque, se alegará con la experiencia de que cuando hay muchos representantes, cada uno quiere negociar su propia paz lo que conduce a ninguna parte, y ese es un riesgo para el gobierno que ha puesto el reloj marcado como uno de sus instrumentos más importantes de juego.

Pero, entonces, ¿qué va a pasar con el ELN? ¿Va a unirse a la negociación? De ser así, ¿respetaría la agenda establecida en La Habana? ¿O no? Y, si no, ¿montaría el gobierno otra negociación con otra agenda?

Desde luego que no. El gobierno no tiene cuerda para eso. Por eso es deseable que vayan a la misma mesa y participen en la negociación. Si no lo hacen quedarán absolutamente aislados sin ninguna capacidad para resistir a las fuerzas del Estado.***

Continuando:
La llamada extrema derecha que ha pedido rendición sin más y aplicación de la justicia, se opondrá, fuertemente, apostándole al fracaso. ¿Cómo y hasta dónde? Nadie lo sabe. El presidente ha dicho que quien se demora tirándole piedras a cada perro que le ladra en el camino, corre el riesgo de no llegar a la meta. Es cierto. Pero, también es cierto que, de pronto, por no tirarle piedra a un perro que ladra, pueda sufrir una mordida y no llegar nunca a la meta.

De trampas está llena la vida y minimizar un peligro, puede ser fatal. No hay sino que recordar que el "si yo hubiera", no cuenta en historia…

Ahora bien: como conclusión de estas notas especulativas, lo que puedo decir es que la finalización del conflicto militar puede llevar a la paz, *con relación a ese conflicto*. Pero, nada más. LA PAZ, con relación al país, es otra cosa. Eso implicaría un mínimo de justicia en lo que tiene que ver con la redistribución de la riqueza y del ingreso. Y eso no se va a dar. Los intereses privilegiados no van a ceder, o cederán muy poco. La concentración de la tierra, base crónica de los conflictos agrarios, quedará sin variar mayor cosa. Ya lo intentaron y fracasaron López Pumarejo y Lleras Restrepo que querían un país moderno. No habrá, pues, reforma agraria.

Ni siquiera los beneficios que son de riqueza común, como son los frutos de la minería (el subsuelo es de la Nación y la Nación somos todos) llegarán a esas mayorías que los necesitan. Cuando se hace el intento, los corruptos cogen el Tesoro Público como si fuese de su propiedad y arrancan con él. Y no pasa nada. Nunca hay pruebas. Y esta justicia nuestra nunca llega, ni siquiera cojeando. Salvo para los de ruana porque a ellos sí les cae con la velocidad de la luz.

Todo se soluciona con un mayor endeudamiento estatal para no afectar a los privilegiados. Siempre se argumenta que ellos son los que crean empleo. Entonces hay que subsidiarlos. Y, así, el Estado acaba pagando los empleos que dan los creadores de empleo. Si se intenta crearles algún impuesto, está la amenaza de sacar del país los capitales como está ocurriendo en Francia, España y Grecia, solo para poner unos ejemplos. La economía globalizada ofrece vías expeditas y paraísos fiscales donde librarse de cualquier impuesto.

Es irónico que aumente la deuda estatal, al mismo tiempo que "tenemos" crecimiento económico. Ahí es donde hay que desvelar, políticamente, las palabras y aprender a diferenciar el país nominal (Colombia) que crece económicamente (a costa, también, de un desastroso deterioro ecológico), del país real (la mayoría de los colombianos), que se degrada socialmente.
Economía concentrada, sociedad desarticulada y naturaleza destruida. Ese es el telón de fondo para negociar la otra paz, LA PAZ de la dignidad humana de todos, y para todos los que vivimos en, o estamos ligados a ese pedazo de tierra y a ese conjunto de gente que, con términos retóricos llamamos PATRIA.

¿Quién o quiénes, negociarán esta PAZ? Y… ¿cuándo?

Las organizaciones sociales de indignados de todas clases, tienen la palabra. La respuesta tiene que ser política. Pero, primero hay que "des-economizar" la política y refundar el Estado, democratizándolo. Nada fácil en una economía planetaria que quiere acabar con la dimensión social del Estado. Pero, si no lo hacemos, acabaremos ahogados en un torbellino de pasiones fratricidas que nos borrarán como Nación, continuando con la saga que tuvo su origen en el comienzo de nuestra historia.

*) Después de escrito y publicado este artículo en el blog www.jorgemoraforero.com/blog/ , murió el presidente Chávez y, luego de unas cuantas maromas jurídicas y políticas, quedó como presidente, y luego fue elegido, según la autoridad electoral, Nicolás Maduro, quien ha continuado con su apoyo al Proceso de Paz, aunque Capriles sigue reclamando, a nivel interno y a nivel internacional, haber sido el ganador. Ahora, Maduro se atornilló en el poder, creando conflictos internos mayúsculos que, unido al bloqueo cada vez mayor de Estados Unidos, está produciendo una emigración voluminosa hacia países como Colombia, Brasil, Ecuador, Perú y Chile. Eso, unido al auge de la derecha y ultraderecha políticas en Brasil, a la derecha en Argentina, Chile, Ecuador y Perú y al triunfo de Donald Trump en Estados Unidos, el resultado es un cerco al gobierno chavista, donde Colombia (país en que el expresidente Uribe ganó las elecciones con Iván Duque) aparece como la punta de lanza para cambiar al gobierno venezolano considerado por muchos gobiernos como una dictadura..

Como consecuencia de lo anterior, han quedado, prácticamente, en el aire, las instituciones de origen chavista como UNASUR, ALBA y CELAC.

Con el nuevo gobierno en Colombia, el Acuerdo de Paz de la Habana, está siendo reducido a su mínima expresión, a través del congreso, donde quienes ayer eran santistas, ahoran son uribistas y machetean, sin vergüenza alguna lo que ayer ayudaron a construir.. El asesinato de líderes sociales está aumentado, sin que el gobierno haga mayor cosa.

Sintetizando: está ocurriendo lo que en el texto se aventuraba que iría a suceder.

**) Barak Obama fue reelegido, gracias al apoyo de los hispanos porque esperan, entre otras cosas, una reforma migratoria. Esto se está jugando demasiado políticamente que, en este momento nada está asegurado. Y no se trata solo de aprobar una reforma migratoria, sino de *qué tipo de reforma migratoria.* Reforma sin derecho a la ciudadanía, como pretenden muchos republicanos, o ciudadanía con mucho tiempo de espera, traerá problemas. De nada sirve tener el derecho de ser ciudadanos un día si, de acuerdo con el tiempo exigido, para cuando llegue ese día, los aspirantes ya están muertos.

Ahora: fuera de DACA, una respuesta temporal para llegados en la infancia, Obama no logró nada más desde el punto de vista de la inmigración.ilegal. Con el triunfo de Trump,, éste hizo de la lucha anti-inmigración uno de los fundamentos de su gobierno., de tal manera que hasta el programa de DACA, está en peligro.

*** El gobierno y el E.L. N., han manifestado sus deseos de negociación pero, si no se hace pronto, y sin demoras en el desarrollo de los acuerdos, las cosas no irán bien, porque el tiempo del presidente Santos se está acortando velozmente y el apoyo popular a su gobierno, también está disminuyendo mucho.

Ahora: El presidente Santos se fue, sin acordar nada con el ELN. El nuevo gobierno no tiene ganas de hacer negociación con condiciones. Esto puede conllevar que ese grupo continúe en la guerra contra el Estado, junto con disidentes de las FARC

("FARCRIM") y grupos abiertamente narcotraficantes, organizados con sus ejércitos privados.

Por otro lado, rugen las voces de los partidarios de la guerra, esa, al parecer, ineludible forma del vivir humano. Y, como negocio, garantizado su rendimiento. Pero, me queda algún optimismo, basado, no en la razón, sino en la fe.

ROSTRO DE ODIO; VIENTOS DE MUERTE*

* Inédito

Claro que me sorprendí. Y un escalofrío recorrió mi cuerpo, cuando vi el Mapa de grupos de odio, en Estados Unidos, mi segunda patria. Se asemejaba a un cielo lleno de estrellas, en una noche despejada. Sólo que, en este caso, no hay cielo, ni estrellas. Es un infierno de rencores que corre por las venas estructurales de la sociedad americana, y que viene desde sus cimientos: el despojo de las tierras de los indígenas (ya que indios no eran), por parte de los colonos europeos; posteriormente, el despojo de unos europeos, o de sus descendientes, por otros europeos. Y, algo, tal vez más fuerte todavía: la esclavitud de los africanos que fueron cazados por los europeos, o comprados, ¡oh ironía!, a jefes negros que no tuvieron problema en cambiar a sus hermanos, por unas botellas de alcohol, o por un montón de baratijas. Esta esclavitud, dejó una impronta dolorosa en el mundo moderno. Justamente, por ser moderno. Porque, aunque secular, el carácter de la modernidad, estaba fundamentado en valores cristianos. Por lo menos, la *igualdad* y la *fraternidad.* Y, la misma *libertad* (del pecado, por supuesto), vistas, como algo original de la masonería. Por algo se llamó al mundo europeo, y europeizante, la Sociedad Occidental Cristiana. Recordemos, de paso, que fue el cristianismo el inventor del concepto de *moderno,* por allá en el siglo IV. MODUS HODIERNUS (= MODERNUS), era, para los pensadores cristianos, "lo de hoy", "al modo de hoy", un tiempo y una manera de vivir nuevos, a diferencia del mundo anterior, "pagano".

Ahora bien; curiosamente, esta Sociedad Occidental cristiana, hizo de la *libertad* y de la *igualdad,* dos de sus valores fundamentales. Por lo tanto, dos ideas-base de las constituciones americana y francesa, hijas de las revoluciones correspondientes, eran las de que "todos nacemos libres e iguales", o que "los hombres, por naturaleza, nacen libres e iguales…". En la práctica, ¿todos? No, ni todos, ni todas, porque cuando hablaba de "los hombres", no se refería a los seres humanos, sino a los varones. Allí, no tuvieron cabida, ni las mujeres, que eran inferiores, ni los esclavos que eran cosas. Y, al principio, tampoco los varones pobres ya que se estableció una democracia *censitaria* (según riqueza, o pago de impuestos).

Dura, bien dura, ha sido la lucha de las mujeres, para lograr la igualdad jurídica y política (por lo menos, a nivel teórico).

De los esclavos, ni hablar. No hay palabras suficientes, para contar sus sufrimientos y sus esfuerzos, en la lucha por la libertad. "Lo que el viento se llevó", fue la vida de miles y miles de ellos en esta tragedia que debería declararse vergüenza permanente de la especie humana. Permanente, porque sus efectos permanecen.

Pero, hay algo más punzante y atroz en la esclavitud moderna, que no tuvo la del mundo antiguo. Y, ese algo, es que la moderna estuvo basada en el fenotipo, es decir, en la apariencia física, signada por un color de la piel: el negro. Y, "el negro", quedó marcado con el estigma de la esclavitud, fuera cual fuese su condición civil: esclavo, liberto, libre por nacimiento, ya fuera en América o en África. Tuviera el puesto, ocupación o riqueza que tuviese. "El Negro", (quizás con minúscula "en la pronunciación"), así he oído, muchas veces, referirse al presidente Obama, con una mueca despectiva y, con frecuencia, acompañado de adjetivos no publicables. Por eso, no es raro, encontrarse con la noticia de que a Ilia Calderón, una de nuestras mejores periodistas en una cadena hispana, algún dirigente del KU KLUX KLAN que, basado, supuestamente, en la Biblia, afirma rechazar la violencia, le dice que la quemaría. ¿Por qué? Por ser negra. Cuando vi el video sobre la entrevista, quise gritar ¡todos somos Ilia! Bueno, unas mayorías… quizás, porque, es obvio que no todos se sienten Ilia. Pero, no sólo mi identidad colombo-americana, sino, y fundamentalmente, mi identidad humana, me lo exigía. Esa identidad que me dice que soy diferente de, pero semejante a, los otros, sin importar su condición social, el color de su piel, sus tendencias sexuales, sus creencias religiosas, etc.

En este contexto, tampoco nos sorprendemos, de que en Nueva York, o Chicago, algún blanco le diga a una joven americana con rasgos orientales, mientras viajan en el metro, que se largue porque no le gustan sus ojos rasgados, y que va a destruir su país de m…Y que nadie se inmute como para tratar de defenderla. Son sólo dos ejemplos, de miles. Y estos dos no terminaron en tragedia, como otros, en muchas partes. En Charlottesville, por ejemplo.

Y, ya que he citado el término "hispano", pues, también nosotros estamos ahí. Y es que la esclavitud negra, dejó como herencia, el "racismo ampliado". Esto quiere decir, la cuestión es no sólo contra los negros, sino contra todos los que no tengan la piel absolutamente blanca. Tampoco el anti-inmigracionismo es algo nuevo. Que se sepa, ya en la década del 50 del siglo XIX, apareció el Movimiento o Partido Nativista, de carácter anti-inmigrante y anti-católico. Sus actividades fueron desastrosas, para quienes no eran blancos, protestantes y anglosajones.

Se dice que el racismo vino con la campaña electoral. Por supuesto que no. El racismo estaba ahí, quizás un poco adormilado pero, al mismo tiempo, en vigilia, esperando su oportunidad. Y el oxígeno y el suero que le dio la campaña electoral, lo revitalizaron. Racistas, abiertos y ocultos, salieron a votar por el candidato que prometía construir un muro "en el Sur", y hacer a los Estados Unidos, grandes, de nuevo. Claro, no solamente ellos votaron por él, ya que el racismo no fue la única causa. Tampoco he creído que lo del FBI, o lo de Rusia, fuera determinante. Creo que lo fundamental fue el hecho de que el Partido Demócrata se olvidó de su base electoral. Es decir, se volvió republicano. Y el Partido Republicano, se volvió Tea Party, dejando a las clases medias y sectores bajos, sin representación política. El voto popular, lo ganó la señora Clinton, no sólo con votos demócratas, sino con votos anti-Trump.

Pero, esto es parte de un análisis que ya han hecho muchos especialistas.

¿Cuál ha sido el papel del candidato-presidente en el proceso del que estamos hablando? Ya muchos valientes periodistas y columnistas, han abordado, no sólo este tema, sino la administración de este gobierno, desde diferentes aspectos (A.Hernández-Alende, F.Santiago, P.Caviedes, R. Townsend,D. Morcate, D. Amador, para citar sólo algunos nombres que vienen a mi cabeza, en este momento), lo mismo que la Junta Editorial de El Nuevo Herald. Por eso, no alargaré mi comentario. El hecho es que, desde el punto de vista racial, y de inmigración, se nota un aire rancio, en el ambiente: a veces, miradas despectivas, ignorancia del saludo, a veces miedo a ser detenido o agredido, aunque se tenga la ciudadanía americana pero con fenotipo "del Sur". Y, si no se tiene la ciudadanía, peor. Se enreda la vida, al punto de quedar sin ningún sentido.

Miren lo que le pasó a un amigo y a su esposa, hispanos ellos, pero ciudadanos americanos. Habían ido a hacer una diligencia en el centro de Miami, y dejaron el auto estacionado en el cuarto piso de un edificio de parqueaderos. Cuando iba a sacar su carro, mi amigo notó, por casualidad, y sin importancia, que un señor de la raza blanca, que estaba más al fondo, o sea más arriba, iba a sacar el suyo. Fue saliendo, y el señor llegó y se puso con su auto bastante cerca, por detrás, para bajar. Mi amigo bajaba con cuidado, sobre todo en las curvas, por ser muy peligroso ya que los carriles de subida y bajada son angostos. Pues bien, cada que mi amigo bajaba la velocidad, el otro frenaba detrás, bruscamente. Cuando llegaron a la puerta a pagar, como había dos vías de salida y la caseta de pago estaba en la mitad, mi amigo se metió por el lado derecho, primero porque iba adelante; el otro se metió, bruscamente, por el lado izquierdo, a la brava pagó primero y le gritó a mi amigo, con los ojos desorbitados: "Learn to drive, latin shit (aprenda a manejar, mierda latina), y repitió, "latin shit"; enseguida, hundió el acelerador y, con un rechinar de llantas, se perdió en la calle…

Ese amigo de quien les hablo, era YO. El mismo que está contando esta historia. Mi esposa, todavía está traumatizada. Y, no olvida esa voz, ni esa mirada. Yo tampoco. Y, creo que tampoco, la señora que estaba en la caseta. Un rostro, con una mirada y un grito de odio, no se olvidan jamás. Quedan estampados en el gen de la vivencia de quien los recibe.

Hoy escribo sobre esto. No quería. No sabía cómo empezar. También veo, como he dicho, que hay periodistas valientes que lo hacen. Y me pregunto si sirve de algo, la palabra oral o escrita. Si tiene alguna influencia, sobre la estructura del poder. No creo. No mucho. Menos en estos tiempos de *verdades alternativas* aplastantes. Pero, como cuenta la historia que le sucedió a alguien que tenía un perro y, al llegarle una visita, el perro le ladraba y le ladraba, y al preguntarle el dueño por qué lo hacía, por qué no se callaba, el perro le contestó: porque tengo que cumplir mi papel de perro.